Teoría crítica del lenguaje y la lingüística

 **EDITORIAL UNIVERSIDAD DE SEVILLA**

 Calidad en Edición Académica

Academic Publishing Quality

COLECCIONES

Colección Lingüística

Ana Agud

Teoría crítica del lenguaje y la lingüística: una aproximación humanista, histórica y comparativa a las ideologías lingüísticas

EDITORIAL
UNIVERSIDAD DE SEVILLA

Sevilla 2025

Colección Lingüística
Núm.: 98

© Editorial Universidad de Sevilla 2025
    Porvenir, 27 - 41013 Sevilla
    Tfnos.: 954 487 447; 954 487 451
    Correo electrónico: info-eus@us.es
    Web: https://editorial.us.es

© Ana Agud 2025

Impreso en papel ecológico
Impreso en España-Printed in Spain

ISBN: 978-84-472-2695-5
Depósito Legal: SE 3734-2025

Diseño de cubierta: notanumber
Maquetación y realización de cubierta: Cuadratín Estudio
Imprime: Podiprint

Índice

Observaciones preliminares

Este libro se ha gestado a lo largo de fases bastante distantes. Aunque he revisado todo el texto para evitar en lo posible las repeticiones, ciertas cuestiones reaparecen en distintos lugares, momentos y contextos. Este libro es tan histórico como el lenguaje y los propios hablantes.

He escrito este texto de acuerdo con la tradición de comprender bajo el género gramatical masculino a los seres y objetos tanto masculinos como femeninos. Siendo yo misma mujer, y decidida defensora de los derechos de las mujeres en la sociedad y en la ciencia, no obstante, como lingüista, sé que una propiedad común de las lenguas, al menos de las que yo tengo noticia, es que un elemento puede utilizarse como opuesto a su antónimo o como comprendiendo a ambos, como "archi-elemento". Este hecho puramente lingüístico no tiene por qué rechazarse por razones feministas. La economía del lenguaje no es sexista. Solo su mal uso sexista debe evitarse.

Agradecimientos

Mi primer agradecimiento es para mis dos maestros, ya fallecidos, Eugenio Coseriu y Josef Simon, que guiaron mi indagación de la verdad sobre el lenguaje desde las perspectivas lingüística y filosófica respectivamente. Los dos me honraron con su amistad, y deseo dedicar este libro a su memoria. Gertrud Simon merece también una mención de gratitud por su amistad y su ayuda en tantas cosas.

Quiero expresar también mi gratitud a mi familia: a Rafael Agapito, mi marido, con el que he pasado todos estos años en una viva y estimulante conversación sobre nuestros respectivos campos de trabajo, y al que debo mi familiaridad con cuestiones sociales, políticas y jurídicas más o menos directamente relacionadas con el lenguaje. Temo que su paciencia ha sido puesta a prueba muchas veces durante los largos años de preparación de este libro, que su generosidad ha hecho simplemente posible. Y quiero dar las gracias también a nuestras hijas, Beatriz y Sara, que han enriquecido mi vida con muchas nuevas dimensiones de experiencia, emoción y conocimiento, y que han inspirado muchas de mis observaciones no solo lingüísticas.

Gracias también a mis colegas y amigos alemanes Tilman Borsche y Werner Stegmaier por tantas estimulantes conversaciones en seminarios y encuentros privados, así como a los del otro lado de la ciencia: a Miguel Merchán, fundador del *Instituto de Neurociencias de Castilla y León*, que guio eficazmente mis lecturas sobre neurociencias, y al psiquiatra Vicente Molina, que añadió mucha información valiosa sobre este campo.

La Fundación Alexander von Humboldt financió generosamente dos estancias de investigación en Alemania para consultas bibliográficas y discusiones con colegas alemanes.

Y quiero, finalmente, dar las gracias a mi colega y amiga Araceli López Serena por ofrecerme publicar este libro en la Editorial Universidad de Sevilla. Lamentablemente he conocido demasiado tarde su importante contribución a la temática de este libro, en particular por su comparación de Coseriu con Esa Itkonen. Espero poder remediar esta laguna lo antes posible. Y gracias también a Cristina Ordóñez por haber corregido el inglés de la versión original.

Introducción

1.

Esta "Teoría crítica de la lingüística" (desde ahora TCL) no es ni un nuevo "modelo del lenguaje" ni una nueva metodología específica para hacer lingüística. Es una *reflexión sobre las condiciones epistemológicas bajo las cuales tiene lugar el trabajo lingüístico*; esto es, sobre la teoría del conocimiento y de la ciencia en la que este se basa en cada caso, así como sobre las *consecuencias* de esas condiciones, tanto para la *validez ontológica de los resultados del trabajo lingüístico concreto* (para cómo de bien refleja o explica este lo que realmente ocurre al hablar), como para la *legitimidad ética* de su aproximación teórica y de sus métodos de trabajo (para *cómo de responsables* son).

La TCL se mueve, pues, en el ámbito de las "condiciones de la posibilidad del conocimiento lingüístico". Esta formulación, explícitamente kantiana, cualifica su objeto como básicamente filosófico. Pero es que, respecto del estudio del lenguaje, la *filosofía subyacente* no es una disciplina ajena al trabajo empírico, sino que, consciente o inconscientemente, constituye su *base real, fáctica, y el fundamento de su coherencia, legitimidad y relevancia*. Representa el *"marco trascendental-lógico" de la investigación,* por decirlo en una conocida formulación de Jürgen Habermas. Este libro es el fruto de un prolongado y sostenido escrutinio teórico de las *presuposiciones e implicaciones* del trabajo lingüístico a lo largo de la historia, de modo que es un *tratado tanto lingüístico como filosófico*. Distinguir entre filosofía y lingüística tiene todo el sentido en muchos contextos, pero no refleja ninguna oposición ontológica. En el campo en el que me estoy moviendo es obligado ser tanto lingüista como filósofo.

La TCL no es una "nueva lingüística", sino la continuación y actualización de los esfuerzos de muchos pensadores singulares, a lo largo de la historia, por introducir en el trabajo gramatical o lingüístico la *lucidez crítica* que han hecho posible las ideas más avanzadas, tanto actuales como pretéritas, sobre el lenguaje, el conocimiento y la ciencia. Y en lo que a mí se me alcanza, dentro de la tradición lingüística occidental los avances más decisivos en este sentido, y los más inspiradores para mi propia evolución crítica, han sido los de Wilhelm von Humboldt, Hermann Paul y Eugenio Coseriu. La TCL intenta ante todo actualizar sus logros con ayuda de las mejores herramientas científicas, culturales y filosóficas actuales. Formula *criterios que permitan juzgar sobre la validez de la investigación lingüística,* presente y pasada, por referencia al *nivel crítico* que ya hacen posible las reflexiones teóricas sobre el lenguaje y su estudio hasta la fecha. Lamento haber conocido demasiado tarde la certera y lúcida obra de Fritz Mauthner sobre esta temática, pero he acabado incorporándola en lo posible en esta versión castellana.

Es llamativo que los avances más relevantes para nuestro objeto en tiempos recientes procedan menos de la lingüística misma que de las ciencias naturales, de la biología y la psicología evolutivas y sobre todo de las neurociencias, que están adquiriendo cada vez más importancia para la autorreflexión de la ciencia y de la lingüística. Me ocuparé ampliamente de esto a lo largo del libro.

Y lo cierto es que, más allá de la investigación empírica en esos campos, algunos de sus cultivadores han desarrollado también posiciones filosóficas interesantes en las últimas décadas, aunque en general se resistirían a llamar filosofía a lo que hacen. Ellos se entienden a sí mismos más bien como diseñadores de modelos explicativos sobre la propia ciencia. Este es el caso, por ejemplo, del *constructivismo radical* de Von Glasersfeld, o de los trabajos de Maturana y Varela sobre cognición y *autopoiesis*. El campo de trabajo de la TCL es, hasta cierto punto, el mismo que el de esos diseños, y comparte algunas de sus premisas y proposiciones. Pero rechaza su cientificismo unilateral, así como su desprecio por la "filosofía" y "los filósofos", y lo atribuye a su ignorancia de los logros de la *filosofía crítica*, así como a su negativa a tomar en consideración las decisivas aportaciones de esta al marco teórico de las ciencias a lo largo de la historia.

2.

En el presente las novedades *filosóficas y culturales* realmente relevantes para la TCL son más bien escasas. Una excepción importante me parece la extensa obra sobre filosofía del lenguaje desarrollada por el filósofo alemán Josef Simon a partir de los años cincuenta del pasado siglo, que enlaza con Kant y Hegel, explora en profundidad lo que él llama "la alternativa de Humboldt", y ha aportado a la reflexión metalingüística las herramientas críticas más productivas.

En la *lingüística* el último siglo ha producido una gran proliferación de nuevos modelos teóricos y objetos de investigación, no siempre apoyada en una crítica metodológica y teórica suficiente. Aunque en los últimos ciento cincuenta años ha habido mucho trabajo empírico valioso en todo tipo de lingüísticas, cosa que ha contribuido significativamente a incrementar nuestro conocimiento de las lenguas y del lenguaje en general, todos conocemos la ingente masa de estudios irrelevantes e ingenuos que nos ha inundado, apoyados en ideologías simplificadoras o en simples modas, lo que ha traído no poca confusión a la escena lingüística.

Desde el momento en que los desarrollos recientes de la lingüística y de las ciencias de la cultura carecen tantas veces de la debida información crítica y de la necesaria conciencia histórica, se diría que en este momento lo más urgente es recuperar los avances críticos que ya han tenido lugar antes, pues solo así podremos *evitar recaer en confusiones ya identificadas y posiblemente superadas*. Este libro está más interesado en esa recuperación que en discutir las incontables propuestas de tantas escuelas lingüísticas actuales, basadas todavía en presuposiciones y prejuicios tradicionales.

3.

La TCL fundamenta sus juicios ontológicos (sobre "lo que hay") y éticos (sobre "lo que debería haber") en el *"humanismo"*, en el sentido histórico preciso de ese movimiento espiritual, desarrollado, sobre todo, pero no solo, en la tradición occidental, que aspira a *mejorar la "humanidad" como racionalidad libre, como el uso responsable de la razón por cada individuo*.

Esto supone adoptar una actitud crítica respecto de todos los condicionamientos e influencias que impiden a los individuos *pensar y actuar de acuerdo con su propia responsabilidad y de un modo no contradictorio ni arbitrario*. Por una parte, el humanismo trabaja en favor de la *libertad y coherencia individuales,* que, según Kant, constituyen la raíz de la *dignidad humana*[1] y, por otra parte, se opone a toda forma de poder y dominación incontrolados, a la manipulación, la ignorancia y el sufrimiento evitable[2].

No cabe duda de que el lenguaje es una de las determinaciones más decisivas de lo humano. Por eso su estudio estará siempre, se quiera o no, involucrado en la historia de los esfuerzos humanos, bien por mejorar la condición humana, bien por devolverla al oscurantismo, el subdesarrollo y la inhumanidad. La lingüística no es inmune a las tentaciones retrógradas, y dentro del mundo académico los lingüistas

---

1. I. Kant, *Logik,* Vorwort.
2. En la bibliografía lingüística profesional apenas se hallará mención alguna del tipo de sufrimientos que el estudio de la gramática ha infligido a cientos de generaciones de niños y jóvenes, forzados a aprender categorías y análisis gramaticales tradicionales, en su mayor parte ajenos a sus vidas, intereses y objetivos prácticos, y que tan poco han contribuido a mejorar sus capacidades expresivas. Son excepciones eminentes a esta ignorancia los apasionados argumentos de Jakob Grimm y de Fritz Mauthner sobre esta manera de "torturar" a las mentes jóvenes con exigencias irracionales, ayunas de casi cualquier legitimación científica y con tan poco fruto.

no siempre están a salvo de presiones indebidas, jerarquías autoritarias y relaciones de poder, en suma, de limitaciones institucionales o personales de su "libertad de pensamiento" o "de conciencia".

Este es, por así decirlo, el lado puramente "negativo", crítico, del humanismo en las ciencias humanas. Pero lo cierto es que, lo creamos o no, cuando abordamos estudios humanísticos no podemos por menos de partir de ciertas *ideas positivas sobre qué debería ser un "ser humano".* Y en esto nos encontramos con un verdadero desfase histórico. Porque las maneras más habituales de imaginarnos a nosotros mismos (por ejemplo: como "sujetos" de nuestro hablar, o de nuestra investigación lingüística, o del conocimiento en general) siguen reposando ampliamente sobre *viejas metafísicas de la subjetividad*, que siguen dominando también las ciencias sociales, o incluso la psicología. El "sujeto del conocimiento" se concibe en general como lo absolutamente opuesto a sus "objetos", y estos como independientes de aquél. Y en el caso del estudio del lenguaje, esta es una perspectiva muy distorsionante. Analizaremos este problema en profundidad.

Nos ocuparemos también por extenso de lo que se puede esperar realmente de la moderna biología y neurociencia, con las cuales se han conectado expectativas muchas veces poco fundadas.

Al cabo, parece que estamos nuevamente en la vieja alternativa entre "idealismo" y "materialismo", algo que deberíamos haber dejado atrás hace mucho, si hubiésemos atendido debidamente a los avances de la filosofía crítica. Pero lo cierto es que la mayor parte de los profesionales de las ciencias humanas no han sido formados en esa tradición. Por eso muchos *abordajes precríticos al tema de la relación entre el sujeto, sus objetos y su maquinaria interna de conocimiento* siguen influyendo en gran parte de las ciencias humanas, mientras un nuevo tipo de relativismo biologicista domina la escena de los modelos actuales de la cognición humana. La investigación más reciente sobre el funcionamiento del cerebro humano y del sistema nervioso está arrojando resultados útiles, incluso indispensables, para corregir muchas ideas, tan espontáneas como incorrectas, sobre lo que conocemos y cómo lo conocemos. Pero en cualquier caso es indispensable contar con la *historia de la filosofía crítica* para relativizar proyecciones demasiado directas de la biología sobre la epistemología y poder formarse una *imagen humanística actualizada de lo humano.*

Cuando hablo de "filosofía crítica", me refiero a la autorreflexión de la filosofía que ha tenido lugar siguiendo el camino diseñado por Kant en sus tres críticas (de la razón pura, de la razón práctica y de la "fuerza de juzgar"). Antes de Kant hubo, por supuesto aproximaciones críticas a las diversas materias comprendidas bajo el término "filosofía", y el propio Kant reconoce su deuda para con ellas, sobre todo con Hume. Pero él era consciente de que su propio abordaje sentaba una nueva base para la filosofía. Y poco después Hegel dio un nuevo impulso, aún más radical, al pensamiento crítico con su método dialéctico, que ofrece una verdadera *deconstrucción del conjunto de la metafísica y de la lógica anteriores*. Si queremos desarrollar una teoría critica actualizada de la lingüística y del lenguaje, entiendo que hay que partir del punto de llegada de estos dos pensadores. No me ha sido nada fácil aplicar sus razonamientos, tan extremadamente abstractos, al campo mucho más concreto del estudio del lenguaje, pero confío en haber dado al menos un buen primer paso en esta dirección.

Esta es la razón por la que la reflexión de la TCL no parte del punto de llegada de la mayor parte de las lingüísticas actuales, sino que es más bien un *último paso provisional* dentro de una larga tradición de pensamiento *crítico y escéptico sobre el lenguaje y la gramática,* una tradición que remonta a los primeros intentos de comprender el lenguaje humano tanto desde la cultura griega clásica como desde los primeros gramáticos indios.

Desde mediados del siglo XX este tipo de crítica se puede integrar en lo que ciertos científicos sociales alemanes llamaron "crítica ideológica" (*Ideologiekritik*). Su objetivo es poner de manifiesto los muchos autoengaños que produce la tendencia humana (y no solo humana) a organizarnos a nosotros mismos en *sistemas de categorías estables y fiables*, a reconducir nuestras percepciones a estructuras compartidas de pensar y sentir ("ideologías"), y a rechazar cuanto pudiera poner en riesgo este tipo de "estabilizaciones de la conciencia". Este es el origen de la mayor parte de las tradiciones consagradas, desde la religión y los roles familiares hasta la política y la ciencia.

Sin embargo, a lo largo de la historia, diversos individuos se han atrevido a poner en cuestión este tipo de certezas comunes. Son los *escépticos*. En Europa una larga y fecunda tradición escéptica ha contrapuesto su reflexión activa a las presuposiciones e implicaciones de las maneras tradicionales de entender el mundo humano y el hablar y pensar humanos. En diversas fases de la cultura europea se ha producido un *escepticismo lingüístico* que ha aportado argumentos fuertes contra la creencia ingenua en las categorías gramaticales tradicionales y en las teorías lingüísticas nacidas de ellas. Sin embargo, la lingüística los ha ignorado sistemáticamente. Este libro quiere mostrar su reconocimiento y gratitud hacia las contribuciones de los autores escépticos al progreso en la comprensión crítica del lenguaje, desde los escépticos griegos y romanos como Pirrón de Elis y Sexto Empírico, pasando por Francisco Sánchez "el escéptico", Michel de Montaigne y muchos otros, hasta las contribuciones más radicales de Nietzsche, Mauthner, Simon (al que no le gustaba nada que le considerasen escéptico) y Antonio Machado en el campo específico de la reflexión sobre el lenguaje.

4.

La TCL es siempre, y por necesidad, un esfuerzo *individual* por juzgar crítica e históricamente los estudios sobre el lenguaje, de modo que la *"competencia" para hacerlo es también individual*. Por eso voy a empezar por presentar mi propia competencia, como sujeto y autora de este libro. Lo que intento con ello es permitir a mis lectores una evaluación lo bastante informada de las tesis de este libro, que en ningún momento ocultará su condición de resultado de una reflexión individual.

Tras concluir mis estudios de Filología Clásica en la Universidad de Salamanca, dediqué mi formación doctoral, que tuvo lugar entre Salamanca y Tubinga en los años setenta, al estudio de la historia de las teorías de los casos, bajo la dirección de Eugenio Coseriu. Esto me permitió familiarizarme tanto con la historia del pensamiento y la práctica lingüísticos en Europa desde sus comienzos como con la filosofía europea del lenguaje. Aprendí durante ese tiempo y más tarde diversas lenguas antiguas y modernas, en estancias en Tubinga, Bonn y Berlín, así como en Salamanca, donde obtuve una plaza de Profesora Titular de Lingüística Indoeuropea, y he cultivado casi todas las variedades del trabajo lingüístico; sincrónico y diacrónico, teórico y aplicado, idiomático y comparativo. He traducido varios millares de páginas al español, la mayoría de filosofía alemana, pero también de y a otras lenguas y sobre otros temas del ámbito humanístico, y he hecho ocasionalmente traducción simultánea.

Junto a mi labor como indoeuropeísta he trabajado también sobre filosofía del lenguaje y de la ciencia, sobre la filología y lingüística sánscritas, la teoría de la traducción, la literatura comparada y las ciencias de la cultura, sobre la estética y sobre las relaciones entre el lenguaje y la música. He intentado mantenerme al día en los avances filosóficos sobre la epistemología de la lingüística, sociología, psicología y antropología. Y más recientemente, con la ayuda de colegas del Instituto de Neurociencias de Castilla y León, he logrado introducirme en la investigación neurocientífica de las bases biológicas del lenguaje. Estas actividades forman el fundamento de la aproximación "metalingüística" que diseño en este libro, bien entendido que aquí "metalingüístico" no quiere decir "más allá del lenguaje", sino "más allá de la lingüística".

5.

Por lo que hace a las raíces históricas de la TCL, en primer lugar, aplica a la lingüística la *aproximación holística al lenguaje de Wilhelm von Humboldt*. En segundo lugar, revisa los *fundamentos epistemológicos, lógicos, ontológicos y éticos de todo "trabajo lingüístico válido"*, a partir de los avances de la *filosofía crítica* en la tradición occidental, sobre todo de Hume, Kant, Hegel, Nietzsche, Mauthner y Simon, así como de mi experiencia *comparativa* entre las *tradiciones europea e india en gramática y filosofía del lenguaje*. Y, en tercer lugar, toma en consideración el *progreso crítico en psicología y ciencias del cerebro, así como en las teorías políticas y sociales*.

Mi selección de referencias históricas en filosofía del lenguaje podría parecer algo "personal". Pero así son todas las elecciones de maestros y autoridades intelectuales, aunque esto no se quiera reconocer, incluso cuando uno adopta los cánones más comunes sin cuestionárselos. Sobre todo, en la filosofía del siglo XX es habitual un cierto canon que incluye a Wittgenstein, Husserl y Heidegger, así como a las figuras más prominentes de la llamada "filosofía analítica del lenguaje". Casi ninguno de estos aparece aquí, y no porque los desconozca. Pero el hecho de que yo no siga a la corriente dominante en la bibliografía no hace mi abordaje más personal o arbitrario que el de los demás. Lo que hace es reflejar el resultado de mi crítica a ellos, desarrollada en muchos estudios, publicados y sin publicar, a lo largo de mi vida[3]. Y he intentado *tender un puente entre el trabajo lingüístico actual y la filosofía crítica del lenguaje y la lingüística* que hicieron posible Kant, Hegel y sus seguidores.

6.

La TCL aspira a poner de manifiesto los *elementos metafísicos y pseudocientíficos* contenidos en los "axiomas" usuales de las tradiciones gramatical y lingüística en Occidente. Y cuando digo "metafísico" me refiero, de acuerdo con Josef Simon, a la *creencia en la existencia real de aquello a lo que se refieren nuestras palabras*. No es esta una "definición real", sino una proposición *contrastiva* que apunta directamente al aspecto *lingüístico* de nuestra manera humana de constituir nuestra "forma de vida", por decirlo en términos husserlianos, a diferencia de las tradiciones dominantes de confiar en la realidad ontológica de nuestras categorías.

La TCL aplica consecuentemente al *lenguaje de la lingüística* lo que las mentes más lúcidas de la filosofía, la lingüística y la psicología han puesto de manifiesto sobre la verdadera naturaleza del lenguaje dentro de la tradición crítica. Y se compromete a mantener *el nivel más exigente de conciencia crítica sobre el lenguaje que ya es posible históricamente*.

Como ya he dicho, para la TCL el trabajo lingüístico ha de ser *simultáneamente "disciplinario" y "filosófico"*, ya que necesita cuestionar la realidad lingüística desde su propio abordaje teórico y, al mismo tiempo, los abordajes teóricos a partir de

---

3. Incluyo en las referencias bibliográficas una selección de aquellas de mis publicaciones en las que he desarrollado estas críticas en detalle.

la experiencia lingüística real. Esto significa que tiene que ser consciente de que se desarrolla dentro del *"círculo hermenéutico".* Ahora bien, a diferencia de la mayoría de las corrientes hermenéuticas, desde el propio Gadamer, esto no implica que haya que *inhibirse de juzgar la validez* de lo que pasa dentro de él. Cada estudioso que juzga una teoría lingüística concreta lo hace desde su propio *horizonte,* y la única manera de trascender sus límites, que, claro está, no se perciben directamente, es confrontarse con la mayor cantidad posible de *perspectivas alternativas,* que es como únicamente puede uno llegar a *perfilarse* a sí mismo frente a los demás.

Y esto es también lo que permite distinguir entre posiciones teóricas "progresistas" y "regresivas". La TCL, como humanística que es, trabaja con "valores". Su lenguaje no solo distingue entre "verdadero y falso", sino también entre "mejor y peor". Naturalmente, ninguna de estas distinciones opera al margen del espacio, el tiempo y el lenguaje, esto es, de la *historia* humana.

La TCL se sabe obligada a tomar en consideración los resultados recientes de las "ciencias propiamente dichas", referentes a los elementos y rasgos más relevantes de lo lingüístico, en la psicología experimental y en las neurociencias (en la medida en que un lego puede entenderlos). Por suerte hoy día hay excelentes especialistas implicados en divulgar sus avances, y proporcionan información muy valiosa para los interesados. Eso sí, sus obras reflejan no pocas veces una excesiva dependencia de metafísicas inconscientes y de supuestos obsoletos sobre el conocimiento humano (como posiblemente distinto de la "cognición"). Esto aconseja a la TCL tomar esas informaciones con alguna cautela.

7.

El principal empeño de la TCL es trabajar al mismo tiempo en los dominios de la ciencia empírica, la hermenéutica textual y la filosofía, pero evitando cualquier *confusión* entre estos niveles y perspectivas epistemológicas. La TCL trabaja simultáneamente como lingüística y como metalingüística, pero sin confundirlas.

La TCL entiende que los elementos especulativos que están *siempre implicados* en las teorías lingüísticas han de cumplir los requisitos de una *"filosofía válida".* Y una filosofía es válida cuando se ocupa de las "construcciones conceptuales" pasadas y actuales, se den donde se den (en las ciencias humanas, en el derecho y la justicia, en las religiones, en la divulgación científica, en la estética…), y ejerce sobre ellas una *crítica que tome en consideración el conjunto del progreso crítico en la historia de la humanidad.* Una filosofía válida viene a ser, por lo tanto, lo opuesto a las "ideologías filosóficas", y es sin duda un componente esencial de la competencia personal para la TCL.

Para poder juzgar sobre la validez de un abordaje filosófico hay que tener en cuenta, en primer lugar, el hecho cierto de que, fuera de las ciencias formales y naturales (esto es, en el campo de la *cultura*), *las palabras solo adquieren sentido históricamente*. Si un lingüista aspira a fundamentar su actitud teórica en una filosofía válida, tiene que entender los textos filosóficos como productos históricos y culturales de individuos, y tiene que intentar comprender su relación con sus contextos históricos y culturales, ya que solo así podrá reconstruir su semántica en el único medio en el que esta se determina y se hace inteligible. Las palabras compartidas no bastan, aunque uno *tenga la sensación* de que las entiende.

En segundo lugar, este mismo hecho afecta por igual al vocabulario de las filosofías pretéritas y al *propio vocabulario de cada uno aquí y ahora*. Uno no puede percibir el verdadero contenido, las presuposiciones y las implicaciones, de *sus propias palabras* si no tiene una cierta perspectiva histórica y crítica sobre su propio contexto intelectual y social y sobre las características de su propio tiempo.

Por eso la TCL se vincula consciente y resueltamente al *historicismo*. Todos los juicios implicados en la CTL han de entenderse como históricos. Lo cual no supone ninguna minoración de su valor objetivo. La TCL simplemente sabe que la "*objetividad*" *es en sí misma también histórica y cambiante.*

8.

La manera como he desarrollado la TCL es un intento de proseguir el trabajo de los dos teóricos del lenguaje que, en mi opinión, han realizado en el siglo XX la obra de autocrítica más decisiva en relación con el lenguaje *como objeto de reflexión e investigación*: el lingüista Eugenio Coseriu y el filósofo Josef Simon[4]. Como decía al principio, lamento haber conocido el impresionante trabajo de Fritz Mauthner demasiado tarde como para haber podido hacerle justicia en este libro. El lector informado advertirá seguramente que muchas de mis formulaciones coinciden con sus tesis. Y no logro entender por qué esta crítica tan lúcida como brillante fue ignorada por los dos maestros que he mencionado.

La obra lingüística de Coseriu constituye el ejemplo más elocuente de cómo la *individualidad* del lingüista, su experiencia con lenguas y culturas, su familiaridad

---

4. Obviamente soy consciente de que esta selección es "subjetiva". Podría haber incluido también a filósofos como el segundo Wittgenstein, Bruno Liebrucks y muchos otros, además de la los lingüistas que, a lo largo de los dos últimos siglos, han contribuido realmente a que conozcamos mejor el lenguaje. Señalar a Coseriu y a Simon como las principales fuentes de inspiración de la TCL es tanto una decisión personal mía como una primera caracterización del tipo de aproximación a la crítica lingüística que propongo en este libro.

con la filosofía, su extensa y pormenorizada crítica de los diversos abordajes teóricos del lenguaje en las lingüísticas actuales y pretéritas, su inteligencia personal y la coherencia de sus propósitos y objetivos, constituyen las claves reales de una investigación lingüística relevante y productiva. Coseriu sigue siendo un paradigma de competencia personal, adquirida en un proceso de aprendizaje nunca concluido, facilitado por una memoria portentosa, y de autoconciencia lingüística. Su genio analítico y sistemático recuerda al de Aristóteles, y por eso sus mejores logros se encuentran en la categorización de muchos campos de la investigación. Pero para él no se trataba de "modelos" de la realidad lingüística, sino de *herramientas para la comprensión.*

Por su parte, los numerosos libros y artículos de Josef Simon sobre filosofía del lenguaje, a partir de su tesis doctoral *El problema del lenguaje en Hegel* (1957), y sobre todo su *Filosofía del signo* (1989), constituyen la filosofía crítica del lenguaje más radical desde Humboldt.

La obra de estos dos autores es la principal fuente de inspiración de las posiciones teóricas de la TCL. Ambos enseñaban en Tubinga en los setenta, y yo fui su alumna. Coseriu admiraba mucho a Simon, pero nunca intentó conectar sus ideas con las propias[5]. Simon desarrolló una crítica radical de la comprensión analítica usual del lenguaje, basada esta en la certeza metafísica de que se trata de algo que puede contemplarse como cualquier otro "objeto" de observación y análisis. La crítica de Simon constituye un argumento de peso contra el *fundamento fenomenológico de la lingüística analítica,* cosa que se aplica tanto a la mayoría de las lingüísticas como al abordaje mucho más autoconsciente de Coseriu.

Intentar conciliar las aproximaciones, aparentemente opuestas, de estos dos extraordinarios estudiosos al estudio del lenguaje supondría tender el tipo de puente entre filosofía y lingüística que podría redimir a la segunda de dos reproches fundados: el de ignorar su propia condición epistemológica, y el de construir edificios conceptuales ingenuos, carentes de la debida autocrítica. Una lingüística actualizada tiene que hacer frente expresamente al argumento escéptico, y justificar sus aspiraciones científicas desde una *conciencia histórica y filosófica nueva y más compleja*[6]. Esta empresa constituye uno de los principales objetivos de esta "teoría crítica de la lingüística". Obliga a analizar a fondo la relación entre la experiencia y sensibilidad de Humboldt sobre el lenguaje, y la dialéctica hegeliana.

---

5. He dedicado un artículo a la relación personal e intelectual entre ambos (A. Agud 2003).

6. A. Agud, "Coseriu y la filosofía".

9.

Este planteamiento comparte con la "lingüística crítica" de Fowler y otros el interés por introducir en la teoría lingüística una conciencia crítica de los elementos del lenguaje que condicionan el conocimiento y las actitudes teóricas. Pero, a diferencia de ella, no se centra tanto en los elementos ideológicos del hablar ajeno (del "lenguaje objeto") como en el discurso de la propia lingüística. Por eso es una teoría crítica *de la lingüística*.

Entiende además el *"lenguaje de la lingüística"* como parte de la historia cultural *de Occidente*. Es, pues, un estudio *cultural*. Pero no presupone ningún concepto definido de la cultura. Más bien intenta dar forma a una *noción actual responsable de la cultura*, entre otras cosas criticando expresamente los actuales "estudios culturales".

En todo caso yo no voy a llamar "cultura" al sistema de creencias y hábitos de cualquier comunidad, sino más bien a *todo intento de superar progresivamente las creencias y hábitos heredados en ellas*, en el sentido de un *incremento de lo humano* propiamente dicho. De ahí que vincule la "cultura" con una *evaluación del grado de humanidad*, como *lo contrario de la inhumanidad*, desarrollado en cada comunidad. Esto implica considerar las formas inhumanas, crueles y despóticas de comportamiento individual o comunitario como *regresiones* culturales. En la lingüística una forma bastante común de regresión cultural se da allí donde una teoría intenta ignorar, minusvalorar o negar la individualidad del hablar, o donde una cierta perspectiva sobre el lenguaje intenta imponerse como la única válida.

La TCL habla un *lenguaje occidental*. Es teoría y crítica "desde dentro", y niega cualquier posibilidad de asumir una posición "exterior" al lenguaje cuando se habla sobre él. Ahora bien, las ideas que presento aquí son también en buena parte resultado de mi trabajo en lingüística comparada y en el estudio comparativo de las tradiciones de pensamiento europeas e indias, que es lo que me ha permitido abordar las ideologías lingüísticas de nuestra cultura también desde la experiencia de una tradición lingüística alternativa. Esta es la única clase de "exterioridad" a la que un lingüista puede aspirar.

10.

Quisiera exponer ahora el plan general de este libro.

Desde el momento en que me baso en la convicción de que *las palabras y las frases solo adquieren sentido en el hablar fáctico en cada caso,* una presentación sistemática ahistórica de una posición propia contradiría a ese punto de partida. Aun así, consideré necesario armar una presentación lo más sistemática posible, ya que solo así se pueden *crear en cada caso perfiles semánticos inteligibles de las ideas*, es decir, expresar las propias proposiciones lo más clara y nítidamente posible, mediante la discusión detallada de aproximaciones *alternativas*.

Todo cuanto se declara aquí es histórico y adquiere su sentido en su contexto histórico y cultural. Fuera de él, muchas de mis expresiones parecerán seguramente inaceptables o apenas inteligibles. Pero así es como funciona siempre el lenguaje, tanto el que tomamos como objeto de estudio como el que usamos para pensar sobre él. *No tendría sentido aspirar aquí a un valor semántico absoluto.* Lo más que puede uno hacer, y que debe intentar, es alcanzar algún acuerdo y reconocimiento entre lectores con una sensibilidad y sentido crítico análogos.

En la primera parte, formulo algunos de los problemas cruciales de la epistemología de la lingüística en general.

La segunda parte es un intento de presentar los rasgos más importantes de lo que he decidido llamar "teoría crítica de la lingüística" del modo más sistemático posible. Es seguramente una sistemática poco convencional, pero incluye los apartados tradicionales de la epistemología, la lógica, la ontología y la ética.

Las partes que van de la tercera a la octava están dedicadas a aspectos y problemas específicos de la lingüística que yo he identificado y experimentado a lo largo de mi biografía intelectual. Aquí ya no hay sistemática, sino una concatenación de los temas que he ido percibiendo como relevantes para una reflexión teórica actualizada sobre el lenguaje y su estudio. Porque, como advierten tanto Simon como Machado, lo natural no es decantarse por una opción dentro de un sistema, sino ir "de lo uno a lo otro".

El papel de la historia en la significación de las proposiciones teóricas se desarrolla en la tercera parte. El apartado 3.3 contiene una panorámica acaso poco convencional del contexto histórico e ideológico de la lingüística moderna, y traza una especie de "perfil negativo" de esta historia, ya que se ocupa sobre todo de las corrientes de pensamiento teórico que *no* se incorporaron a la lingüística. He querido poner de relieve la ignorancia o indiferencia de los teóricos del lenguaje hacia movimientos intelectuales que han tenido un papel relevante en la historia reciente de la cultura occidental, pero que apenas han sido tomados en consideración por los lingüistas. Este hecho ha contribuido a una llamativa falta de discusión de esos temas, y ha condicionado un considerable aislamiento intelectual de la lingüística dentro de nuestra cultura.

La cuarta parte está dedicada a las ideas y descubrimientos que las neurociencias están aportando en relación con el cerebro y el sistema nervioso, y a sus consecuencias para entender la naturaleza del lenguaje humano.

En la quinta parte introduzco en la TCL la perspectiva *estética* como correctivo necesario a la usual ignorancia de la *materialidad* del conocimiento y el lenguaje dentro de la lingüística, incluso dentro de los nuevos estudios psicolingüísticos del *embodyment* del lenguaje.

La sexta parte se ocupa de la moderna investigación de las *emociones* en el lenguaje y en el conocimiento, y pone de manifiesto las confusiones epistemológicas que he encontrado dentro de este tipo de investigación.

En la séptima parte sugiero la posibilidad de investigar el "carácter" de las lenguas nacionales como verdaderos "estilos lingüísticos".

Finalmente, la octava parte confronta la positividad del lenguaje con sus *negaciones*, con la ausencia de lenguaje, el papel de lo no dicho, la negatividad del significado, el inconsciente y lo no verbalizado.

Debo admitir mi inclinación personal hacia los juicios negativos, basada en la evidencia de que las nociones positivas solo adquieren un perfil inteligible en la medida en que se *confrontan con sus opuestos*, y devienen así "negaciones concretas". Sin embargo, y pese a esta razón objetiva para destacar la negación y la crítica, temo haber incurrido a veces en un aprecio insuficiente de las muchas excelentes contribuciones a la comprensión del lenguaje que se encuentran en la lingüística moderna, algo que lamento y por lo que pido disculpas.

11.

En este libro, inevitablemente, las ideas están formuladas en ese estilo que consideramos característico de la "prosa científica". Y es difícil evitar en esto ese aroma de metafísica inherente a ese estilo, dominado por las frases con verbo impersonal o en tercera persona (la no-persona), en las que el sujeto que habla desaparece de su lenguaje, y este parece *referirse así objetivamente a la realidad*. La gramática usual de la prosa académica es responsable de que las declaraciones *parezcan* independientes del que las hace. El autor, su personalidad, sus motivaciones y hasta su semántica se desvanecen por detrás de esa referencia presuntamente objetiva, impersonal, lo que hace que ese discurso se presente como *expresión inmediata de algo que es verdad*. "Estamos obligados a usar el lenguaje de la metafísica porque no tenemos otro", escribe Josef Simon en su *Filosofía del signo*[7].

Como veremos más adelante, este hecho hunde sus raíces en una tendencia general de los seres humanos a estabilizar su entorno y a sí mismos fijando en la "modalidad *substantiva o nominal*" sus ideas y categorizaciones de la realidad. Luego nos comportamos en esta fiándonos de nuestros "nombres" de sus presuntas partes. No obstante, nuestro propio lenguaje pone a nuestra disposición algunas estrategias para escapar a este poderoso condicionamiento de nuestro pensar.

---

7. Josef Simon, *Philosophie des Zeichens*: 5.

Una primera estrategia consiste en reintroducir la primera persona en las propias afirmaciones, reconduciéndolas así al sujeto que las formula. Esta estrategia compensa el hábito metafísico de tomar las frases escritas como independientes de sus autores, y destaca su enraizamiento subjetivo, esto es, el hecho cierto de que son siempre *señales de un individuo,* que intenta al mismo tiempo dar forma a sus ideas y hacerse comprensible y aceptable para sus destinatarios. Relativiza así, a un nivel puramente formal, gramatical, la oposición metafísica entre sujeto y objeto, algo que en las ciencias naturales conviene evitar, pero que es indispensable en las ciencias humanas, *siempre hermenéuticas.*

Una segunda estrategia consiste en "reverbalizar" las designaciones nominales o nominalizadas, en volver a percibir la realidad como algo que *fluye,* y a sus investigadores como individuos históricos y también cambiantes de continuo. La "modalidad verbal" vuelve a localizar el contenido de las propias proposiciones en el *tiempo,* y las refiere al *individuo* que las hace, también a un nivel puramente gramatical. Por ejemplo: en este libro se encontrará con frecuencia la expresión "el hablar" en lugar de "el lenguaje". Una argumentación potente en contra de la modalidad nominal al acercarse al estudio del lenguaje se encuentra en la obra de Fritz Mauthner *Beiträge zu einer Kritik der Sprache* [8].

He recurrido a estas estrategias con el fin de contrapesar en mi escritura las connotaciones metafísicas usuales de la prosa científica. Este libro se entiende como una *contribución personal a las reflexiones de sus lectores sobre el lenguaje y el hablar.* Pero lo cierto es que esta es también la verdadera condición de los escritos de la mayor parte de los lingüistas y filósofos, meramente oculta por detrás de la gramática ordinaria del lenguaje escrito. *Nadie tiene un acceso cognitivo privilegiado a la realidad en sí misma.* Solo rebasamos el círculo de nuestra subjetividad individual mientras seamos conscientes de los muchos factores individuales que condicionan nuestro pensar y hablar, y esta conciencia solo se puede desarrollar en el *intercambio y discusión* con *otros sujetos,* así como con una formación histórica y comparativa en profundidad. Se trata de una conciencia *individual,* enriquecida en la conversación viva con otros, y contrastando el propio horizonte de comprensión con el de otros. Considero importante hacer expresa la individualidad de los propios contenidos por medio de una gramática apropiada.

---

8. F. Mauthner 1901: 16.

12.

Este libro puede que suene muy abstracto. Aunque en algunos casos he incluido ejemplos concretos para hacer más comprensibles ciertas afirmaciones teóricas abstractas, en general me he mantenido en el plano especulativo. Seguramente habría podido incluir más información concreta. Pero no me ha parecido imprescindible, ya que habría incrementado mucho el volumen del texto y habría hecho menos clara la sistemática de su argumentación. Me he centrado en *examinar la coherencia teórica de propuestas ajenas y en desarrollar un razonamiento propio consistente.* Este es un hábito más filosófico de lo usual entre lingüistas. En otras publicaciones mías he aportado más material empírico, y en la bibliografía remito a ellas.

Como he formulado en el texto, la TCL no es realmente un invento mío, sino que señaliza meramente una *cualidad real del trabajo lingüístico* allí donde se lo realiza *con la debida conciencia de las tradiciones históricas, de la propia biografía y de los hábitos institucionales de "hablar sobre el hablar" dentro del propio trabajo.* Esta presentación de una teoría crítica de la lingüística es mi *intento personal de desarrollar una panorámica lo más completa posible sobre los factores y elementos de esa conciencia en la actual fase histórica de la lingüística occidental.* Naturalmente el desarrollo de esa teoría está condicionado por mis experiencias en la vida, mis maestros y colegas, mis esfuerzos y escritos anteriores… igual que cualquier otra obra en el dominio de las ciencias humanas. Eso sí, estoy segura de que, con el fin de evitar el espejismo que acostumbran a producirnos tanto la prosa científica como el lenguaje en su funcionamiento general, es importante señalar explícitamente el componente *personal* de todo esfuerzo por ir más allá de ese mismo espejismo, y acercarnos al lenguaje del único modo realmente posible: desde dentro, desde antes de separar el sujeto y el objeto, desde el hecho de que todo el que echa a hablar o a escribir lo hace de un modo fáctico (no como un mero despliegue de alguna lógica previa), histórico y dependiente de su individualidad.

Capítulo I
Sobre la epistemología de la lingüística

1. La constitución del objeto de una "ciencia lingüística"

1.1. La ciencia como "un lenguaje bien hecho"

"Lenguaje" *no es el nombre de nada definible ni determinable.* No es sino una *palabra* del vocabulario común de algunas lenguas históricas, y por ello *semánticamente indeterminada*: no es parte de ningún "lenguaje estrictamente especificado".

De acuerdo con la teoría de la ciencia actual, el objeto de una verdadera "ciencia del lenguaje" tendría que ser el lenguaje como un fenómeno dado, y tal como está dado, sin restricciones conceptuales previas. La ciencia lingüística debería ser una "descripción" de ese objeto, basada únicamente en la evidencia empírica, consistente en análisis experimentales, y estructurada de acuerdo con la lógica matemática. Y tendría que poder hacer predicciones.

Estos requisitos de la investigación científica están asociados a restricciones del lenguaje de cualquier ciencia. La ciencia necesita un lenguaje propio fiable, y lo obtiene por medio de restricciones. Pero desde el momento en que el *objeto* de la lingüística debe ser *el lenguaje sin restricción previa alguna,* la lingüística como "lenguaje científico" *nunca podría abarcarlo.*

Hasta cierto punto el lenguaje es de la misma naturaleza que la ciencia: ambos formulan conocimiento (signifique "conocimiento" lo que signifique). Pero es "más amplio" que la ciencia. Las ciencias no son sino "lenguajes bien hechos", según la famosa formulación de Condillac. Su consistencia depende de *restricciones semánticas y sintácticas*, que se asumen para evitar la apertura e indeterminación semánticas, la flexibilidad, ambigüedad y "auto-referencialidad" del lenguaje natural. La lingüística *como ciencia* tendría, pues, que evitar algo que *es esencial en el objeto* que estudia. Hay *incompatibilidad epistemológica entre el lenguaje de la ciencia y el lenguaje que debería ser objeto de una ciencia.*

1.2. Decisiones restrictivas en el plano "metafísico"

Este conflicto epistemológico afecta a la constitución del objeto de la lingüística, así como a cualquier objetivo de construir una "ciencia del lenguaje", y se lo ha afrontado mediante diversas *restricciones conceptuales del objeto* a lo largo de la historia de la lingüística. Desde comienzos del siglo XX el objeto ya no tenía que ser "el lenguaje" en general, sino alguna "parte o porción bien determinada" del mismo: su presunto "sistema" interno y compartido. Este se ha entendido como una estructura de propiedades de un idioma, o bien como una serie de algoritmos para producirlo, el cual, a su vez, se supone que reproduce o refleja los procesos que tienen lugar en las estructuras fisiológicas de la "mente" o del "cerebro".

La selección de ciertas partes o propiedades del "lenguaje", con exclusión de las demás, con el fin de obtener un *objeto viable para una ciencia del lenguaje*, es el resultado de una serie de *decisiones* que no tienen paralelo en los métodos analíticos de las ciencias propiamente dichas a la hora de aislar objetos observables y medibles cualesquiera. Las ciencias empíricas y experimentales definen sus objetos parciales con métodos que también son científicos, no precientíficos ni metafísicos. Si un físico quiere trabajar sobre algún aspecto de la materia o de la energía, tiene que determinar ese "aspecto" mediante procedimientos y técnicas válidos de detección y medición. No puede decidir por su cuenta, antes de investigar empíricamente, atribuir una "estructura interna relevante" y "otras propiedades irrelevantes" a los hechos o las cosas observables. No puede descartar ninguna propiedad real de su campo de trabajo solo porque ha decidido previamente que no importa. Algunos importantes descubrimientos científicos se deben a que se prestó atención a aspectos o elementos que hasta entonces se habían considerado irrelevantes.

Con frecuencia los lingüistas, queriendo retener solo lo que *ellos* consideraban sustancial o esencial, han propuesto descartar de su concepto del "lenguaje propiamente dicho", por ejemplo, el "habla fáctica", las "variantes individuales", la "semántica", los "contenidos cognitivos", o la "historia de la lingüística". Al hacer esto, han abordado el lenguaje desde distinciones puramente metafísicas como la de "sustancia y accidente", o "esencia y apariencia". Estas decisiones no se apoyan en ninguna evidencia empírica ni experimental: las lingüísticas "del sistema", de la "pragmática" o "del discurso" son resultado de otras tantas *decisiones precientíficas*.

Presuposiciones frecuentes entre lingüistas, como la idea de que, al hablar, "usamos" o "aplicamos" estructuras o algoritmos "virtuales", que existirían con independencia de que los usemos o no, constituyen *ideologías precientíficas*. Se las suele tomar como punto de partida para construir "modelos". Pero la tarea ulterior de construirlos no puede ejecutarse como secuencia científica de observaciones, mediciones y formulaciones de resultados. Tiene que consistir en más intuiciones precientíficas, por ejemplo, la de que el lenguaje *consiste realmente* en "frases",

"expresiones", "textos", "discursos", "cadenas de palabras", o en "estructuras conecti-
vas abstractas" secundariamente implementadas con palabras, lexemas, semante-
mas o unidades fónicas que reflejan unidades semánticas, etc.

1.3. "Metáforas conceptuales" en la lingüística

Los modelos del lenguaje construidos por los lingüistas a lo largo de los siglos XIX
a XXI, con el fin de permitir abordajes científicos empíricos, están formados por
palabras procedentes del vocabulario común. Términos como "nombres", "verbos",
"sonidos", "frases", "sujeto", "predicado", "significado", "rección", "dependencia", "estructura", "texto", "discurso", etc., que se toman como parte de un campo técnico,
el de la "gramática" o la "lingüística", son no obstante metáforas adoptadas en el
curso de la historia, para hacer plausibles ciertas representaciones o categorizaciones de la realidad del lenguaje, en diversos momentos históricos.

Veamos brevemente un ejemplo. Una categoría gramatical tan bien estable-
cida como la del "nombre" (inglés *noun*), heredera del griego ὄνομα, no deja de
ser una metáfora. Un "nombre" en gramática no es lo mismo que un nombre en la
vida real. El término ὄνομα y sus correlatos en las lenguas indoeuropeas sí significaba lo mismo que entre nosotros. No así el "nombre" gramatical, que identifica cosas o hechos y los reúne bajo una denominación. Ciertamente no es lo mismo que
llamarme a mí "Ana" o a la patria de los iranios "*Airyana Vaeja*". Ese nombre, el de la
gramática, no es tampoco la denominación de una "cosa mental", ya sea una "substancia" ontológica, una "esencia" o un "concepto". Usamos los nombres (o sustantivos) para identificar cosas o hechos *vagamente*, con el efecto subsiguiente de que
tales cosas o hechos identificados por nuestros nombres quedan clasificados bajo
"categorías" ("una silla", "una persona"). Nos orientamos en la vida gracias a estas categorizaciones más o menos inconscientes y difusas. Y esta función de los nombres
no tiene nada que ver con la de llamar a alguien por su nombre, por más que seguimos creyendo que "llamamos a las cosas por su nombre". El término "nombre" en la
gramática induce al error de identificar funciones diversas. Dar a una cosa un nombre mediante una palabra hace que la frase en la que aparece esta ya no signifique
algo singular y concreto (que era lo que se pretendía), sino que *de hecho pone algo
general*. Llamar a una persona por su nombre no la subsume bajo ninguna categoría, y es por lo tanto un "acto de habla" totalmente diferente, como ha puesto de relieve Coseriu en sus trabajos sobre el nombre propio.

1.4. Significado

Entonces, ¿qué clase de *hecho* es realmente "designar, identificar o señalar algo por medio de una palabra", o "o por medio de una palabra que designa, a su vez, un "concepto" de ese algo, tanto en la vida real como en la ciencia?

A despecho de los esfuerzos de tantas teorías semánticas dentro de la lingüística, nadie ha logrado ofrecer un abordaje realmente vinculante de la "relación de significado" entre las palabras y los objetos que designan. Porque si la lingüística intenta ser científica, tiene que moverse en un terreno *en el cual esa relación es ya vigente*, y su funcionamiento eficaz tiene que *presuponerse* cuando se pregunta por cualquier cosa, incluso por el "significado del significado".

La relación *fáctica* entre el lenguaje humano y el "mundo real", los "hechos" o los "objetos", sea lo que sea esta relación, es *previa a la constitución de cualquier objeto* científico, incluidos los lingüísticos. Reflexionar sobre esta relación desde dentro de una ciencia sería como reflexionar sobre el "concepto de lo humano" o de la "conciencia" desde dentro de una ciencia cualquiera. De hecho, se trata de la misma reflexión, y forma parte de lo que Kant llamó "los supuestos metafísicos previos de la ciencia"[9]. No es un planteamiento científico sino filosófico (especulativo), como veremos más adelante.

Las "teorías semánticas" durante los siglos XIX y XX resultan ser esfuerzos por acercarse a *un problema filosófico con herramientas no filosóficas*. La "relación de significado", sea esto lo que sea, no es parte de la "realidad empírica". Se trata de una *verbalización histórica* en el marco de *un cierto hábito metafísico de hablar sobre el hablar*, el de la tradición cultural occidental. Las ciencias tienen que sostener una cierta dimensión "metafísica", en el sentido de *"creer en la realidad de los significados de sus palabras"*[10], al menos mientras funcionen dentro de un cierto paradigma, pero una teoría crítica de la lingüística no puede permitirse esto.

Aunque el lenguaje no fue "diseñado" para hablar sobre sí mismo, la humanidad ha resultado capaz de hacerlo y de verbalizar sentimientos, percepciones e ideas relacionados con su propio hablar. En diversos momentos y contextos la gente se ha ido dando cuenta de aspectos o momentos de su propio hablar y les ha puesto "nombres", en las lenguas indoeuropeas sobre todo mediante nombres gramaticales o sustantivos, aplicados más o menos metafóricamente. "Gramática" remonta al verbo griego γραφεῖν, que en origen significaba "arañar". La vieja nominalización *graph-man* > γραμμα "arañazo", se construyó para designar las "letras", y la τέχνη γραμματική *era la "habilidad con las letras", lo que, a medida que se*

---

9. I. Kant, *Metaphysische Anfangsgründe der Naturwissenschaft*.

10. J. Simon, en conversaciones privadas.

fue desarrollando esta disciplina, evolucionó hacia la idea de las reglas que gobiernan cuanto es regular en el hablar.

El uso constante de metáforas como "nombres" de *presuntos* hechos o elementos lingüísticos, y sus ulteriores transformaciones mediante sufijos derivacionales, contribuyeron a velar su naturaleza metafórica y a dotarlos de una apariencia "científica". Pero las palabras no se convierten en conceptos *científicos solo porque los gramáticos y lingüistas crean o sientan* que lo son.

Una palabra o fórmula está por un concepto científico si, y solo si, es definible en términos de un lenguaje científico existente, esto es, si hay evidencia empírica, verificada intersubjetivamente, de que es parte de un edificio conceptual que refleja la realidad, todas y cada una de cuyas piezas están a su vez *bien definidas dentro de esa misma ciencia.* Y el hecho es que la mayoría de los conceptos científicos hoy día ya no tienen "nombres" lingüísticos, sino que son el contenido de fórmulas y ecuaciones que todo científico entiende de la misma manera. Pero esto no es el resultado de explicaciones o consensos intersubjetivos sobre lo que "quiere decir" cada uno, sino que se lo asume como cosa de hecho (se lo *presupone*), porque en el trabajo científico todos los usan "pragmáticamente" de la misma manera, o al menos de maneras compatibles entre sí.

En la lingüística, por el contrario, es indispensable explicar cada palabra que se usa como término de una teoría, esto es, explicar *el propio vocabulario individual,* porque uno no puede esperar que los demás entiendan sus palabras como uno mismo. Esto es un hecho cierto, y cualifica a la lingüística como algo que *no es "ciencia".* Gentes diversas entienden las palabras "lingüísticas" de maneras diversas, y "nombre" no significa lo mismo en una gramática occidental tradicional, en una gramática generativa, en la sintaxis estructural de Tesnière, en Mauthner o en el *Tractatus* de Wittgenstein. En India nuestro "nombre" se llama "lo por discernir" (*vijñeyam*), en el sentido de la parte de la oración que puede ser determinada por medio de adjetivos.

En la lingüística, como en la vida real, una misma palabra no es una misma pieza de cualquier discurso de cualquier hablante. En el hablar ordinario este hecho pasa generalmente inadvertido, pero cada vez que el lenguaje se convierte en un problema (de comunicación, de entendimiento, de pensamiento, de cooperación, etc.), se hace patente que el uso de palabras incluso muy comunes no garantiza en modo alguno identidad de significado, de referencia o de propósito expresivo. Y el lenguaje se convierte en problema agudo muchas veces en la vida real. Algunas crueles guerras se han producido por entender unas mismas palabras de maneras diferentes.

La identidad de "significado" de los términos que designan "objetos" es un requisito previo absoluto para una disciplina que se considere o quiera considerarse ciencia, lo que es un problema tanto para la lingüística como, por ejemplo, para la psicología. Esta es la razón por la que las ciencias evitan cada vez más el lenguaje en el sentido ordinario de la palabra. Sus proposiciones son en general fórmulas o modelos formales artificiales y "estrictamente especificados".

1.5. El papel de la filosofía

A diferencia de las ciencias, la "filosofía" no pretende reflejar ninguna parte o aspecto de la "realidad". Se ocupa únicamente del "pensar mismo". No aspira (ya hace tiempo) a *describir* rasgos más o menos verosímiles de los "seres humanos", ni siquiera del "pensar humano" (o de la "cognición"). Consiste en una *autorreflexión subjetiva del pensamiento humano sobre sus propias posibilidades y límites.*

Claro está que esta no es una definición intemporal de la "filosofía", un término que se ha referido a muy diversos empeños intelectuales a lo largo de la historia occidental, y que se aplica también a empeños comparables en algunas culturas orientales. Se trata de mi propia "caracterización contrastiva" de la filosofía contemporánea como disciplina académica, en oposición a otras maneras posibles, e incluso bastante extendidas, de entender el término. Pone de relieve que la filosofía no es ni una ciencia ni ninguna clase de perspectiva superior sobre las materias de las que tratan las ciencias.

La filosofía –permítaseme proponer una fórmula que deje claro *lo que yo quiero decir* cuando califico algo de "filosófico"– es *discurso crítico sobre otros discursos, en un lenguaje que se prohíbe a sí mismo cualquier restricción previa.* Es, pues, una *reflexión verbal sobre verbalizaciones propias o ajenas, tanto científicas como coloquiales, que se basen en restricciones lingüísticas conscientes o inconscientes.* En las ciencias tales restricciones se adoptan para garantizar una referencia precisa e inequívoca a objetos de su realidad. En el lenguaje coloquial son el resultado de actuar (y hablar) de acuerdo con *pautas culturales vigentes.*

A diferencia de las ciencias, *la filosofía rechaza la "definición" como herramienta para aclarar conceptos.* En ella *entender* es el resultado de una *comunicación difusa entre gente que se pone de acuerdo en no restringir su vocabulario desde ninguna ciencia o cultura.* Pues esta es la única manera de *darse cuenta de las limitaciones científicas y culturales usuales en cada caso,* y de superarlas reflexionando sobre sus presupuestos e implicaciones. Y, obviamente, esa reflexión *puede fallar.* Puede recaer en restricciones no conscientes. Solo una actitud de atención extrema, una amplia cultura histórica y una considerable perspicacia personal pueden proteger al filósofo de esa clase de recaídas, y solo hasta cierto punto. Como dice J. Simon, el grado de éxito de la reflexión crítica "tiene que mostrarse" en la comunicación y la discusión a lo largo del tiempo. Y se mostrará siempre y solo a otras conciencias individuales que lo perciban como tal.

La filosofía es crítica a las culturas y ciencias consolidadas, una crítica que se ejerce *por referencia al "todo" de la vida y la conciencia humanas*, en la medida en que ese "todo" puede ser *intuido por cada uno en cada caso*. Pero entiéndase bien: el "todo" es solo un *concepto negativo*. No es el nombre de ningún objeto último o máximamente general. Es solo una manera de apuntar al "límite" o "frontera" de cualquier restricción, consciente o inconsciente, de la reflexión en cada caso, ya sea individual, cultural o científica. Por eso la filosofía no atribuye un valor de verdad absoluto a ningún discurso restringido, ni disciplinar ni coloquial. Los considera a todos "relativos a otras cosas", lo que permite al filósofo rebasar en todo momento el horizonte de cada perspectiva singular sobre la realidad y sobre uno mismo. Que lo logre es otra cosa.

La filosofía, en este sentido enteramente crítico, trabaja siempre y solo "en cada caso", como esfuerzo concreto por responder a interrogantes de su tiempo. No construye edificios conceptuales más allá de sus propias circunstancias espaciales e históricas. Ya no hace eso. Se ocupa únicamente de problemas que *surgen porque se advierten de pronto determinadas limitaciones de la conciencia*.

El discurso filosófico no sustituye la perspectiva limitada de los discursos disciplinares o coloquiales por un "mejor conocimiento de algo". En el sentido en el que yo la entiendo, la filosofía no se ocupa de contenidos positivos del conocimiento, aunque ciertamente no pocos profesionales de la filosofía académica se ocupen de ellos. Lo que pasa es que su competencia profesional no garantiza que tengan razón por referencia a ellos, y en amplios dominios de la literatura actual van quedando con frecuencia bastante desacreditados. El discurso crítico de la filosofía solo está capacitado para advertir los "límites" de los discursos habituales, tal como los percibe cada pensador, y para *abrir así la mente hacia nuevos horizontes más amplios de la comprensión*.

Si la filosofía ha de tener algún papel por referencia a las ciencias, no puede ser sino el de *señalar la particularidad de sus perspectivas sobre la realidad*. Y desde el momento en que esta es obvia, la "filosofía de la ciencia" podría no ser otra cosa que un entretenimiento opcional. De hecho, las ciencias no necesitan de la filosofía para ser "buenas" o "adecuadas", y los científicos no la necesitan para mejorar como tales. Lo que sí es cierto, en cambio, es que una buena perspicacia teórica (en el sentido más amplio de ambos términos) permite a los científicos desarrollar una comprensión más lúcida y realista de su propio trabajo. Un excelente ejemplo de esto es la obra científica y de divulgación de Erich Kandel en el campo de las neurociencias.

Pues bien, a diferencia de las ciencias propiamente dichas, las llamadas "ciencias humanas" *necesitan realmente de la filosofía*, pero *no* para ser "mejores ciencias". *La necesitan para mantenerse consecuentemente "no científicas"*. La reflexión filosófica es lo que permite a las "ciencias humanas" no confundir su relación con sus propios "objetos" con la de las "ciencias propiamente dichas". Y lo hace criticando la manera como actividades académicas como la historiografía, la filología, la lingüística, la sociología, la psicología, las "ciencias" de la comunicación, las de la "cultura", etc., constituyen en cada caso sus objetos particulares.

La reflexión filosófica trabaja *en un campo previo al de esa constitución de los objetos,* y se pregunta por su *legitimidad.* Dado que se prohíbe a sí misma cualquier restricción, está en condiciones de poner en cuestión la relación entre constituciones particulares de objetos y el "todo negativo" de la realidad humana, que es el objetivo al que se dirigen las ciencias humanas. *Pero este objetivo ya no es un objeto. Es el criterio de acuerdo con el cual el humanista crítico puede mejorar las "ciencias humanas", y con ellas a la propia humanidad.*

Esto es lo que puede hacer el "científico" de las ciencias del espíritu, pero no es lo que hace usualmente, por falta de cultura filosófica crítica. Y eso le hace un humanista peor. Puede, no obstante, seguir siendo un científico válido, mientras haga "ciencia propiamente dicha" dentro de las ciencias humanas (cosas como estadísticas, leyes fonéticas, dataciones, localizaciones, comprobaciones de hechos, etc.). Pero esto no es lo mismo que "hacer ciencias humanas". Estas son siempre *interpretación de textos*, en el sentido más amplio del término.

2. El lenguaje real y el objeto de la lingüística: lenguaje y gramática

2.1. El significado de "lingüístico" y de "lenguaje"

El procedimiento usual para obtener un objeto plausible para la lingüística ha venido siendo descartar la plena complejidad del hablar a todos los niveles y *construir* "objetos lingüísticos estructurados" como *"la langue",* o la *"competencia lingüística",* para luego analizarlos en aislado (*in vitro* o *in silico*). Lo habitual es que estos objetos no se comprueben en textos reales, sino en "ejemplos" diseñados para la ocasión (y en general curiosamente ajenos a la vida real[11]). A la mayoría de los lingüistas esto les ha parecido legítimo. Sin embargo, en las últimas décadas un cierto sentimiento de que investigar estos "objetos" no es tan productivo como se quisiera ha llevado a bastantes lingüistas a dedicarse a dominios supuestamente "más cercanos a la vida": lingüística pragmática, lingüística del texto, lingüísticas "aplicadas", análisis del discurso, psicolingüística, sociolingüística, enseñanza de idiomas para extranjeros, traductología, etc.

---

11. Agud 1988.

Ahora bien, no se puede llamar "lingüístico" a *nada que uno no pueda demostrar que es parte real del "lenguaje" en un sentido no restringido y claramente identificable*. Por ejemplo: los sonidos del lenguaje se supone que son en parte fenómenos meramente físicos, acústicos, y en parte "lingüísticos", pero ¿cómo se podría explicar científicamente una diferencia real, ontológica, entre ambas consideraciones? Cuando un psicolingüista experimental pone en una pantalla sonidos lingüísticos o fonemas singulares frente a un sujeto experimental y espera que este reaccione a ellos de una u otra forma, ¿puede estar seguro de que está tratando con algo realmente "lingüístico"?

Para poder determinar fiablemente si algo es o no es propiamente "lingüístico", tendríamos que disponer de un concepto fiable sobre qué es el lenguaje. Pero como decía más arriba, "lenguaje" no es sino una *palabra*, un producto histórico dentro de ciertos idiomas, que no existe en otros ni en otras fases de los que lo poseen ahora. La palabra "lenguaje" no se creó para identificar el objeto de una ciencia. Surgió dentro de una cierta tradición cultural idiomática como lo hace la mayoría de las palabras: como una *señal para orientarse en un cierto contexto*.

No se puede, por lo tanto, dar por sentado que es el nombre de un concepto definible, de un concepto científico o de una porción de la realidad. Ni siquiera se puede dar por sentado que sea el nombre de algo que existe. Es *parte del hablar dentro de una cultura*, como lo son Dios, libertad, felicidad, democracia, sí, no, adiós, etc. *Nada nos faculta para atribuir "realidad objetiva" (que es el reino de los objetos científicos) a cosas, hechos o realidades designados por cada una de nuestras palabras*[12]. *Cando los hindúes mientan el "samsāra", creemos que están confundidos porque el samsāra no existe. Para ellos, somos nosotros los confundidos, por ignorar su existencia.*

2.2. La "gramática real"

Una larga tradición de estudiar gramática ha dado lugar a la *creencia* de que la gramática es *la estructura real de una cosa real llamada "el lenguaje"*.

Esa tradición es el hábito de hablar de una cierta manera. Una larga tradición nuestra de hablar sobre el hablar ha generado la idea de un objeto que ya no llamamos "el hablar", sino "el lenguaje"[13]. Y esta idea es parte de la tendencia general, en

---

12. Fritz Mauthner ha desarrollado amplia y convincentemente esta idea en sus "Beiträge zur Kritik der Sprache".

13. De nuevo Fritz Mauthner escribe muy lúcidamente: „Sprachvermögen" oder „die Gabe der Sprache" wird definitiv überflüssig, wenn klar erkannt wird, daß der Sprachgebrauch, d. h. hier die Ausübung der Sprachtätigkeit, sich erst das Sprachwerkzeug ausgebildet hat. Man wird dann den Begriff

las lenguas indoeuropeas, que nos induce a llamar con un "nombre" a todo aquello en lo que creemos, ya sea Dios, ya el amor, el conocimiento o el lenguaje. "El lenguaje" es el punto de llegada, condicionado históricamente, de una cierta manera de hablar sobre el hablar en una cierta cultura.

Y desde el momento en que no puede haber evidencia empírica alguna sobre la realidad del contenido semántico de ninguna palabra tradicional del lenguaje ordinario, *ni "al lenguaje" ni a sus presuntas partes se les puede atribuir la propiedad de existir realmente.* "Frases", "proposiciones", "gramáticas" o "discursos" no pueden aspirar a que se los reconozca como objetos más reales y objetivos que "lenguaje", "competencia lingüística", "razón pura" o "mente".

2.3. La ontología del "hablar" y su efecto sobre el lenguaje de la lingüística

Los "seres humanos" (también una palabra de la tradición occidental, que en inglés o español ya no es una palabra simple como la del latín *homo,* la del alemán "Mensch" o la del ruso *tshelovyek*) "hablamos". ¿Pero estamos seguros de que el verbo "hablar" designa apropiadamente lo que hacemos cuando se supone que "hablamos"? La palabra evoca una interpretación cultural, fruto de muchas elaboraciones, de lo que realmente sucede cuando "hablamos". ¿Sería más apropiado decir que los seres humanos "intercambiamos informaciones a través de señales acústicas"? Lo dudo. Llamamos "hablar" a actividades que ni esta expresión ni otras similares reflejarían adecuadamente. ¿Quiere esto decir que no sabemos qué significa realmente "hablar"? Tal vez. Sabemos, sin duda, a qué nos referimos cuando

---

„Sprachvermögen" ebenso absurd finden, als etwa ein besonderes „Gehvermögen" oder ein besonderes „Atmungsvermögen". ... Die Ähnlichkeit zwischen Gehen u. s. w. und Sprechen würde heller werden, wenn wir schon hier mit klarer Einsicht das Abstraktum „Sprache" immer durch „Sprechen" ersetzen dürften. ... Die zweckmäßigen Bewegungen, welche wir unter dem Namen Sprache zusammenfassen, oder besser unter dem Verbum „Sprechen" (jedes Verbum ein Ordnungsbegriff unter dem menschlichen Gesichtspunkte eines Zwecks), machen den allgemeinen Weg von der unbewußten Bewegung durch das bewußte Wollen zum Unbewußten zurück". ("La facultad de lenguaje", o "el don del lenguaje", son formas de hablar que se vuelven definitivamente prescindibles en cuanto se da uno cuenta de que el uso del lenguaje, lo que significa aquí el ejercicio de la actividad de hablar, es lo que ha ido dando forma a su propia herramienta lingüística. Habremos de admitir que el concepto de la "facultad de lenguaje" es tan absurdo como lo sería el de una "facultad de andar" o una "facultad de respirar". [...] La similitud entre andar, etc. y hablar quedaría más clara si viéramos las cosas como son, y sustituyésemos siempre el nombre "el lenguaje" por el verbo "hablar". [...] Los movimientos intencionales que solemos reunir bajo la designación "el lenguaje", o mejor, bajo el verbo "hablar" [pues todo verbo constituye un concepto ordenador bajo el punto de vista humano de un objetivo], recorren siempre el camino general desde el movimiento inconsciente, pasando por la voluntad consciente, y de nuevo al inconsciente)". *Beiträge zu einer Kritik der Sprache:* 17.

usamos este verbo, pero no podríamos determinar inequívocamente la realidad ontológica de lo que imaginamos como su referente. ¿Cómo se podría, por ejemplo, determinar vinculantemente si "escribir" es *ontológicamente* lo mismo que "hablar", o lo contrario, o una forma de lo mismo?

El problema es aún más radical: ¿qué significaría exactamente "saber qué significa una palabra"? ¿Qué significa exactamente "significar"?

En términos lógicos este tipo de preguntas "autorreferenciales" son círculos viciosos que se deben evitar. Pero fuera de la lógica formal son cuestiones relevantes, que *apuntan a los procesos biológicos, ampliamente desconocidos todavía, que subyacen* a lo que nos parecen cosas tan claras como "hablar", "significar", "pensar". Y a estas alturas estas cuestiones ya no son solo cosa de la lingüística y de la filosofía, sino también, incluso, sobre todo, de la psicología experimental y de las neurociencias. Eso sí, este hecho no garantiza en absoluto que estas otras disciplinas vayan a poder resolverlas adecuadamente, entre otras razones porque ellas no se plantean las mismas preguntas sobre la realidad que (la mayoría de) los lingüistas. Lo único que muestra es que la lingüística está lejos de disponer de las herramientas apropiadas para afrontar esas cuestiones, que, sin embargo, son cruciales para entenderse a sí misma.

El hecho de que hablemos con más o menos éxito no demuestra que nuestras ideas sobre el hablar y el lenguaje sean correctas, realistas o apropiadas. Cuando "hablamos", sea esto lo que sea, nos comportamos de un modo muy complejo (se supone que es el tipo de comportamiento orgánico más complejo que existe), que solo controlamos conscientemente hasta cierto punto, signifique lo que signifique "controlar conscientemente". Hablar compromete de hecho la casi totalidad del organismo humano, lo que comprende el control neural de los músculos articulatorios, los gestos y posturas corporales, las expresiones faciales, la mirada y una cantidad indeterminable de procesos químicos finos entre neurotransmisores, hormonas y otras sustancias orgánicas, así como todas las variables que dependen de los individuos, sus historias, circunstancias, situaciones, recuerdos, emociones, etc. Y, obviamente, todo el oscuro complejo de procesos neuronales por el cual las experiencias de todo tipo generan lo que llamamos "representaciones mentales", así como todas las demás actividades mentales de las que no somos conscientes. Esto hace imposible determinar válidamente para todo el mundo, en cualquier circunstancia, en qué *consiste realmente* hablar. Aparte de la frecuente experiencia de que alguien habla, pero su interlocutor se resiste a considerar eso realmente "hablar".

Esto mismo se aplica a cualquier otra palabra cultural, como "conocimiento", "conciencia", "mente". "cuerpo", "alma", "cultura", etc. *Estas palabras funcionan en el hablar justamente porque sus contenidos no se pueden determinar de un modo válido y definitivo.* No es posible decidir qué significa realmente libertad, sujeto o conciencia. Hablar es una actividad que no se reduce, ni siquiera en su aspecto puramente verbal, al uso de "palabras dotadas de determinados significados". Consiste más bien en *secuencias de acciones expresivas no vinculadas a interpretaciones inequívocas ni a partes identificables de la "realidad".* Se las usa como medios para una *orientación* fiable[14], tanto por entre la realidad como entre la gente. Y todo "hablar sobre el hablar" participa de esta condición. Por eso hablar sobre el hablar no puede constituir una ciencia.

La conclusión es que ninguna proposición que se refiera a algo que calificamos de "lingüístico" puede reclamar para sí un fundamento ontológico, independiente del idioma, el individuo que la hace y sus circunstancias históricas y personales.

Ningún término de la lingüística puede demostrar su "objetividad" en un sentido *ontológico.* Un lingüista se sirve de palabras de una u otra tradición gramatical o lingüística del mismo modo que de todas las demás palabras de su lenguaje: *creyendo* que en ese preciso momento y contexto esa es la mejor manera de verbalizar su idea o creencia para que puedan entenderle su o sus destinatarios. Y esto funcionará en la medida en que los demás compartan con él su contexto, sus condiciones históricas y sus ideas generales sobre el lenguaje, o mientras ellos sugieran con sus respuestas o reacciones que le "entienden" (¿y qué significaría exactamente "entender"?). En caso contrario, sus palabras no se *experimentarán como inteligibles.*

No es la realidad a la que se refieren lo que hace inteligibles las palabras: es solo su uso más o menos compartido. Si un hindú te dice que "*śabda* (más o menos "palabra" en el sentido de "sonido lingüístico") *es bráhman*", no le entenderás ni siquiera mirando en el diccionario la palabra *bráhman* (suponiendo que entiendas "palabra"). Solo entenderás algo si estás familiarizado con la tradición de hablar sobre el hablar y sobre "el yo" en India. E, incluso entonces, podría ocurrir que siguieras sin entender esa ecuación porque no te puedes imaginar a ti mismo entendiéndola, esto es, entendiendo las cosas de manera que "*bráhman*" tenga sentido para ti en ese contexto, o en cualquier otro.

3. Algunas cuestiones pragmáticas sobre teorías lingüísticas contemporáneas

Una vez descartada la *validez ontológica* de los conceptos de la lingüística, ¿qué tipo de problemas de la vida real se resuelven mejor por medio de "teorías lingüísticas", de forma que estas puedan exhibir al menos alguna *legitimidad práctica*?

Hay algunos problemas de este tipo, por ejemplo, el del derecho o no a utilizar una denominación como "McChinese" para un producto, o discusiones sobre

---

14. La idea de la "orientación" como la forma más fecunda de aproximarnos al significado se la debo ampliamente a mi colega Werner Stegmaier y su impresionante libro *Philosophie der Orientierung.*

si una determinada expresión en público constituye o no una injuria o una ofensa, etc. Pero para abordar estos problemas basta con un análisis tan elemental que difícilmente se justificaría la ingente inversión de recursos públicos que se destina a elaborar y enseñar teorías lingüísticas.

¿Se puede estar seguro de que el uso de teorías lingüísticas en la educación escolar favorece la adquisición de una mejor competencia lingüística en los alumnos? Lo dudo. Es improbable que un niño o joven mejore su competencia lingüística analizando frases. Con frecuencia los chicos fallan en esta tarea a pesar de que por sí mismos ya producen correctamente frases como las que se les pide que analicen. El gran lingüista alemán Jakob Grimm se muestra decididamente opuesto a que se enseñe gramática en la escuela[15]. Él piensa que la única forma eficaz de mejorar la competencia lingüística de los niños es darles a leer buenos textos, ayudarles a producirlos ellos mismos y corregir sus posibles defectos o insuficiencias, de modo que entiendan qué es lo que no han hecho bien, o no lo bastante bien, y por qué. Y para hacer este trabajo educativo el profesor no necesita ser un lingüista. Lo que importa es que él mismo sea un buen lector y que hable y escriba del modo más rico y diferenciado posible.

Tradicionalmente la gente aprendía idiomas extranjeros sobre todo a base de gramática, pero en la actualidad los métodos de enseñarlos procuran limitar esta a lo indispensable, lo que se ha revelado en parte más eficaz. Y la gramática de la que se sirven es bastante elemental y tradicional.

¿Son las teorías lingüísticas necesarias para entender mejor los textos, para la filología? No. Si el intérprete conoce bien su lengua, ninguna teoría lingüística mejorará su comprensión. Y si no la conoce lo suficiente (porque los testimonios de la misma son escasos, o por falta de competencia personal), ninguna teoría lingüística le socorrerá. Las buenas gramáticas y diccionarios suelen ser en este caso muy útiles, pero la mayoría no están escritos *desde ninguna teoría lingüística definida*, sino que se proponen ayudar: son las llamadas "gramáticas filológicas".

¿Y entonces para qué sirven las teorías lingüísticas?

Cuanto más formalista es una teoría lingüística, más útil suele ser para los "lenguajes artificiales", para los muchos tipos de algoritmos con los que hoy día se generan outputs lingüísticos mediante programas en dispositivos electrónicos. Las teorías lingüísticas formales no pueden decirnos nada sobre el "lenguaje real". Están diseñadas para producir "lenguaje" (o algo parecido) mecánica o electrónicamente, y cumplen con este objetivo con eficacia cada vez más sorprendente.

El gran error de la lingüística chomskiana fue confundir su objeto con el "lenguaje". Solo esto explica publicaciones tan surrealistas como la *Philosophy of*

---

15. Jakob Grimm, *Deutsche Grammatik*.

language de Katz. Por suerte la mayoría de los lingüistas formales han abandonado cualquier tentación especulativa y trabajan como los técnicos que necesitan ser para cumplir bien su función. Pero recientes autores de éxito como Steven Pinker vuelven a caer en la confusión de los modelos formales con la realidad lingüística[16].

Por el contrario, cuanto más específicamente "humano" es el objeto de una teoría lingüística, menos formal será la propia teoría. Cuando se echa mano de consideraciones lingüísticas para entender mejor textos concretos, el filólogo puede y tiene que elegir el "lenguaje lingüístico" que le parezca más apropiado para el tipo de problemas lingüísticos que encuentre en su campo de trabajo, o incluso inventar expresiones que le parezca que dan mejor sentido en relación con ellos. Lo mismo ocurre con otros objetivos de la "lingüística aplicada", como la traducción, la educación, el aprendizaje de otras lenguas, las terapias para la dislexia, etc.

Lo que importa preguntarse es si *existe algún espacio mental para teorías lingüísticas que se propongan "explicar" o "describir" el lenguaje humano por sí mismo, no en función de nada externo a él.*

Aquí la respuesta de la TCL es que no. El trabajo lingüístico crítico muestra que, cada vez que alguien intenta edificar una teoría sistemática sobre el lenguaje "en y por sí mismo" (alemán "*an und für sich*"), cae en las contradicciones epistemológicas señaladas más arriba y produce únicamente una *"ideología lingüística"*[17]; esto es, una idea particular suya sobre el lenguaje, generalmente basada en prejuicios culturales. Este ha sido el caso de los diversos "estructuralismos" de la lingüística occidental en los siglos XIX y XX. Su axioma fundamental de que "el signo lingüístico es arbitrario" es la consecuencia de la *arbitrariedad y artificialidad de esas teorías*. Pero, como dice J. Simon en su *Filosofía del signo*, "el lenguaje no es arbitrario porque no es arbitrario entender o no entender"[18].

Algo sorprendente es que el único tipo de trabajo lingüístico ajeno a la lingüística formalista que ha demostrado ser *tanto científico como útil* es la "lingüística histórico-comparativa", puramente empírica, una disciplina en claro declive en las universidades occidentales porque los políticos ya no entienden para qué sirve, así que van cerrando institutos y cancelando plazas. Su objetivo es hallar hechos textuales relevantes que permitan reconstruir la historia de una "familia lingüística". Esta modalidad de investigación no se fija a axiomas previos sobre lo que es lingüístico y no lingüístico, ni sobre lo que es o no es lenguaje, ni sobre cuáles son sus partes. Trabaja sobre textos e intenta comprobar tanto regularidades como irregularidades. Estudia empíricamente el tipo de estructuración alcanzado en cada

---

16. He dedicado un estudio pormenorizado a sus teorías, que espero poner en la red en cuanto logre montar mi página.

17. Para el concepto crítico de "ideología" v. H. Barth, *Wahrheit und Ideologie*.

18. J. Simon, *Philosophie des Zeichens*: 49.

texto por cada autor e idioma en todos los niveles posibles (fonológico, morfológico, sintáctico o semántico), así como el grado de regularidad de los cambios históricos en cada lengua. Utiliza eclécticamente el vocabulario de las diversas escuelas lingüísticas o se inventa sus propios términos, buscando en cada caso lo que parezca ser la formulación y comunicación más provechosa de sus hallazgos y de sus interpretaciones. Y sirve efectivamente para reconstruir la historia de vocabularios y textos, lo que a su vez ayuda a entender mejor textos antes poco comprensibles. Ayuda también a juzgar sobre la historia de las herramientas expresivas de las diversas lenguas (de su sistema verbal o nominal, de sus medios de subordinación, de los procedimientos morfológicos de derivación…) en términos de "progreso" o "regresión", como pretendía Humboldt.

El hecho es que mucho trabajo lingüístico desde comienzos del siglo XX sigue guiándose por estas ideas metodológicas, también fuera de la lingüística histórica, y deja de intentar reconducir fenómenos lingüísticos a, o de integrarlos en, una u otra "teoría lingüística" más o menos formalizada. Se observan y describen textos de acuerdo con el interés de conocimiento de cada uno, y el marco teórico se deja abierto o se identifica solo de un modo laxo. Esto permite al lingüista individual formular sus observaciones y explicaciones en un lenguaje ecléctico, usando las palabras del modo que le parece más adecuado en cada caso para hacerse inteligible en su contexto. Y a su vez, el lector puede relacionar lo que lee con el autor individual, con su biografía y experiencias, y juzgar sobre la validez de ese trabajo lingüístico no por referencia a un determinado modelo de legitimación, sino por referencia a su propia personalidad y experiencia. Me gustaría mencionar, como ejemplo, la exitosa *Deutsche Grammatik* de Gerhard Helbig y Joachim Buscha, que se presenta como un "manual para la enseñanza a extranjeros", y que se basa en buena medida en las ideas de Lucien Tesnière, pero que tampoco depende de ellas.

La TCL sabe que en la investigación se encuentra lo que se busca, y que el objetivo de la investigación da forma no solo a esta, sino también a sus métodos y resultados. Por eso, centra su interés en *estudiar el propósito que guía a cada teoría lingüística*, incluso a las que niegan perseguir propósito alguno y pretenden que estudian el lenguaje meramente para saber más sobre él.

4. Hablar sobre el lenguaje no es hablar un metalenguaje

La usual confianza en la objetividad de las palabras de los lingüistas sobre el lenguaje ha conducido con frecuencia a calificar la teoría lingüística de "metalenguaje".

El término "metalenguaje" no pertenece al lenguaje ordinario. Fue inventado en el contexto del positivismo lógico y está asociado a nombres como Carnap,

Tarsky o Bertrand Russell[19]. Este lo utiliza precisamente para evitar lo que hace que el lenguaje común, ordinario o natural difiera de cualquier lenguaje formal: las paradojas lógicas de la auto-referencialidad. Su invención fue la de una herramienta de la lógica formal y se aplica en origen a "lenguajes estrictamente especificados"[20]. Solo las connotaciones culturales de su etimología han podido favorecer su aplicación a disciplinas que se ocupan del lenguaje ordinario.

La ciencia lingüística no puede creerse a sí misma un "metalenguaje" de su "lenguaje-objeto", ya que, de acuerdo con su definición en la lógica formal, un metalenguaje ha de ser "esencialmente más rico" que su lenguaje-objeto, y en el caso de la ciencia del lenguaje el objeto es esencialmente más rico que cualquier lenguaje formalizado. Por eso se afirma que el lenguaje natural es el último metalenguaje de todos los demás. Y desde el momento en que la teoría lingüística aspira a ser un discurso restringido sobre el hablar sin restricciones, nunca podrá abarcar a su presunto objeto[21].

El problema con el lenguaje es que los hablantes se ven obligados a hablar sobre su hablar, y, por lo mismo, los pensadores a pensar sobre su pensar, sin salirse de ese mismo hablar y de las condiciones de su conciencia. Como reza la famosa frase de Otto Neurath: "Wie Schiffer sind wir, die ihr Schiff auf offener See umbauen müssen, ohne es jemals in einem Dock zerlegen und aus besten Bestandteilen neu errichten zu können"[22]. Ese "refugio trascendental" del "metalenguaje" está permitido en la lógica formal, pero no "en la vida real". En el pasado se pensaba que la lógica es una parte real del lenguaje real, incluso que constituye su "esencia" (y Nietzsche se permite algunas burlas crueles sobre este prejuicio). Pero en nuestra cultura hace ya tiempo que sabemos que, tanto la idea de la lógica como la del lenguaje, son *subproductos del propio lenguaje*, o más bien *representaciones de los hablantes como tales*. Ahora la lógica se entiende como una ciencia que se construye sus propios objetos, como la matemática. Ya no se la puede entender como la verdadera esencia del lenguaje ordinario. El lenguaje real no funciona así. Su "lógica", si es que tiene alguna, no es matemática. Volveremos sobre esto.

---

19. B. Russell, "Introduction" a la primera edición del *Tractatus logico-philosophicus* de Wittgenstein (1922).

20. A. Tarsky, "The Semantic Conception of Truth", in *Philosophy and Phenomenological Research* 4 (1944).

21. De todos modos se ha extendido tanto el uso de "metalenguaje" para cualquier discurso que trata de otros discursos, que ya no parece posible retornar a su definición original y a su sentido dentro de una cierta manera de hacer filosofía analítica.

22. "Somos como marinos que tienen que rehacer su barco en mar abierto, sin poder nunca llevarlo a puerto y rehacerlo con las mejores piezas nuevas". Otto Neurath: "Protokollsätze": 206.

5. ¿Cómo hablamos sobre el "lenguaje real"? Legitimidad vs. objetividad

Desde que, en el curso de la historia europea, los pensadores fueron descubriendo que "es el entendimiento humano el que dicta sus leyes a la naturaleza" (Kant)[23], y no al revés, ya no podemos hablar de nuestros propios inventos lingüísticos (nuestras teorías verbales sobre la realidad) como si reflejasen las partes reales de una realidad externa, independiente de cómo la entendamos nosotros. Si queremos hablar sobre el "lenguaje", tendremos que recordar que por detrás de esta palabra no hay una "cosa" a la que esta se refiera, sino solo un hábito occidental de "hablar sobre el hablar" con el fin de orientarnos de algún modo sobre este.

"Lenguaje" es una derivación nominal secundaria de una metáfora latina, *lingua* (la lengua como órgano, más tarde también "manera de hablar"). Y se la acuñó en la idea de designar un presunto soporte ontológico invariable de ese proceso tan variable que es *loqui*, "hablar". El término aparece en la Baja Edad Media en el Sur de Francia, en provenzal, como *lengatge*, en el contexto de la poética de los trovadores. Pero pronto se extendió a otros países como la nueva traducción de lo que en latín clásico de llamaba *sermo*, originariamente "conversación", luego también "manera de hablar" (del pueblo vulgar, de las clases instruidas, etc.), de modo que ya Cicerón llama a su idioma *latinus sermo*. Sin embargo, no es *sermo* lo que, a partir de la Baja Edad Media, designa el *correlato abstracto y constante del flujo real del hablar*, probablemente porque ya no sonaba lo bastante intelectual. Se había desgastado con el uso. En español, por ejemplo, pasó a designar las homilías (denominación, esta, "finolis") de los curas en las iglesias: "sermón". Así que el término "lenguaje" debe su origen a la necesidad metafísica de una nueva palabra que sonase lo bastante "fina" como para convertirse en el nombre de una nueva abstracción "técnica".

En India una potente tradición gramatical desarrollada a lo largo de muchos siglos sigue utilizándose en los estudios sánscritos. Su "descubrimiento" en el siglo XIX en Europa dio un impulso decisivo a la reorientación de la gramática histórica. Sin embargo, en sánscrito no existe un buen correlato de nuestro término "lenguaje". Según los contextos y fases históricas encontramos diversas palabras que se refieren, sobre poco más o menos, a lo que nosotros, difusamente, llamamos "lenguaje" (*vacana, vāc, ukta, ukti, bhāṣā*…), pero ninguna de ellas se debe a la misma necesidad práctica que nuestro término, de modo que no se la puede considerar su equivalente semántico.

Las palabras y el lenguaje "ocurren" en la historia, como muestra el propio término "lenguaje". Cada vez que tiene lugar "lenguaje", cada discurso lingüístico, es

---

23. Kant, *Prolegómenos a toda metafísica futura*.

un "hecho" histórico que, como tal, solo puede ser percibido en el marco de un cierto "horizonte hermenéutico" en cada caso. Su interpretación también es, a su vez, algo histórico y fáctico.

Cuando hablamos sobre el lenguaje no estamos hablando de un "algo" determinado. En lingüística se suele creer que se está hablando del "referente" de esa palabra, pero lo que realmente sucede es que hablamos de lo que *imaginamos, más o menos conscientemente,* que es en cada caso el correlato ontológico de nuestro uso de esa palabra. Este uso ha ido cambiando en el curso de la historia desde su primera aparición como respuesta a una cierta necesidad cultural.

Cuando nuestro hablar sobre el hablar toma la forma de un juicio (crítico o positivo) sobre alguna "teoría lingüística", *no podemos comparar ésta con ninguna "realidad" externa a cualquier teoría.* No podemos comprobar su "objetividad" porque no podemos compararla con ninguna realidad inequívocamente designada por la palabra "lenguaje". Lo que sí podemos hacer, en cambio, es refutar en cada caso, con argumentos críticos, cualquier determinación histórica de "lo que el lenguaje es" si se la ha utilizado como *punto de partida válido de cualquier teoría sobre él que se pretenda ontológicamentne* válida. Esto no afecta en general a lo que presuponemos difusamente que es "lenguaje" en el trabajo lingüístico concreto, pero se vuelve crítico en el momento en que ese trabajo se propone demostrar la verdad de sus axiomas de partida.

Podemos, a lo sumo, comparar los diversos axiomas sobre la realidad del lenguaje, los que subyacen a los diversos modelos teóricos que se han propuesto hasta ahora, con *nuestra propia experiencia hermenéutica,* que es la que nos sugiere que tal o cual axioma es demasiado unilateral. Pero, en todo caso, es solo *nuestra* propia experiencia en la crítica histórica y epistemológica la que nos permite compararlos con nuestras propias conclusiones históricas sobre "lo que el lenguaje no es".

Y si el lenguaje no es "objeto" posible de ninguna ciencia, el sentido y la productividad del trabajo lingüístico no puede derivarse de que este "refleje" la realidad lingüística en el "espejo" de la teoría. Y, sin embargo, el trabajo lingüístico ha demostrado sobradamente que *"tiene sentido"* en algunas o incluso en muchas situaciones. ¿Pero qué sentido?

Quisiera proponer aquí un cambio de perspectiva. Porque lo que estamos afrontando son aspectos de *"validez"* y *"legitimidad"* como alternativas al usual criterio de *"objetividad".* Cuando juzgamos sobre el posible *sentido* de una teoría lingüística, lo que necesitamos hacer es comprobar hasta qué punto es *"racional"* como *medio para un cierto objetivo en cada caso,* así como la posible racionalidad del objetivo mismo, en términos de valores "humanos". Tenemos, pues, que juzgar el trabajo lingüístico comprobando:

— hasta qué punto es coherente con el propósito concreto del uso de las palabras del lingüista, en cada caso, a la hora de construir su teoría;

— su utilidad como intento de orientación en una situación histórica concreta, y

— hasta qué punto es productivo su horizonte de orientación en el contexto más amplio del trabajo por un mejor concepto de lo "humano", que se supone que es el objetivo general de las "ciencias humanas".

Así que nuestra pregunta no es ni "qué es el lenguaje" (esta sería la aproximación *metafísica*) ni "cómo usamos la palabra "lenguaje" (que es lo que estudia la *filosofía analítica*). Lo que nos preguntamos nosotros es cuál es el *propósito* para el que la gente ha inventado y usa esta palabra en cada caso, circunstancia, periodo histórico o contexto nacional, social y cultural. Y nos preguntamos si *una cierta manera de entender el lenguaje ha sido o es una buena solución para problemas que han surgido en esos "contextos".* La nuestra es, pues, una cuestión *"pragmática".* Se pregunta por la validez práctica de los discursos disciplinares de la lingüística.

6. Cómo constituir y reconocer un "discurso lingüístico válido"

"Tenemos" la palabra "lenguaje" únicamente *como parte de discursos en los que la gente la ha usado,* lo que nos incluye a nosotros mismos. No hay ningún "lenguaje en sí". Por razones ontológicas no podemos construir ninguna teoría "positiva" del lenguaje en el sentido científico de "teoría", y por razones lógicas no podemos construirle ningún metalenguaje. ¿Es entonces la lingüística algo imposible y radicalmente falso? No necesariamente. Seguimos pudiendo hablar sobre el lenguaje con sentido y de formas útiles, pero para hacerlo *tenemos que partir de los mejores resultados históricos de la reflexión sobre las mejores posibilidades de unas u otras palabras como medios válidos de orientación teórica.* Tenemos que incorporar a nuestro discurso la familiaridad con el origen y rendimiento de la palabra "lenguaje", y de otras normalmente asociadas a ella en el discurso lingüístico, dentro de nuestra tradición occidental de pensamiento. Y para poder hacer esto, tenemos que decidir lo que nos parece o no nos parece aceptable en cada caso. Hay muchos posibles objetivos para hablar sobre el hablar. Pero si *yo hablo sobre "el lenguaje", tengo que responsabilizarme individualmente de mi selección de un objetivo y de unas herramientas (palabras, lógica) y expresiones.*

Por esta razón necesito conocer y juzgar la *historia.* En cierto sentido es lo que hago cada vez que expreso algo de un modo y no de otro, pero el conocimiento de la historia de nuestro vocabulario común, y el juicio sobre la validez de conceptos y concepciones, suelen producirse de modo inconsciente. Suelen ser cosa de "actitudes". Por regla general, un lingüista se fía de la escuela en la que se ha formado y de sus maestros.

Ahora bien, en el caso del lenguaje esto no es aceptable. *El lenguaje solo tiene existencia real como "hablar fáctico" de individuos que "hacen sentido" con él, y el lenguaje de los lingüistas comparte esta condición.* Cada lingüista tiene que hacer plausible, de cara a sus destinatarios, que su hablar aquí y ahora "tiene sentido" en cada caso. Y tiene que asumir conscientemente la *responsabilidad sobre su propia manera* de intentar "hacer sentido".

La mayoría de los filósofos analíticos daban por sentado que la única aproximación objetiva a las ideas es el análisis del uso de las palabras que "las significan". A diferencia de ellos, la TCL no permite hacer ese análisis, ni como mera introspección de presuntos "hablantes nativos competentes"[24], ni como fenomenología aleatoria de "discursos" actuales.

La única base válida para hacer inferencias sobre la "naturaleza" del lenguaje es la *filología crítica de textos específicamente cualificados a lo largo de la historia.* Así que esta base no es ni el "uso ordinario" ni "construcciones formales", sino la *historia objetiva de discursos relevantes e inteligentes sobre lo que acostumbramos a considerar el dominio del lenguaje,* o más bien el ámbito de los hechos o datos que nos *sentimos* justificados para considerarlos lingüísticos. Este *sentimiento*, como cualquier otro, es individual.

Por todo lo anterior, la "objetividad", en su sentido habitual dentro del paradigma científico, en la lingüística debe ser reemplazada por la cuestión de la *legitimidad de los discursos lingüísticos individuales.*

---

24. Imaginar el lenguaje como el producto de la competencia de un "hablante nativo promedio" es el mismo tipo de operación que, en la economía, la idea de un "agente económico representativo", cuya artificiosidad ha puesto claramente de manifiesto Thomas Piketty en *Le capital dans le XXI ᵉ siècle.*

Capítulo II
Teoría crítica de la lingüística (CTL)

1. La teoría crítica de la lingüística y la *Filosofía del signo* de Josef Simon

Es el momento de situar la TCL en su propio contexto histórico y cultural.

La obra de Josef Simon *Filosofía del signo (1989)*, traducida por mí al castellano y editada en Editorial Gredos, es la conclusión de la revisión, por el autor, de la filosofía crítica occidental a lo largo de la historia y de sus consecuencias para una comprensión actualizada del lenguaje. Es también el punto de partida de una filosofía del lenguaje capaz de llevar el abordaje humboldtiano, sus premisas y conclusiones, hasta sus últimas consecuencias[25]. No entraré aquí expresamente en ellas porque estarán presentes a lo largo de todo el libro.

Mi maestro Eugenio Coseriu no solo no estaba de acuerdo con esta publicación de Simon: literalmente le desesperaba. Así que la idea de hacer lingüística coseriana en el marco de una posición teórica que él rechazaba apasionadamente puede considerarse como pura heterodoxia. Y en cierto sentido lo es. Pero el propio Coseriu, decidido humboldtiano a su vez, aprobó explícitamente mis raíces hegelianas, y estaba de acuerdo conmigo en que el método dialéctico nos obliga a ir más allá de cualquier ontología de las categorías científicas.

La *Filosofía del signo* de Simon inicia su reflexión crítica con una "definición" paradójica de este como "lo que entendemos". Con ella devuelve el problemático significado de la palabra "signo" al igualmente indeterminable significado del verbo "entender". Ambas palabras pierden así su estatuto de conceptos definidos y pasan a ser meros "signos para la orientación", que se remiten el uno al otro. Con este axioma inicial Simon hace depender el estatuto del "signo" del *hecho histórico y contingente de que alguien "entienda" efectivamente algo*, esto es, de que un cierto individuo *tome algo como señal orientativa,* lanzada por otro individuo, y de que el primero *sienta* que puede darle sentido dentro de su propio hablar.

---

25. Humboldt, W.v., Über *die Verschiedenheit des menschlichen Sprachbaues…*

La *individualidad* y la *facticidad* son así las dos anclas con las que Simon sitúa el lenguaje en la historia humana.

Esto le *permite no edificar ninguna construcción conceptual sobre el lenguaje*, y abre la posibilidad que yo estoy intentando desarrollar: la de introducir este abordaje crítico del significado en el propio *trabajo lingüístico*. Este ya no necesita entenderse como la construcción de ninguna "teoría lingüística", sino como la *ejecución de tareas sensatas* en contextos en los que las consideraciones lingüísticas pueden parecer útiles y productivas para la vida real.

El marco intelectual más amplio de la TCL es la exigencia kantiana de hacer sobre el ser humano teoría con intención *pragmática*, en lugar de buscar teorías que lo *describan*. Solo así la teoría podrá estar al servicio del criterio ético de *trabajar por una humanidad mejor*[26], en lugar de atascarse en el reino arbitrario de unas descripciones perspectivistas de lo que ya está ahí.

2. La teoría crítica de la lingüística (TCL)

2.1. ¿Qué es la TCL?

La teoría crítica de la lingüística no es un abordaje metodológico preciso de ningún nuevo "objeto", sino una *cualificación del trabajo lingüístico válido* en general. Es *epistemología de la lingüística, y se ocupa de elaborar criterios para formas epistemológicamente autoconscientes* de analizar el hablar o de hacer otras cosas relacionadas con el lenguaje.

Solo reconoce, como trabajo lingüístico válido, en primer lugar, aquellas aproximaciones a hechos considerados "lingüísticos" que partan de *intereses, problemas y propósitos reales y concretos*, no de definiciones previas axiomáticas de "lo lingüístico" ni del objetivo abstracto de construir un "modelo" del lenguaje. Se trata de emprender el trabajo como medio de realizar las tareas que se hayan elegido como las más apropiadas, bien para satisfacer algún "interés de conocimiento" histórico e individual, bien para resolver algún problema *real* con el lenguaje, ya sea filológico, político, educativo o de otra naturaleza.

En segundo lugar, el trabajo lingüístico puede considerarse válido si es *internamente consistente*, y si las cuestiones que intenta resolver están *legitimadas en el marco de la cultura legítima actual*.

Como decía más arriba, "validez" y "legitimidad" reemplazan a la "objetividad" en el dominio del pensamiento sobre el lenguaje, ya que hemos visto que este no

---

26. I. Kant, Prólogo a su *Anthropologie in pragmatischer Absicht*.

puede ser sometido a una conceptualización propiamente científica. Estos criterios vinculan el trabajo empírico con su papel en el contexto del "trabajo en sociedad". Definen el criterio general de *aceptabilidad* en el sentido de un concepto crítico del *humanismo*. No se basan en ninguna distinción trascendental entre el sujeto y el objeto de la investigación: ambos han de demostrarse "aceptables". Este es un compromiso ético[27].

Una cultura puede considerarse "legítima" si puede mostrar que *ha entendido y examinado críticamente* las diversas posiciones históricas que se documentan para lo que en cada caso es el objeto de su atención. Ningún seguimiento a ciegas de las pautas culturales vigentes en cada momento y lugar garantiza una legitimidad epistemológica. Quien quiera hacer un trabajo intelectual legítimo está obligado a cultivar un *escepticismo* incisivo, basado en una buena información, respecto de los vocabularios, categorías y pautas de comportamiento heredados. Es necesario poder demostrar que *no se ha caído por detrás del nivel de conciencia crítica ya alcanzado en la historia*, y que se está en condiciones de fundamentar con argumentos explícitos la propia legitimidad ética.

La legitimidad y la validez del trabajo lingüístico no dependen por lo tanto sobre todo de la "objetividad" con la que los propios términos reflejan o reproducen la realidad lingüística en nuestro trabajo, sino del nivel de *conciencia crítica y de responsabilidad ética* con las que se identifican, designan y estudian los hechos y los problemas en la investigación.

Para alcanzar un nivel aceptable de conciencia y de responsabilidad ética en este terreno es necesario que el investigador posea una buena competencia lingüística (en el sentido ordinario del término, y a ser posible plurilingüe), y que reflexione sobre lo que entiende bajo "lingüístico" por medio de una *historia crítica de las conceptualizaciones previas*.

"Historia crítica" quiere decir aquí leer los textos históricos evaluándolos históricamente, esto es, *distinguiendo responsablemente entre progreso y regresión intelectuales*.

Es "progreso" el paso que lleva a un estado de conciencia que comprende el conjunto de lo hecho hasta ese momento sobre un cierto tema u objeto, y que acepta o rechaza posiciones históricas del trabajo previo con argumentos explícitos. Es "regresión" el paso que lleva a un nivel de conciencia que ignora toda o parte de la historia del trabajo anterior, y no está, por lo tanto, en condiciones de legitimarse en contraste con ella.

La competencia para esta "historiografía crítica de la lingüística", que es sin duda una *cualificación individual*, es el resultado de la experiencia lingüística

---

27. A. Agud, "Ethik und Linguistik".

(conocimiento de lenguas, trabajo filológico, historiografía lingüística), de la cultura teórica y de una inteligencia cultivada por parte del *investigador*.

Para que la *experiencia* lingüística capacite a alguien para hacer un trabajo lingüístico válido, tiene que ser tanto *histórica* como *comparativa*. El trabajo lingüístico es parte de la historia de la propia cultura, y la validez de sus objetivos e instrumentos en cada caso depende del grado de conciencia crítica que posea cada lingüista sobre el modo como su cultura influye en su perspectiva.

Ser competente en más de una lengua viva o antigua no es suficiente para desarrollar criterios para una lingüística autoconsciente, pero es, por supuesto, un excelente punto de partida. Requiere, sin embargo, de una reflexión en profundidad, basada en la observación consciente de la historicidad de los elementos de esa competencia, así como en juicios competentes sobre la mayor o menor aceptabilidad de esos elementos en cada caso. Y esto solo se puede hacer sobre la base de una gran cantidad de información contextual histórica tanto sobre el pasado como sobre el presente de la lingüística.

Por otra parte, solo la comparación permite al lingüista trascender el "círculo que cada idioma traza en torno a nosotros" (Humboldt)[28] y comprender de una manera tangible la parcialidad y las perspectivas concretas del círculo en el que uno ha crecido, se ha hecho adulto y se ha convertido en lingüista. El trabajo lingüístico debe basarse en un cierto multilingüismo del lingüista, pero también en una cierta *familiaridad con otras aproximaciones teóricas y prácticas al lenguaje,* tanto actuales como pretéritas.

2.2. Claves básicas de la TCL

2.2.1. Lingüística e individualidad

La competencia para hacer lingüística es, como decía, puramente *individual*. Del mismo modo que la propia competencia lingüística, la de *hacer lingüística* es el *resultado del conjunto de la experiencia previa* del lingüista. No se la puede separar de las demás "competencias". Esto tiene que ver con el hecho obvio de que los seres humanos somos capaces de juzgar y hacer cosas, en cada caso, gracias al conjunto total y no analizable de nuestras experiencias previas (y, claro está, de los rastros neurales de esas experiencias en cada cerebro).

Para hacerse competente en lingüística un individuo tiene que mejorar e incrementar todo lo posible su conocimiento de los hechos relacionados con el

---

28. Wilhelm von Humboldt, *Über die Verschiedenheit des menschlichen Sprachbaues:* 60.

dominio del lenguaje. Pero desde el momento en que el lenguaje no es algo con límites precisos, resulta imposible trazar fronteras conceptuales entre hechos lingüísticos y no lingüísticos. Hay hechos que probablemente cualquiera relacionaría hoy en día con el lenguaje, sobre todo los diversos idiomas de los diversos países. Pero más allá de esto, cada individuo debe decidir desde su conciencia si una cierta experiencia o conocimiento es o no es relevante para una consideración lingüística. Josef Simon escribió un libro entero para demostrar que la *Fenomenología del Espíritu* de Hegel es relevante para el trabajo lingüístico contemporáneo[29], una tesis que he verificado al cien por cien en mi propia *Historia y teoría de los casos* y que subyace también a este libro, pero que está muy lejos de ser una idea aceptada por la mayoría.

El estudio de las gramáticas y teorías lingüísticas previas constituye una vía muy fiable para hacerse un lingüista competente. Es sin embargo una condición necesaria, pero no suficiente. Este conocimiento solo contribuye a la competencia para hacer lingüística si se comparan de continuo los textos de los otros lingüistas entre sí y con las ideas sobre el lenguaje que pueden obtenerse en el presente mediante el conocimiento propio de lenguas, lecturas y discusiones de todo tipo, y observaciones y reflexiones propias. Y una cierta familiaridad con la historia de la filosofía occidental debería formar parte de las condiciones para una buena competencia en lingüística.

2.2.2. Lingüística y "verdad" lingüística

No es posible excluir *a priori* de la competencia para la lingüística ningún conocimiento de hechos cualesquiera, pero es tan posible como necesario *distinguir entre proposiciones verdaderas y falsas sobre el lenguaje*, del mismo modo que las ciencias propiamente dichas distinguen entre verdadero y falso. Esta es, en mi opinión, la razón por la que Coseriu reclama que "se digan las cosas como son"[30]. Pero, ¿cómo puede un lingüista hacer esta distinción en la práctica?

2.2.2.1. El caso de "el lenguaje es x"

En el plano epistemológico, una proposición falsa sobre el lenguaje consiste en general es una delimitación arbitraria (una "definición") de este concepto, lo que en general va asociado a aspiraciones teóricas ilimitadas.

---

29. J. Simon, *Das Problem der Sprache bei Hegel*.

30. J. Kabatek, A. Murguía, *"Die Sachen sagen, wie sie sind"*.

Axiomas de partida como que "el lenguaje es un sistema", "un código" o "un medio de comunicación" son inherentemente falsos, porque excluyen arbitrariamente del lenguaje todo lo que la ecuación no focaliza, en estos casos todo lo que no es sistema o comunicativo. Por lo mismo, toda afirmación que restrinja la propiedad de "ser lingüístico" es falsa. La única proposición epistemológicamente correcta sobre el lenguaje sería la que siguiese el principio hegeliano de que "la verdad es el todo" ("*das Ganze ist das Wahre*")[31]. Pero el todo no puede reflejarlo ninguna proposición singular.

La "verdad" del todo no es una propiedad positiva de su concepto, sino la certeza *negativa* de que, por debajo del todo, la conciencia se vuelve parcial, así que, en un sentido absoluto, deviene falsa.

2.2.2.2. El caso de si "algo lingüístico ocurre o no ocurre"

Del mismo modo que en las ciencias propiamente dichas, en la lingüística proposiciones concretas sobre hechos se consideran correctas si las confirma la experiencia por medio de mediciones cuantificables (cuando tal cosa tenga sentido), o si no, porque las "sentimos" evidentes, y mientras nuevas experiencias en el trabajo no parezcan señalar lo contrario. Una "ley fonética", o una regla morfológica de formación de palabras, se verifican exactamente igual que cualquier otro "hecho". El trabajo lingüístico ordinario se ocupa de hechos, que identificamos mediante nuestro vocabulario, porque es así como resultamos creíbles dentro de la "comunidad de habla" de los lingüistas. Estos "hechos" se consideran "reales" mientras la investigación empírica o una reflexión teórica más a fondo no encuentren razones para dudar de ellos.

Ahora bien, en la lingüística, a diferencia de las "ciencias propiamente dichas", dudas sobre la realidad de "hechos" surgen con cierta frecuencia, dependiendo del tipo de lingüística que se haga. Son mínimas mientras el trabajo se mantiene empírico en el sentido "empiricista" de la palabra. Se hacen mayores a medida que aumenta el grado de abstracción de los "nombres de clases de cosas".

Así, por ejemplo, el uso de una forma verbal concreta en un texto concreto, sus "colocaciones" y su "significado" en cada caso, son objetos de investigación que suscitan menos dudas sobre su realidad que la clasificación de esa misma forma como exponente de una u otra categoría gramatical. Un par de ejemplos:

— Los lingüistas no han estado del todo seguros sobre si ciertas formas verbales del sánscrito, con "desinencias secundarias" pero sin "aumento", constituyen un "modo verbal" propio (el "injuntivo"), o son meras variantes

---

31. G.W.F. Hegel, *Phänomenologie des Geistes (1807)*: 24.

formales de las formas de pretérito con aumento, como ocurre en el griego homérico. En este caso el trabajo filológico puede ayudar a decidir si hay o no hay razones suficientes para considerar estas formas como "modales". La mayoría cree actualmente que sí.

— Las formas verbales españolas con el sufijo -ría pueden considerarse como un modo propio, el condicional, o como un "tiempo" del indicativo. Aquí ninguna observación empírica puede apoyar o refutar esa consideración, porque se trata de una cuestión de "conceptualización gramatical".

Este tipo de alternativas clasificatorias se mueve en el resbaladizo campo de la posible realidad ontológica de nuestras propias categorías, un problema frecuentemente señalado por Coseriu en sus textos metodológicos.

2.2.2.3. El campo de aplicación de "verdadero" y "falso" en la TCL

La TCL, como parte de una *filosofía crítica del signo*, consiste ante todo en proposiciones negativas sobre axiomas en uso:

— Está, por una parte, la negación general de la verdad de cualquier proposición que "defina" el lenguaje o sus partes como algo ontológicamente real: este es el campo filosófico.

— Y está, por otra parte, el de las negaciones singulares de la verdad de proposiciones ontológicas singulares sobre el lenguaje o partes suyas, esto es, las *negaciones concretas*. Estas se construyen individual e históricamente: el lingüista crítico ha de hacer expreso qué tipo de elementos de la experiencia entiende que han sido ignorados o negados por una determinada proposición empírica o axiomática, y que por ello debería tomarse en consideración con el fin de corregir la parcialidad de la misma.

El resultado de sucesivas críticas negativas de proposiciones concretas falsas es conocimiento real, pero su contenido acostumbra a ser negativo. No nos conduce a un "concepto apropiado del lenguaje", que no sería posible, sino a comprender por qué determinados conceptos históricos del lenguaje son equivocados en cada caso. *"Lenguaje" solo es una denominación "verdadera" de algo real si se lo entiende como significando "el todo", pero sin ningún contenido positivo; que es tanto como decir que si se mantiene conscientemente como una palabra de significación indeterminada,* como una palabra del lenguaje común (o sea, de sí mismo), que funciona justamente porque hablantes y oyentes *tienen que darle sentido en cada caso. (Nota bene:* atribuir "verdad" a un concepto se consideraría un error en la lógica formal, que solo admite este atributo para "proposiciones". Discutiremos este punto en el apartado sobre la lógica de la TCL).

Con esto no obtenemos alternativas positivas para un análisis correcto. Estas han de ser resultado de una investigación empírica diseñada en un "lenguaje de la lingüística" bien fundamentado. Y el diseño mismo, como todos, es un rendimiento de la *imaginación*. A través de la TCL solo accedemos a una certeza positiva sobre las causas y motivos que conducen a falsas polémicas, investigaciones mal orientadas y "conceptos" falsos.

Veamos un ejemplo: en relación con el pasado remoto de las lenguas indoeuropeas, ciertos investigadores buscan "lo que había antes de" el sistema de casos, o el sistema de los tiempos verbales, que reconstruimos a partir de las lenguas atestiguadas históricamente. Pues bien: el mero hecho de preguntar por "lo que había antes de x" nos induce a buscar algo "distinto de x", y esta es la base principal de muchas hipótesis que atribuyen al proto-indoeuropeo un sistema nominal "pre-flexional", o un "sistema de casos ergativo", o un sistema verbal basado en el "aspecto" en lugar de en los "tiempos"[32].

Las lenguas pueden evolucionar de un sistema morfológico al siguiente, bien conservando sus rasgos estructurales principales, bien modificándolos. Presuponer la necesidad de un cambio tipológico en cada caso confunde la realidad histórica de las lenguas con la lógica interna de una cierta aproximación particular a la investigación. Más específicamente, supone fiarse de ciertos planteamientos y preguntas sin examinar sus presuposiciones teóricas, un fallo frecuentemente denunciado por Coseriu.

Como ya había señalado Popper para las ciencias en general, en un sentido estricto no "verificamos" las proposiciones científicas, sino que a lo sumo las "falsificamos"; esto es, demostramos que son falsas[33]. La verdad no se puede demostrar porque, *en un sentido absoluto, solo el todo sería verdadero, y el todo no es un posible objeto de la investigación*. Toda investigación concreta tiene que definir su "objeto" mediante "límites" artificiales, y cuánto puede ser establecido y afirmado empíricamente respecto de tales objetos depende en última instancia de las razones que han conducido a cada acto concreto de dar forma a un objeto y a su investigación. La lingüística solo puede sentirse legitimada para distinguir entre "verdadero" y "falso" si se mantiene consciente de estas condiciones epistemológicas de su trabajo.

---

32. A. Agud, "El primer elemento de los compuestos indoeuropeos": 7-13.
33. K. Popper, *The Logic of Scientific Discovery*.

2.2.3. TCL y la noción de "estructura" en la lingüística

Los procesos por los que una persona "da sentido" a sus propias palabras y a las de los demás son parte de la fisiología de nuestro cerebro. Estamos lejos de conocer la naturaleza bioquímica y fisiológica precisa de la mayor parte de esos procesos, que son una parte de nosotros mismos que no controlamos ni científica ni conscientemente.

Nadie sabe realmente lo que está pasando dentro de su propio cerebro, ni puede saber cómo opera el lenguaje en su interior. Ni siquiera conocemos los *resultados* de los procesos inconscientes implicados en el hablar. No estamos en condiciones de determinar objetivamente el contenido semántico de las palabras más importantes de nuestro propio vocabulario actual, porque en general las palabras operan como "señales de orientación" momentánea, como reacciones a situaciones, en el marco de intuiciones más o menos inconscientes, de recuerdos más o menos vagos y de impresiones más o menos cargadas afectivamente. Y en alguna parte en mitad de todo eso, las palabras son también "signos" con "pautas de uso" más o menos generalizadas, y que apuntan a *articulaciones o categorizaciones históricas, más o menos compartidas, de la realidad*. Si uno se pregunta a sí mismo que significa para él realmente la palabra "amor", e intenta definir su significado con independencia de cualquier contexto, enseguida se le hacen a uno claras estas limitaciones de la conciencia semántica del hablante.

Las pautas que guían el uso lingüístico se nos muestran como *altamente estructuradas en cada momento*, pero *no constituyen un "sistema objetivo"*. Hablar es sin duda un tipo de "comportamiento estructurado"[34], pero no uno que "aplica una determinada estructura". *Las pautas de hablar estructuradas son, en cada caso, el resultado de esfuerzos más o menos conscientes de la gente por expresarse del mismo modo que anteriormente y que los demás*, incluso cuando se intenta decir algo totalmente nuevo. Y son también resultado de una *fuerte tendencia inconsciente a permanecer regular, sistemático y predecible*. La "causa" de la estructuración lingüística es la denominada "*homeostasis*"[35], una profunda necesidad de los seres vivos de mantenerse estables a despecho del constante movimiento y evolución tanto de ellos mismos como de su entorno. Esta tendencia opera desde los seres unicelulares hasta las mentes humanas más sofisticadas.

Y, sin embargo, los organismos más complejos o "superiores" pueden permitirse ciertos grados de *desestructuración* cuando se trata de cumplir *nuevos*

---

34. J.R. Firth, *Speech*.

35. Término definido por primera vez para los organismos biológicos por Walter Cannon, "Physiological regulation of normal states: some tentative postulates concerning biological homeostatics". Utilizaré con frecuencia esta noción a la hora de explicar la realidad lingüística.

propósitos. Es claro que, en general, la evolución favorece aquellas rupturas de los hábitos estructurados previos que conducen a mejores condiciones de supervivencia. En la sociedad humana romper con esos hábitos suele causarles problemas a quienes lo hacen, pero pueden llegar a aceptarse e imponerse los nuevos comportamientos si se demuestran útiles o placenteros para muchos, o al menos para los más influyentes o poderosos. Al cabo del tiempo las nuevas estructuras pueden llegar a convertirse a su vez en la base para nuevas pautas compartidas, o pueden perderse y olvidarse.

La estructura lingüística no es *el* sistema subyacente de una lengua en cuanto "hecho social", sino que es parte de las condiciones internas que nos permiten e inducen a los individuos a hablar en cada momento de manera que se *cumplan las expectativas usuales*, propias o ajenas, del hablar. Ahora bien, cumplir expectativas usuales no es una condición absoluta para hablar. A veces los individuos no logran "hablar correctamente", y otras veces el discurso de un individuo se propone justamente romper las reglas comunes. Los giros inesperados forman parte, por ejemplo, de algunas definiciones de la poesía en la tradición india[36].

Comportarse de una manera estructurada es seguramente la estrategia más eficaz para sentirnos seguros y mantenernos estables. Sin embargo, mantenerse estructurado cuando se intenta hablar de cosas complejas puede requerir un considerable *esfuerzo* psicológico e intelectual. La estabilidad dentro de contextos muy complejos requiere un *esfuerzo de estructuración* mucho mayor de lo que algunos individuos estarían dispuestos a hacer. Esto puede llevar, bien a una cierta desestructuración del habla (a "faltas"), bien a una reacción psicológica de ignorar parte de la complejidad exterior y de reducir o simplificar la propia perspectiva sobre la realidad.

Cuando más limitado sea el horizonte intelectual de una persona, más simples y estables serán sus estructuras lingüísticas. Personas con una necesidad exagerada o patológica de estabilidad suelen reducir tanto la percepción de la complejidad real que les rodea como la de sus propias pautas de lenguaje: se reduce la competencia tanto lingüística como cognitiva.

Por el contrario, la gente biológica o subjetivamente inclinada a nuevas experiencias y sentimientos, y por lo tanto dispuesta a asumir con agrado riesgos de diversos tipos, estará también más inclinada a arriesgar su estabilidad personal básica a través de nuevos intentos expresivos y hermenéuticos. Son quienes tienden a usar el lenguaje en formas más o menos inéditas y a proyectar una mirada crítica sobre las pautas usuales. Pueden incluso poner en cuestión la validez y utilidad de algunos hábitos de hablar y de pensar: pueden convertirse en iniciadores de nuevas escuelas de pensamiento, hacerse filósofos críticos, o lingüistas críticos, o poetas…

---

36. S. Kuntaka, *Vakroktijivitam*.

2.2.4. ¿La lingüística como otro "juego lingüístico" más?

Cuando Wittgenstein se apartó de su primer acercamiento objetivista al lenguaje y al significado, concluyó que "en la mayoría de los casos el significado de una palabra es el uso que hacemos de ella"[37]. Rechazó la idea de un sistema general de referencia de las palabras y frases que subyacería a la realidad del hablar, e imaginó el lenguaje como diversos "juegos lingüísticos"[38], o sea, como *reacciones lingüísticas más o menos reguladas en situaciones típicas*, no vinculadas a la estructura de la realidad sino a reglas más o menos sensatas y útiles del comportamiento en la propia situación. Las llamó "juegos lingüísticos" en parte para ridiculizar la seriedad de las teorías habituales sobre la relación entre el lenguaje y la realidad. Más tarde, los "actos de habla" y los "discursos" se convirtieron en los herederos supuestamente "serios" de esos "juegos" en los discursos académicos. Su introducción como los nuevos objetos "evidentes" de la investigación lingüística constituye un regreso a las "teorías lingüísticas" de fundamentación metafísica, es decir, a las teorías que creen en la realidad ontológica de su manera de configurar objetos parciales.

A su vez, toda gramática y toda teoría o estudio lingüístico puede considerarse un "juego lingüístico" en el sentido del Wittgenstein tardío, y si uno se mueve en el reino de "objetos" como los "actos de habla" o los "discursos", no tiene más remedio que considerar la "gramática" como un "acto de haba" o "discurso" más. La gramática y la teoría lingüística son maneras más o menos estrictamente estructuradas de "hablar sobre el hablar", que obedecen a reglas de una cierta escuela o tradición, y que se mueven dentro de un cierto marco institucional con sus propias reglas de comportamiento, o bien que las rechazan y las sustituyen por otras nuevas.

La idea de un "juego" reúne tanto el elemento de regularidad o regulación como el de la falta de un propósito práctico. Jugar a un juego no es nada que se haga con ningún objetivo o necesidad real. Es la clase de cosa que se hace porque a uno le gusta, o porque le pagan a uno por hacerlo, o simplemente por costumbre.

Muchas de las cosas que hacemos en la vida real pueden considerarse juegos en este sentido de Wittgenstein, pero otras no. ¿Y cómo podría un lingüista hacer creíble que no se está limitando a "jugar al juego de hacer gramática", sino que está haciendo algo realmente necesario y útil, y más beneficioso para la vida del espíritu que lo que hacen otros lingüistas?

---

37. *"Die Bedeutung eines Wortes ist sein Gebrauch in der Sprache"*, L. Wittgenstein, *Philosophische Untersuchungen*: 43.

38. *Ibid.*: 7.

2.3. La TCL como una lingüística pragmática

2.3.1. ¿Por qué?

Una teoría lingüística en el sentido de una "descripción objetiva de fenómenos lingüísticos" no está en condiciones de demostrar que es lo que pretende ser, por las razones explicadas más arriba. La única forma de demostrar que una cierta manera de "hablar sobre el hablar" es algo más que un juego sería demostrar que *cumple una tarea práctica o teórica responsable, diseñada para un propósito justificable, y que se atiene a un método viable y aceptable para llevarla a cabo.*

Por eso, la lingüística tiene que ser "pragmática" en el mismo sentido en el que Kant advierte de que una antropología o "teoría de la humanidad" debe ser pragmática y no descriptiva[39]. La mera replicación de la realidad de un modo formalizado no da mucho sentido: si el destinatario ya se maneja bien con la realidad, no necesitará ninguna "descripción", y si tiene dificultades prácticas, difícilmente le será de ayuda una descripción formalizada. Replicar cosas reales mediante modelos solo tiene sentido si se los usa para *construir réplicas reales* como autómatas o robots, algoritmos, mapas o máquinas que produzcan la porción de realidad que se desea. También se usan los modelos para *imaginar* el funcionamiento de sistemas complejos que no se puede observar directamente, o para *presentarlo* de un modo simplificado. Al margen de estos objetivos prácticos, el único tratamiento aceptable de la "humanidad" y de la "lingüisticidad" es *trabajar para mejorar ambas.* La cuestión no es "qué es el lenguaje", sino *cómo podemos contribuir a mejorar el lenguaje humano, y con él la humanidad de los seres humanos.*

Toda "descripción" del lenguaje, de objetos lingüísticos o de objetos cualesquiera, es necesariamente fruto de una cierta *perspectiva.* Nadie describe "cosas en sí mismas", y "describir" cosas está lejos de ser una tarea inequívoca. Si describe uno un cuadro, lo hace para explicarle algo a alguien (o a sí mismo). Por eso lo que uno trata de explicar, y su manera de representarse la capacidad de entender del otro, son lo que decide qué incluir en la descripción y qué dejar fuera, cómo describir y cuánto describir. Y con los objetos científicos ocurre lo mismo: lo que pueda describir un físico de una piedra no será lo mismo que lo de un químico, un óptico o un geólogo.

Y es, por supuesto, el caso de los "objetos lingüísticos": puede ser útil describir algo lingüístico, pero ni se trata de una tarea u objetivo natural e inherentemente legítimo, ni existe descripción que no dependa de la perspectiva desde la que se la hace y de su objetivo pragmático concreto (aunque este no sea otro que publicar un artículo o hacer una línea de currículo).

---

39. I. Kant, *Anthropologie in pragmatischer Hinsicht*, Vorwort.

2.3.2. Propósitos a lo largo de la historia

En lingüística no es obligatorio describir. Más aún, no es siempre la manera apropiada de cumplir el propósito pragmático que justifica en cada caso el tipo de lingüística que se pretende hacer. Echemos un breve vistazo a los diversos objetivos históricos que han producido las correspondientes gramáticas y teorías lingüísticas, más o menos descriptivas, dentro de la tradición occidental[40].

Muchos lingüistas a comienzos del siglo XX reclamaron que el lenguaje debía estudiarse "por sí mismo", no al servicio de otras cosas, y que este sería el único tratamiento científico legítimo del mismo. Sin embargo, antes del siglo XIX la gramática nunca se estudió "en función de sí misma". Siempre se la consideró como un medio al servicio de un fin concreto u otro.

En la Antigua Grecia la gramática empezó a cultivarse para *educar* a los ciudadanos en el arte de la retórica, que era importante para poder defender los propios intereses en la esfera pública y ante los tribunales de justicia. En tiempos helenísticos, y en la secuencia de ciertos análisis iniciales de Aristóteles entendidos como parte de la teoría de la tragedia, los gramáticos alejandrinos hicieron gramática con el fin de obtener criterios vinculantes para la *edición* de los textos literarios de los autores antiguos.

En Roma se prosiguieron ambos objetivos, hasta que a alguien se le ocurrió la idea de *construir un conjunto ordenado y sistemático de las reglas para hablar el latín correctamente*. Esto ocurrió cuando ya el latín que se hablaba en la vida diaria era parcialmente diferente del de la literatura canónica. La gramática se convirtió así en una herramienta de aprendizaje del lenguaje culto que se suponía que las clases influyentes debían dominar, y que difería cada vez más de la lengua materna de la gente. Esta función *instrumental* de la gramática se fue volviendo cada vez más prominente, a medida que aumentaba la diferencia entre el latín culto y el latín vulgar o los nuevos romances que se desarrollaron en la Antigüedad tardía y en la Edad Media.

En la Baja Edad Media, y debido a las nuevas necesidades especulativas a las que dio lugar el cristianismo entre los pensadores, algunos teólogos y filósofos se dieron cuenta de la *importancia de las palabras y de la sintaxis para las ideas y el razonamiento*. Algunos de entre ellos desarrollaron una nueva disciplina que consistía en analizar la función de las palabras y de otras unidades del lenguaje a la hora de reflexionar sobre la realidad. Un papel destacado tuvieron en esto los llamados "gramáticos modistas"[41]. De este modo la gramática se convirtió en parte en una

---

40. V. A. Agud, *Historia y teoría de los casos*. Para una panorámica general v. S. Auroux e.a., *Histoire des idées linguistiques*.

41. S. J. Pinborg, *Die Entwicklung der Sprachtheorie im Mittelalter*.

ciencia auxiliar de la filosofía y de la teología, y, en parte, en una materia propia *para la teoría del conocimiento.*

Durante el Renacimiento los estados nacionales emergentes de Europa desarrollaron su política interna y su vida social en sus lenguas vernáculas, y se iniciaron relaciones internacionales sistemáticas que requirieron saber "lenguas extranjeras". Aparecieron así gramáticas *regulativas* de las vernáculas, al servicio de establecer lenguas oficiales *normalizadas* y facilitar a los extranjeros que las aprendiesen. Esta actividad indujo a su vez unas primeras reflexiones sobre la relación entre estas nuevas estructuras gramaticales y las del latín, que seguía siendo el paradigma del hablar y escribir cultos y precisos entre los expertos.

Las primeras especulaciones sobre la posibilidad de hacer no solo "técnica gramatical" sino verdadera *"ciencia gramatical"* aparecen en el siglo XVII. Este propósito enlaza con una nueva actitud filosófica respecto del conocimiento, lo que se ha llamado "racionalismo". Esta vez la idea era que para pensar bien hace falta hablar bien, y que, desde el momento en que la razón es la capacidad de pensar bien, la gramática debía regirse también por los principios de la razón. La gramática debía estar en la misma relación con el buen lenguaje que la lógica con el buen razonamiento.

El primer intento de hacer "ciencia del lenguaje" o "gramática científica" se conectó así con una fuerte suposición *metafísica* sobre el conocimiento y el lenguaje. Esto quedaba fuera de cualquier propósito práctico inmediato, aunque sí puede afirmarse que este movimiento tenía que ver con el marco político general del *interés "ilustrado" por* la *igualdad* de los ciudadanos como *"seres humanos y por lo tanto racionales".* Convendría que una lingüística de orientación crítica tuviera esto en cuenta antes de dar por sentado que hay la misma necesidad incuestionable de hacer ciencia del lenguaje que de hacer cualquier otra ciencia.

A lo largo de la historia la gramática y la teoría del lenguaje han estado así al servicio de sucesivos objetivos tanto teóricos como prácticos, que han influido y condicionado la manera de representarse lo que es o ha de ser la gramática, así como el método para hacerla.

De acuerdo con esta manera de ver las cosas, la primera pregunta que debe plantearse un lingüista no es cómo de buena es una u otra descripción de hechos lingüísticos *en sí misma*, como hizo Chomsky con su distinción entre teorías con mayor o menor "fuerza o adecuación explicativa", dependiendo de su manera de describir[42]. La primera pregunta ha de ser *para qué se pretende que sirva una cierta gramática o teoría lingüística.*

---

42. N. Chomsky, *Current Issues in Linguistic Theory.*

Esta cuestión primera se conecta con otros dos más. En primer lugar: ¿es éticamente aceptable el propósito que guía a una cierta manera de hacer gramática? Y la segunda: ¿es una determinada teoría el medio adecuado para cumplir ese propósito?

2.4. Ética de la TCL

En su condición de seguidora de la filosofía crítica, la TCL se guía por la máxima kantiana del "primado de la razón práctica". Se reconoce a sí misma como "acción intencional", con lo cual incorpora la vieja máxima aristotélica de que *"poiuntes gar gignōskomen"*, "conocemos haciendo"[43]. Se considera un discurso concreto sobre el lenguaje y la lingüística, que se guía por objetivos e intenta realizar tareas que estén con ellos en una relación racional de medios y fines. La racionalidad del trabajo lingüístico no depende de la *adaequatio ad rem* de sus conceptos, sino de una relación racional entre un *objetivo legítimo y el trabajo empírico diseñado para cumplirlo*.

La necesidad de que las teorías sobre el lenguaje sean éticamente aceptables tiene la misma raíz que la necesidad de que sean éticamente aceptables las teorías sobre la humanidad, y por la misma razón: porque, en última instancia, ambas son un mismo "objeto". Claro está que, en un sentido estricto, no se trata de "objetos". Se trata de verbalizaciones y sistematizaciones de la manera de entenderse a sí mismas las personalidades intelectuales y sus esferas de influencia.

Las teorías sobre el lenguaje y la humanidad no pueden pretenderse ni mantenerse indiferentes a sus implicaciones para la vida y la realidad humanas, lo que implica la política, la educación, el derecho, las relaciones de poder, y en general la convivencia de los seres humanos, ya que ellas desempeñan un papel importante en la forma que adopta una sociedad y en las posibilidades de que se desarrollen verdaderas individualidades en ella. Obras literarias tan significativas como *1984* de Orwell han mostrado estas conexiones del modo más dramático.

Cuando constituimos algo como "objeto" de investigación científica, adoptamos el papel de sus "sujetos", que son los que *ponen sus reglas y deciden su status ontológico*. Ahora bien, "nosotros" somos *gente que habla*, o solo porque lo somos podemos señalarnos a nosotros mismos como "nosotros", una palabra *vacía de todo contenido semántico determinado*, pero dotada de la increíble fuerza de convertirnos en los "sujetos" de todo el resto del mundo, lo cual, por este mismo acto de designación, deviene así *el conjunto de todos nuestros objetos*. "Decir yo" funda de hecho *los estatutos opuestos del sujeto y sus objetos*. Más aún: todos los aspectos

---

43. Aristóteles, *Metaphysiké,* pero no he logrado localizar de nuevo el pasaje exacto.

de mí mismo que no se significan intencionalmente en cada caso al decir "yo", que no se focalizan en ese acto, se convierten también en "mis objetos". Es el caso de los objetos de la investigación fisiológica o bioquímica, de la epistemología o de la psicología, o sea, todas aquellas partes o propiedades mías que no se focalizan expresamente en el momento en que asumo el papel del "sujeto de conocimiento".

Y como "yo" no significa nada establecido, el uso de esta palabra convierte a su referente, a mí, en esa temida categoría de la filosofía idealista que se llama "el sujeto trascendental". "Yo" o "nosotros" es la referencia *deíctica semánticamente vacía* a un sujeto *abstracto* de conocimiento cuyos objetos son el resto del mundo, lo cual nos incluye a nosotros mismos cada vez que nos determinamos como "objetos" de alguna consideración: como conciencia, como hablantes, como cuerpos humanos, etc.

El que dice "yo" *se convierte automáticamente en el centro de referencia de todo lo conocible*, y se coloca a sí mismo *fuera de ello*. Entra así en conflicto tanto con otros individuos, que también dicen "yo" y se vuelven por lo tanto ellos también cada uno el centro de referencia de todo lo conocible, como consigo mismo, que está muy lejos de ser realmente ese "máster del conocimiento" vacío de contenido.

Que seamos la especie que habla nos convierte a los seres humanos en una especie de "dictadores epistemológicos". Pero, al mismo tiempo, es el lenguaje el que nos permite ser corteses los unos con los otros, retirarnos de la posición de "máster epistemológico absoluto del universo", e imaginar a los demás seres que hablan no como parte de *nuestro* universo de lo conocible, sino como *partners* que comparten esa soberanía epistemológica absoluta y pueden, por lo tanto, comprometerse entre sí para construir un buen mundo práctico desde un espíritu de *solidaridad*. El lenguaje nos hace tan capaces de hacer *teoría objetivista totalitaria* como de *una práctica intersubjetiva empática y que reconoce al otro como tal*.

Nos permite también apartarnos de la oposición metafísica de "teoría y práctica" y *entender la teoría como parte de la práctica*. Y esto, a su vez, nos permite volver a entender a la gente y a nuestros *partners* al mismo tiempo como "referencias vacías del conocimiento" y como "personalidades de carne y hueso", *opacos para nosotros igual que para sí mismos*. Reconocernos a nosotros mismos como implicados en la vida práctica *incluso* como sujetos de conocimiento nos permite redimir nuestro lenguaje, y a nosotros mismos, de la *soledad del sujeto de conocimiento trascendental*. Nos permite focalizar la realidad desde un tipo de relación con ella distinto del de sujeto y objeto, incluso en la práctica de la teoría, en nuestro caso: incluso como lingüistas.

Sin embargo, hay que reconocer que *esa relación nítida entre un sujeto que domina y los objetos dominados por él constituye una importante fuente de estabilidad personal*. El lenguaje nos permite ciertamente establecer relaciones de igualdad con otros sujetos y evitar reducirlos a meros objetos de nuestro conocimiento. Pero contiene también el *riesgo de perder la seguridad de la posición dominante del "sujeto" dentro de la "relación de objetividad"*, el riesgo de que otros te determinen, te condicionen o te pongan en cuestión. Por eso, para ser capaces de servirnos del lenguaje para los objetivos más útiles en la vida tanto teórica como práctica, *hace falta una subjetividad potente, libre del temor al otro* y dotada de *"Urteilskraft"*, de "fuerza de juzgar" (Kant).

La TCL no solo considera que el lingüista configura sus "objetos" de acuerdo con sus propios objetivos pragmáticos, relativamente independientes de la "realidad lingüística en sí". Se fija también en los "sujetos" que hacen el trabajo lingüístico como *variables relevantes*. El sujeto del conocimiento lingüístico no es como los de las ciencias propiamente dichas, que tienen que ser intercambiables sin que ello afecte al resultado de la investigación. Es, por el contrario, un ser humano que reflexiona sobre lo que le hace humano *a él: su lenguaje*. Y no todos los seres humanos son igual de humanos, ni su lenguaje es igual de *humanizador*. "Humano" no es solo ni siempre *lo contrario de "animal"*, pero *debería ser siempre y sobre todo lo contrario de "inhumano".* Y para el trabajo lingüístico, como pragmático que es, esta segunda contraposición es la más importante.

La *humanidad no es una cuestión de hecho, sino algo variable.* Todo exponente del tipo "humano" tiene la posibilidad de hacerse realmente humano, pero también la de rechazar esta condición y volver al nivel de lo "incondicionado inmediato" en el sentido de Hegel[44].

Las habilidades cognitivas pueden, pero no tienen que, activarse en las formas más potentes de mentalidad abierta, alta capacidad de aprendizaje, estructuras de conocimiento máximamente comprensivas, estricta coherencia y relaciones sólidas con "lo real". Y también habilidades *distintas de las cognitivas* son parte de lo "humano", y constituyen variables que pueden desarrollarse más o menos intensa y eficazmente. Pero sería muy difícil desarrollar a tope y óptimamente la totalidad de las posibles habilidades humanas, teniendo en cuenta la cantidad de parámetros en los que se desenvuelven. Si la "salud mental" o la "normalidad mental" consistiese en el pleno desarrollo de todas ellas, habría que reconocer que poca gente merecería el calificativo de mentalmente sana[45].

Y como decía, *la cognición no es la única reacción esperable en los seres humanos en relación con su entorno,* y tal vez ni siquiera sea la más importante. Una buena cognición es el resultado de muchas decisiones más o menos conscientes del sujeto entre reacciones alternativas a su entorno. Saber demasiado poco es peligroso, pero saber demasiado puede serlo también. En cualquier caso, saber todo

---

44. Hegel, *Phänomenologie*, cap. „Das unbestimmte Unmittelbare".
45. V. Molina. *Las puertas abiertas de la cordura.*

lo posible es algo que requiere *coraje. Las autorrestricciones cognitivas son con frecuencia estrategias útiles para mantenerse seguro.*

La clase de cognición que representa el mayor *riesgo* para sujetos poco seguros de sí mismos es la de *los derechos de la subjetividad de los demás frente a nuestra actitud de tomarlos como "objetos de conocimiento".* El lenguaje es también el medio de reconocer tales derechos, y de actuar respecto de los demás fuera de la relación entre sujeto y objeto. Por eso, cuando se logra, es como resultado de una voluntad y fuerza específica (*Wille zur Macht"*[46]) *de desarrollar* esto. Esta voluntad se opone al interés primario y egoísta por una seguridad propia absoluta.

Esta es la razón por la que la TCL sitúa en el centro de su epistemología el *compromiso ético con la máxima humanización posible,* y por la que *juzga la calidad cognitiva del trabajo lingüístico por referencia a su idoneidad para incrementar la humanización mediante el lenguaje.* La mera "descripción" de hechos lingüísticos no es suficiente, ya que las descripciones científicas siempre categorizan la experiencia a partir de una *perspectiva que no se cuestiona,* y producen proposiciones "absolutistas" sobre la realidad. Y el lenguaje, que es el medio de formular y dar forma a nuestras propias ideas *y de reconocer y respetar los puntos de vista ajenos,* la "razón ajena"[47], no debería tratarse como un mero "hecho", sino como *el medio dentro del cual diversos hablantes (y entre ellos los propios lingüistas) constituyen hechos desde su trasfondo individual e histórico en cada caso.* Este medio, así como el tipo de constituciones de objetos que se realizan en él, debe ser juzgado por su mayor o menor capacidad de mejorar la humanidad tanto de los hablantes singulares como de sus relaciones intersubjetivas. Una buena lingüística debe estar al servicio de este objetivo y servirle de un modo reconocible.

Claro está que esto no debe entenderse en el sentido de una actitud "moralista" que condene por trivial cualquier trabajo científico que no sirva directamente al objetivo de hacer a los seres humanos más humanos. Las formas más técnicas de trabajo filológico sobre cosas como las leyes fonéticas de las fases más remotas de las lengas más remotas (digamos "el tratamiento de las labiovelares en indo-iranio") pueden ser éticamente aceptables si se entienden como contribución al conocimiento de la historia y de la historicidad del lenguaje humano. En cambio, carecerían de justificación ética si solo se concibiese ese estudio como ejemplo de algún "modelo de la descripción diacrónica" de alguna ley o regla fonética de una expresión cualquiera. Pelear en las primeras trincheras de la arqueología lingüística no es lo mismo que usar esta para legitimar ideologías lingüísticas ajenas al tiempo.

---

46. Nietzsche, *Die fröhliche Wissenschaft.*
47. J. Simon, *Kant: Die fremde Vernunft und die Sprache der Philosophie.*

2.5. Epistemología de la TCL

2.5.1. La competencia de "hacer sentido" y la determinación de lo "humano"

2.5.1.1. El lenguaje no es una "cuestión de hecho" sino una "variable"

El lenguaje no existe como un hecho general o como una propiedad universalmente definible de todos los seres humanos. No es una constante sino una variable. Existe *más o menos* en cada hablante. La *cantidad real de lenguaje* de cada individuo es en parte resultado de su voluntad de desarrollar su posible humanidad, y en parte el resultado de condiciones internas y externas que favorecen ese desarrollo en mayor o menor medida[48]. La personalidad individual es "co-extensiva" con su grado de desarrollo lingüístico en cada momento, y esto se aplica naturalmente también a la personalidad de cada lingüista. Su trabajo lingüístico dependerá en gran medida de la amplitud y profundidad de su propio "estado lingüístico" en cada momento. El horizonte mental de cada individuo está determinado en gran parte por la amplitud y profundidad del bagaje lingüístico que acarrea. Su biografía lingüística, con sus periodos de aprendizaje más o menos intensivo, así como los de olvido y "desaprendizaje", condiciona su posible grado de conciencia crítica. Probablemente nada es tan variable en los seres humanos como la cantidad de lenguaje de que disponen en cada momento, y esta variabilidad tiene que tenerse en cuenta cuando se aborda teóricamente el lenguaje.

Hacerse humano y aprender a hablar son "competencias" que adquirimos de la misma manera: siguiendo el modelo y las pautas de los mayores mientras somos pequeños, y desarrollando pautas de comportamiento, en el sentido más amplio de la palabra, cada vez más complejas y estructuradas a medida que crecemos. No existe ningún criterio claro para distinguir entre estas dos competencias, y tiene sentido considerarlas como una y la misma[49].

La competencia de hablar podría considerarse también idéntica a la de vivir (pero *no hay que* hacerlo: ninguna consideración descriptiva es obligatoria). Igualmente, los seres humanos pueden considerarse como una especie animal más,

---

48. En la Baja edad Media se convirtió en un lugar común la definición de la individualidad como "*materia signata quantitate*", definición que remonta al menos a Tomás de Aquino, *De ente et essentia* (1250-1256), 2,7. La "cantidad" de lenguaje y de competencia lingüística de cada uno es ciertamente una de las principales características de cada ser humano.

49. En la estela de las creencias metafísicas y precientíficas de Chomsky, dentro de la lingüística cognitiva no son pocos los que ironizan sobre la idea de que aprender a hablar constituye algún tipo de comportamiento imitativo. Es el caso de Steven Pinker en su *The language instinct*. Fuera de esta metafísica, que los niños coordinan imitación y procesamiento interno de sus inputs lingüísticos es algo tan obvio que tales ironías están fuera de lugar.

o no. El lenguaje puede considerarse como el rasgo principal que distingue a los hombres de los animales, o no.

Ninguna modalidad de "considerar algo como x" es en sí misma verdadera o falsa: depende del *interés de conocimiento* que la guía[50]. Desde una perspectiva posible y legítima se puede considerar que no hay diferencias significativas entre los seres vivos en general. Y de hecho esta manera de verlo parece razonable y sensata si es parte de una determinada constelación de intereses de conocimiento (desde la doctrina india del *saṃsāra* hasta ciertas disciplinas de la biología moderna). Desde otro punto de vista, no menos plausible ni legítimo, las diferencias entre los seres humanos y los demás seres vivos pueden considerarse como las más esenciales (desde la teología cristiana de la redención hasta las ideologías para las que el desarrollo material de la humanidad es el supremo valor y objetivo sociopolítico). Todo depende de cómo se juzgue la plausibilidad del interés de conocimiento en cada caso. "Plausibilidad" es palabra fina, pero no quiere decir sino que una cierta (o más bien incierta) cantidad de gente cree que algo tiene sentido. Volvemos a hablar de los individuos como de quienes "hacen o dan sentido" con o para lo que hacen. Se diría que este es el soporte último de cualquier teoría: que dé sentido para alguien.

¿Y qué clase de actividad es esa de *"sense making"*? ¿Es otra competencia o habilidad cognitiva más, localizada en alguna región cerebral?

Desde el punto de vista, o "interés el conocimiento", de una ciencia que opera con objetos, por supuesto que sí. Pero, en fin, dejemos a los neurocientíficos seguir su camino e investigar los rendimientos del cerebro, pero no esperemos hasta que ellos lleguen, "a la larga", a alguna conclusión sobre problemas que ellos no se plantean. Sería para nosotros un plazo demasiado largo. Y orientémonos lo más inteligentemente posible con las herramientas de las que ya disponemos. Tendría poco sentido cancelar las actividades de las "ciencias humanas" hasta que "las de verdad" puedan orientar a la humanidad sobre lo que más le conviene, más allá de cosas como la dieta apropiada, la farmacopea u otros factores elementales del "bienestar".

No obstante lo cual, trabajos recientes sobre los mecanismos neuronales del aprendizaje, la memoria y la cognición empiezan a ser relevantes para la teoría lingüística, al menos por lo que tienen de sacar a la luz el constante movimiento del flujo de "información" entre neuronas, así como los desarrollos anatómicos individuales y fisiológicos de estas, dependiendo de las experiencias con el entorno y de

---

50. La noción de "interés de conocimiento" fue acuñada por Jürgen Habermas en su influyente libro *Erkenntnis und Interesse,* Ed. Suhrkamp, Frankfurt a.M. 1968, en el contexto de sus reflexiones críticas sobre el papel del conocimiento, y más específicamente del conocimiento sociológico, en las sociedades modernas.

procesos y procesamientos internos. Los fundamentos biológicos de la conciencia y del hablar que se van descubriendo están prestando un sólido apoyo a las intuiciones de Humboldt sobre la individualidad que están en la base de la TCL.

2.5.1.2. La tarea de entender

En términos epistemológicos, hablar es el correlato de entender. Ninguna de estas dos palabras posee límites semánticos precisos, así que no son definibles. Son, sin embargo, nuestras palabras, con las que con frecuencia logramos tratar satisfactoriamente con los demás y manejarnos en nuestro mundo, aunque con frecuencia no logremos ninguna de las dos cosas.

Ni hablar ni entender son parte de esas "funciones" que el organismo humano ejerce correctamente si está "bien hecho", como digerir, caminar o excretar. Pertenecen al ámbito, también corporal pero incierto, de lo "propiamente humano". Pero no existe ningún diseño previo de cómo tiene que ser "lo propiamente humano". No es algo fijado en nuestro ADN. Cada individuo que viene al mundo y se desarrolla tiene que inventárselo a lo largo de su vida, hasta el final. *"Construir una realidad humana" es una tarea que tiene que realizar cada individuo y para la que no hay garantía de éxito,* ni siquiera algún criterio universal para determinar en cada caso qué es éxito y qué no lo es, ni en qué se distingue del fracaso. Lo de buscar y elaborar criterios en este campo ha sido, y sigue siendo, la principal tarea del pensamiento humano y de las ciencias humanas. Es también el fundamento de la legitimidad epistemológica de estas últimas en cada caso.

La forma y el grado de éxito de cada individuo a la hora se construirse a sí mismo como "humano" dependen de, y están condicionados por, la sustancia genética de cada uno, sus experiencias, por los ideales más o menos compartidos insertos en los sistemas educativos, por los muchos esfuerzos de otros para manipular la propia conducta, por emociones que apenas controla cada uno, y no en último lugar, por nuestra "voluntad consciente", signifique esto lo que signifique en cada caso.

A primera vista lo de "entender" parecería una reacción espontánea e inmediata al hecho de oír o leer el discurso de otro. Pero está claro que hay grados del entender, incluso como reacción primaria. El grado de educación y cultura, así como el de la inteligencia tanto cognitiva como emocional de cada uno, condicionan el que la reacción de entender sea más o menos compleja. Pero sería imposible determinar cómo de compleja es la propia reacción de entender en cada caso. Se trata de una cierta *sensación* de que uno "ha entendido". Cuando se hacen esfuerzos conscientes para entender algo mejor, esto puede desencadenar una mejora significativa del primer entendimiento... o, todo lo contrario, si, por ejemplo, intereses específicos guían esos esfuerzos y los fuerzan en una dirección más o menos unilateral. Y cuando uno intenta hacerse consciente de lo que ha entendido, esa misma pretensión alterará inevitablemente la primera reacción y convertirá un entender supuestamente pasivo en un proceso activo de desarrollar nuevas ideas.

Entender, como hablar, es algo que *ocurre* en la vida de un modo impredecible y puramente individual. Normalmente no depende de la conciencia libre: uno entiende lo que puede y lo que no tiene más remedio que entender en cada caso. La elaboración consciente de lo entendido es *más hablar*, consciente también solo en parte. Intentar mejorar la propia capacidad de entender es sin duda una tarea sensata, pero es también un esfuerzo *libre*: no hay coerción externa ni interna para intentarlo. Ahora bien, si renunciamos a hacerlo, aceptaremos las convenciones y seremos más susceptibles de manipulación.

Para el trabajo lingüístico, entender la bibliografía supone siempre una situación de riesgo. El entender inmediato está muy condicionado por las ideologías inconscientes. Por eso hace falta una resuelta autocrítica, estar dispuesto a dejarnos cuestionar en nuestras convicciones más habituales, y cultivar mucha experiencia crítica con la tradición bibliográfica, si es que queremos entender los discursos ajenos de forma productiva, y no caer en lo que la moda, y el interés por sobrevivir sin riesgos, nos sugieren que entendamos.

2.5.2. Herramientas epistémicas de significado incierto

La evidencia epistemológica básica de que los significados de las palabras no tienen fronteras previamente establecidas no implica que no *puedan contrastar nítidamente unos con otros,* por paradójico que esto pueda sonar. La lingüística estructural tradicional parte de la idea de que las formas lingüísticas (palabras, partes de palabras, frases, partes de frases…) poseen cada una rasgos que las oponen a las demás como *miembros de paradigmas sistemáticos virtuales.* Para la TCL, por el contrario, las palabras solo quieren decir cosas realmente diferentes, y de un modo bien diferenciado, en el "orden sintagmático", esto es, en los *discursos fácticos.*

Fijémonos, por ejemplo, en un párrafo anterior de este mismo texto:

Yo no podría *definir léxicamente* el significado de "voluntad consciente", ni en el uso de los demás ni en el mío propio, pero en el párrafo anterior he usado esta expresión en el sentido preciso de lo que es diferente de los demás factores que guían y condicionan la manera de *diseñar la condición humana* cada uno en cada caso, y que suelen calificarse de "inconscientes". Incluso he señalizado formalmente esta contraposición colocando "voluntad consciente" al final de una lista, precedido por la expresión "y no en último lugar", lo que en este caso introduce un toque de ironía que percibirán quienes estén habituados a la preeminencia tradicional de la "voluntad consciente" en la filosofía y antropología occidentales. He escrito eso de manera que de la disposición interna de mi texto emerja una oposición semántica clara. Pero con una restricción mental importante: ni he definido la verdadera naturaleza de esos otros factores condicionantes, ni he sugerido que esté en condiciones de definir la de "voluntad consciente". He expresado la contraposición entre ambas cosas de una manera puramente formal: *he sugerido que esa contraposición "tiene sentido", pero no he explicado qué sentido tiene.* Más aún: he evitado deliberadamente cualquier terminología que pudiera sugerir que estoy manejando conceptos controlados científicamente. En vez de mencionar "pautas de inculturación" he escrito "ideas más o menos compartidas en los sistemas educativos". Y no es que no esté familiarizada con los tratamientos estructurales de los modelos sociológicos de la cognición: es que no he querido hablar su idioma. Lo he evitado justamente por su connotación de "cosa objetiva" en un terreno que prefiero mantener al margen de toda objetivización. El resultado es que mi texto será comprensible para quienes estén atentos a sutilezas como la de "expresión individual por medio del uso individual de las palabras compartidas", para quienes estén abiertos a incorporar ideas y representaciones con las que no estaban familiarizados. Pero tendrá poco sentido para otros. No estoy escribiendo para todo el mundo. Lo que espero es alcanzar a los lectores con los que podría disfrutar discutiendo.

La decisión de fundamentar la legitimidad epistemológica de la TCL en el compromiso de hablar en "lenguaje ordinario", en lugar de servirme de los "lenguajes disciplinares" de las diversas ciencias, reales o presuntas, que se ocupan del lenguaje humano, cualifica a la TCL epistemológicamente como una "no-ciencia". Positivamente la cualifica como "filosófica" en un sentido preciso, que emerge también "sintagmáticamente" en este mismo contexto: en el sentido de *ser un discurso sobre "lenguajes diversamente restringidos" y más o menos formalizados, llevado a cabo en un lenguaje que rechaza resueltamente toda restricción y formalización, y que asume de lleno la indeterminación semántica de sus palabras*[51].

Esto era necesario para asegurarle a la TCL su estatus de *metalenguaje real* de los discursos científicos, o restringidos de alguna otra manera, sobre el lenguaje. Como metalenguaje real, la TCL tiene que mantenerse apartada de cualquier semántica prefijada, *y abierta a toda clase de maneras históricas y comparativas de "hacer sentido".* Porque solo así estará en condiciones de cumplir los requisitos formales de un "metalenguaje": *contener* todos los "lenguajes-objeto" a los que se refiere, y ser *"esencialmente más rico"* que todos ellos. Solo manteniendo su hablar libre de toda restricción podrá la TCL ser efectivamente el "último metalenguaje" de todo

---

51. A. Agud, "Virtuelle und faktische Sprache: eine Linguistik der Faktizität als philosophische Disziplin": 17-41.

"lenguaje" disciplinar de la lingüística, ya que, por su definición en la lógica formal, el "último metalenguaje" es justamente el "lenguaje natural".

La TCL se compromete a mantenerse "metalingüística" respecto de todos los discursos que se entiendan a sí mismos como "teorías lingüísticas", y este compromiso le obliga a mantener sus propios significados ontológicamente indeterminados. Por otra parte, le compromete a *generar oposiciones instrumentales claras dentro de su propio discurso (histórico)*, como espero haber dejado claro con mi anterior explicación de lo de la "voluntad consciente". Este es el sentido preciso y realista de ser "sistemático" en la teoría del lenguaje.

2.5.3. ¿Cómo está "dado" el lenguaje?

Como científicos acostumbramos a abordar el hablar, el lenguaje o las lenguas, como objetos, lo que quiere decir que los consideramos como fenómenos *externos*, así que, inevitablemente, como "lenguaje ajeno", del cual nos distinguimos nosotros como los sujetos de su conocimiento.

Y a diferencia de otros objetos del pensamiento especulativo como Dios, el mundo, el bien y el mal, la humanidad, la libertad o la verdad, el hablar es algo de lo que tenemos una *experiencia real y directa,* con independencia de cualquier categorización ulterior. Hablamos, es un *hecho*. Pero eso sí, experimentamos este hecho del modo en que nuestras disposiciones cognitivas nos permiten hacerlo. Abordamos las cosas del modo en que se nos *aparecen* a nosotros, no como "son en sí mismas". Y en el caso del lenguaje, sabemos que este no es parte de las cosas u objetos de fuera, sino *de esas mismas disposiciones,* así que es parte de las condiciones reales de que podamos conocer cualquier cosa. Como venimos diciendo, no podemos distinguirlo de nosotros mismos. No podemos salirnos de él y contemplarlo desde fuera, y el que creamos que podemos hacer esto es una ilusión suscitada por el propio lenguaje. Este espejismo es el responsable de la manera más extendida de concebir la objetividad y la adecuación de las teorías lingüísticas.

El lenguaje –o más bien el hablar, pero aceptemos de momento la terminología usual– media en nuestra manera de aproximarnos al mundo y a nosotros mismos de un modo peculiar. Lo que percibimos por los sentidos, o lo que hacemos espontáneamente, en la medida en que presupone la existencia de una *designación* lingüística, se convierte *para nosotros* en algo *general*. Percibimos lo que percibimos como *caso o exponente* de una *categoría* designada lingüísticamente: una mesa, una tormenta, una fruta o una verdura, un guardia civil, un sabor a naranja, un pestazo… Mis lectores me percibirán a mí *como una* lingüista, *una* mujer, *una* española, *una* autora, *una* mamá… Mi nieta pequeña se admira de que yo sea también *una* mami, porque tengo pechos, cuando "en realidad" soy *una* abuela…

Ahora bien, estas generalizaciones inherentes a nuestras palabras *desaparecen* inmediatamente de nuestra conciencia, porque en realidad "queremos decir" lo inmediato y concreto: *esta* mesa, *esta* tormenta, *a mí…*

Mediante este acto de "querer decir" creemos haber *llegado* al objeto al que nos referimos. Sin embargo, el hecho de que yo me refiera a esta mesa de aquí es resultado de haber seleccionado, ordenado y categorizado mis sensaciones a través de circuitos neuronales responsables de procesarlas como "percepción de una mesa", y de haber *olvidado de inmediato* este proceso, o de no haberlo siquiera advertido. *Cada acto de referirse a algo concreto es el resultado de esta doble negación de lo inmediato*. Es lo que Hegel llama "negatividad".

En nuestra condición de seres que hablan, nunca "tomamos" nuestro hablar como un "objeto" de experiencia, ya que lo suyo es desaparecer directamente por detrás de su o nuestro rendimiento cognitivo, y de esto *tenemos experiencia* directa. Cuando hablamos o entendemos el hablar de otro, *olvidamos el "decir"* y nos sentimos directamente *en* el significado o *en* aquello a lo que nos referimos. Y muchas veces nos parece que "discutir sobre palabras" es un comportamiento teórico poco serio. Las palabras se desvanecen y solo atendemos a, y entendemos, su "significado", el cual entra en nosotros como una *evidencia inmediata*. No escuchamos realmente el hablar: *entendemos directamente lo dicho*[52].

Vivimos "en significados" y constituimos nuestro mundo a partir de ellos, pero negamos sistemáticamente que nuestra percepción de ese mundo sea subjetiva. El llamado "idealismo alemán" se centró en analizar este hecho, pero "idealista" se convirtió pronto en una cualificación despectiva, de algo así como "poco realista". El apasionado rechazo de este idealismo por parte de filósofos posteriores ha sido causa de uno de los retrocesos más ominosos de la conciencia teórica en el pensamiento occidental.

Como representantes de las ciencias humanas, los lingüistas nos hemos distanciado también de nuestro hablar y lo hemos convertido en un objeto designado por un nombre. Ahora bien, lo que observamos y estudiamos como fenómeno no es "nuestro hablar": es una cantidad variable de "hechos" que interpretamos como tales a través de nuestras palabras y de las categorías que estas designan. A través de ellas "nos parece" que estamos aprehendiendo nuestro lenguaje en conceptos. Estos conceptos, que pone a nuestra disposición una cierta *tradición*, introducen en nuestro pensamiento generalizaciones de esos hechos y luego *se desvanecen*.

Nuestras palabras no solo contienen esas categorizaciones que negamos sin darnos cuenta siquiera. Contienen, sobre todo, y muy esencialmente, *el hablar de los demás*, la manera como hemos crecido dentro de él y como lo recordamos y

---

52. J. Simon, *Philosophie des Zeichens:* 41 y ss.

reproducimos en cada caso. El lenguaje está "impregnado de alteridad", en la hermosa formulación de Coseriu.

Creemos que nos estamos refiriendo a tal o cual frase, texto o discurso que tenemos ante nosotros, pero lo que de hecho "decimos" es lo que ha quedado consagrado en nuestra comunidad lingüística como la manera habitual de hablar sobre el hablar. Todos nuestros términos y proposiciones lingüísticos dependen del sistema de nuestro lenguaje técnico que "esté en vigor" en cada caso, aunque nos parezca que nos estamos refiriendo a cosas lingüísticas "en sí".

La doble naturaleza de lo que el lenguaje *es y hace* realmente, y la manera como *se nos muestra a nosotros*, constituye un presupuesto de nuestro pensar del que no es fácil escapar. No hay principio conceptual ni axioma a los que podamos retrotraer nuestro lenguaje para poder hablar sobre él y juzgarlo "objetivamente". La naturaleza del lenguaje no puede ser deducida a partir de nada ni comparada con nada. Porque el lenguaje es el presupuesto *siempre presente y siempre desvanecido* del pensar y el hablar, o más bien es este mismo pensar y hablar, tal como *ocurre en el tiempo*.

Y del hablar tenemos *experiencia efectiva*: la gente hablamos unos con otros de un modo *perceptible por los sentidos*. Es algo "empírico". El hablar puede ser observado como cualquier otro hecho. La lingüística es el conjunto de certezas del hablar sobre el hablar que han acumulado gramáticos y lingüistas a lo largo de la historia, y que han consagrado a través de palabras tradicionales que sugieren significados o conceptos constantes. Pero como productos lingüísticos que son, solo se los puede *entender inmediatamente* a través de la doble negación de la inmediatez. Vivimos en esta contradicción. Y como dice Hegel: "El pensamiento especulativo consiste en aguantar la contradicción y por lo tanto en aguantarse a sí mismo"[53]. Y de un modo aún más expresivo: "Solo aguantando en sí mismo la contradicción puede uno mantenerse vivo, y mantenerse vivo es tener la fuerza de agarrar y soportar la contradicción"[54].

Hegel acierta de lleno cuando nos advierte de que, para mantener y aguantar la contradicción, hace falta una *fuerza* especial: tenacidad y perseverancia. "Pensar la contradicción", en este sentido y ya no en el kantiano de lo que se debe evitar para conservar la dignidad, presupone una actitud resuelta y valiente ante la vida. Y a la inversa, no hacerlo implicaría acomodarse al tipo de abstracciones metafísicas que se basan en la o las identidades heredadas, y que construimos justamente *para rehuir nuestras contradicciones*.

En la lingüística también se intenta evitar, o más bien ignorar, las contradicciones que subyacen a todo hablar y pensar, y se hace prosiguiendo acríticamente

---

53. *Wissenschaft der Logik* II: 76, trad. mía.
54. *Ibid.*

las categorizaciones sistemáticas inventadas y cultivadas por las diversas tradiciones, o alternativamente, inventándonos otras para construir edificios conceptuales aparentemente libres de contradicción y que nos proporcionen sensación de seguridad.

Hegel habla de una "unidad negativa de la subjetividad y la objetividad". Esto significa que, cuando hablamos, estamos siempre al mismo tiempo fuera de nosotros (*en* nuestros objetos) y dentro de nosotros mismos (dentro de los contenidos de nuestra conciencia). Vivimos y experimentamos todo desde esta unidad inmediata de inmediatez y mediación, o de signo y significado. Estos dos, siendo de suyo absolutamente diferentes, no dejan de ser al mismo tiempo una y la misma cosa. Por eso, toda lógica que se quiera *humana* tiene que tomar en consideración que *esta contradicción* (que desde un punto de vista de lógica formal es inconcebible) es la *precondición absoluta del hablar y del pensar*. Y este tiene que ser nuestro *punto de partida*.

Esta forma de crítica es especulativa (o filosófica), pero *tiene que ser empírica*, esto es, tiene que partir de hechos realmente experimentados, no de hechos construidos especulativamente. Tal cosa es posible porque cada vez que nos enfrentamos a textos o discursos ajenos intentando *entenderlos*, tenemos una *experiencia real* de nuestros conceptos, y estamos en condiciones de volvernos críticamente sobre ellos.

En cuanto objetos de un encuentro hermenéutico, esos textos y discursos solo son algo real y verdadero como *"totalidades concretas"* en cada caso. Si nos empeñamos en reconducirlos a categorías como la de "géneros", o como exponentes de determinados conceptos gramaticales, los transformamos en objetos inauténticos o falsos.

Pero eso sí, *un objeto falso puede convertirse en algo muy real*, y lo hace en cuanto se lo "construye" y pasa a ser parte de una cultura. Nuestros conceptos lingüísticos, por falsos que puedan ser si se los contempla a la luz de la realidad lingüística total, adquieren sin embargo una *realidad histórica* y se convierten en factores reales de la historia y en objetos reales de nuestra autocrítica. La "estructura profunda" de Chomsky puede haber sido una fantasía privada suya, pero el hecho es que ya "está ahí", y que ha desempeñado un papel importante en la historia reciente de la lingüística. Por eso tenemos que orientar nuestra crítica hacia "cosas" como esa.

Experimentamos nuestros conceptos lingüísticos en la historia documentada de los esfuerzos por entender al *animal loquens* que han precedido a nuestros usos lingüísticos y que siguen soportándolos. *El estudio crítico de esa historia no trata de una materia externa, sino que es la reflexión del lingüista sobre sus propias herramientas de pensar, una reflexión mediada por el encuentro hermenéutico con los decires y narrativas de otros lingüistas.* En sus textos no buscamos "cosas": buscamos nuestra propia historia espiritual, e intentamos aprender de qué modo nuestras palabras están mediadas en cada caso por las de otros. No intentamos convertir esa historia en fases objetivizadas de la lingüística, del tipo "la gramática del siglo tal o cual", o "del autor tal o cual", sino que buscamos *al gramático individual tal como se nos revela a sí mismo en su texto*. Y solo podemos encontrarlo hermenéuticamente.

Hegel formula esto así: "La autoconciencia solo halla su satisfacción en otra autoconciencia. (…) La autoconciencia es para otra autoconciencia"[55].

Cuando trabajamos en la crítica a la historia de nuestros propios conceptos no estamos *registrando objetos, sino más bien encontrándonos con otros sujetos* (o con nosotros mismos) que se exponen (que nos exponemos) en sus/nuestros textos. Y lo mismo se aplica a los encuentros con colegas en seminarios y congresos: el presente es tan histórico como el pasado. Cada reunión científica se convierte en parte de la biografía y del trasfondo semántico de sus participantes.

Este tipo de trabajo *tampoco asegura a nuestras palabras ninguna relación directa con ninguna realidad exterior*. Solo contribuye a ver y comprender mejor su "lógica genética" y nuestro propio desarrollo lógico. *No nos es dado ningún puente cognitivo que nos permita conocernos objetiva y certeramente a nosotros mismos.* Nunca podremos percibirnos a nosotros mismos con independencia de las estructuras cognitivas que llevamos puestas. Pero sí estamos en condiciones de poner al descubierto las presuposiciones subjetivas que han ido condicionando las diversas formas de acercarse teóricamente al lenguaje, de analizarlas y de poner a prueba su consistencia interna. Podemos hacerlo, sobre todo, *comparando diversas aproximaciones*, también desde culturas diversas, y desde nuestra progresiva *experiencia* con el hablar y su observación.

2.6. Lógica de la TCL

2.6.1. La TCL y la lógica dialéctica

Trabajar con palabras que carecen de significaciones ontológicas determinadas, y tratar de "hacer sentido" con ellas desde la acepción epistemológica precisa de un "último metalenguaje crítico" que he ido perfilando, son tareas que no se pueden realizar desde la lógica ordinaria tradicional. La distinción entre "verdadero" y "falso" no se puede aplicar aquí como en las ciencias propiamente dichas, porque en ellas esta distinción opera desde la presuposición de que las palabras y las proposiciones están inequívocamente referidas a la "realidad". Y este no es el caso de la TCL, en la que las cosas son totalmente distintas.

---

55. Hegel, *Phänomenologie des Geistes:* 144.

Por la misma razón tampoco la lógica india "de los cuatro cantos" (*catushkoṭi*)[56] nos ayuda aquí, aunque ciertamente nos acerca algo más al objetivo. Las dos alternativas adicionales a las de "verdadero y falso" que esta añade son "tanto verdadero como falso" y "ni verdadero ni falso". Se trata de alternativas "paraconsistentes", que operan muy bien en el lenguaje real. (Mi ejemplo clásico: si en la vida real alguien le pregunta a alguien "¿pero tú me quieres o no me quieres?", las dos respuestas menos probables en una situación como esa serían "sí" y "no", y la más probable sería alguna de las otras dos).

Esta lógica presupone, sin embargo, que los dos interlocutores se refieren a lo mismo cuando dicen "querer", que es probablemente la razón por la que en cuestiones de amor ninguna lógica parece que sirva gran cosa. Y la tarea de la TCL consiste en rescatar un "buen sentido" en lo que concierne al lenguaje, pero sin presuponer identidad en la referencia de las palabras.

La única lógica conocida que funciona bien en la TCL es de hecho la *"lógica dialéctica"* de Hegel[57].

2.6.2. ¿Por qué?

Porque Hegel, como demostró convincentemente Josef Simon en su tesis doctoral *Das Problem der Sprache bei Hegel* (1957), desarrolló en forma de "lógica dialéctica" el marco formal de la dinámica interna que opera en el lenguaje natural, a diferencia de lo que ocurre en todos los lenguajes restringidos científicamente y formalizados. La lógica dialéctica de Hegel es la de un consecuente "último metalenguaje", mucho antes de que se acuñase este concepto en el marco del positivismo lógico. En un sentido específico que explicaré enseguida, se trata de una *"lógica absoluta"* o *"lógica de la libertad"*. *Es la lógica de la superación de la posición metafísica.* Y es también la lógica apropiada para sustentar un pensamiento específicamente humano, esto es, un pensamiento *en lenguaje natural*.

La lógica hegeliana no se ocupa de conexiones puramente formales entre conceptos, con independencia de sus contenidos. Su objeto es la *lógica real*, o más bien la *dinámica* real, del pensamiento humano en su totalidad, como unidad fáctica de forma y contenido, de inmediatez y mediación, de signo y significado, de lo individual y lo común. No reduce su perspectiva en virtud de ninguna decisión previa sobre lo que importa y lo que no. Tampoco construye objetos parciales de la autorreflexión. De acuerdo con ella, el único "objeto" necesario de la conciencia de sí es *el yo sin restricciones*.

---

56. E. Conze, *Buddhist Thought in India*.
57. Para una exposición más amplia de esto v. 2.6.4.

Y este objetivo solo puede alcanzarse desde una actitud *holística*. El primer paso en esta vía es cancelar la "oposición de la conciencia", la que esta establece *entre sujeto y objeto*. Si el yo ha de volverse reflexivamente sobre sí mismo, esa oposición no le sirve de nada, más aún, se revela como un espejismo. Hegel se fija en *la fuente subjetiva de toda forma de objetividad* aparecida en la historia. Por eso su "objeto" ya no se puede distinguir del sujeto que lo estudia ni oponerse a él. Es la unidad fáctica de sujeto y objeto intentando comprenderse a sí misma.

2.6.3. ¿Cómo?

La lógica es un método de trabajo formal. Permítaseme resumirla en términos actuales:

— Pone en cuestión toda oposición entre significados (toda dicotomía conceptual) que se encuentre en la historia, esto es, en los discursos *fácticos* sobre el conocimiento humano, y que se hayan pensado como *ontológicas*, por ejemplo: esencia y existencia, esencia y apariencia, uno y lo otro, etc. Para poder hacer esto:

  · Examina sus *presuposiciones e implicaciones* semánticas, muchas veces inconscientes.

  · Las reconduce al tipo de *necesidad* intelectual que suscitó esas categorizaciones.

  · Se ocupa de los *problemas conceptuales* implicados en esas necesidades históricas.

  · Reconstruye la "buena razón (histórica)" que sustenta cada oposición, como respuesta parcial pero posiblemente razonable a la necesidad originaria.

— Pero muestra también la *particularidad* de la perspectiva desde la cual se han identificado y formulado en cada caso tanto la necesidad intelectual como su solución conceptual.

— De este modo supera esa particularidad, ya que la entiende y comprende a qué se debe. Con ello accede a una *perspectiva más comprensiva*, y eleva así la conciencia crítica a un nivel superior.

— Interpreta así la oposición de partida como una pieza más en la historia interna de las conceptualizaciones dentro de una cultura, de modo que

  · Un mismo sujeto puede así tanto usar esa oposición como legítima en el marco de su motivación de origen (y por lo tanto como si fuese "verdad"), como rechazarla como componente de un modelo realista de la realidad al margen de todo contexto (o sea, como una "verdad" metafísica).

- Aplica entonces este nuevo estado de la conciencia a su "siguiente" configuración, esto es, a esa perspectiva más comprensiva alcanzada en cada caso por este tipo de trabajo, y examina las categorías y oposiciones que operan en este nuevo nivel. Repite ahora todo el proceso hasta alcanzar el siguiente nivel de conciencia crítica por el mismo procedimiento.

El método dialéctico representa un *movimiento autoconsciente y reflexivo del propio sujeto investigador*. Ayuda a reconstruir la *lógica interna del desarrollo histórico de cada concepto propio* y a hacerla consciente. Esta reflexión sobre los conceptos singulares, y la recuperación del sentido que tuvieron cuando se los acuñó, o se los adoptó metafóricamente, por primera vez, así como el desvelamiento de las presuposiciones e implicaciones históricas de esa adopción inicial, *mueven no solo al sujeto investigador, sino también a su objeto*, que ya no permanece idéntico a como era.

Aplicando esto a la lingüística:

Una vez que se han reconstruido e interpretado las condiciones históricas bajo las cuales surgió un concepto como objeto de la lingüística, la reflexión de esta tiene que avanzar más allá de ese objeto, y acceder al "siguiente". El siguiente objeto es el que se impone a la reflexión una vez puesta al descubierto la parcialidad del anterior, y que, desde la perspectiva alcanzada por la crítica a este, deviene ahora *necesario*.

Este movimiento ha tenido lugar muchas veces a lo largo de la historia, aunque en general sin una clara conciencia del desarrollo lógico interno que ha llevado de un concepto y objeto a los siguientes. A diferencia de los muchos desarrollos históricos apenas conscientes que han llevado de un concepto al siguiente, el lingüista formado en la lógica dialéctica examina críticamente los usos sucesivos de los términos y las presuposiciones e implicaciones de sus contraposiciones, y *juzga si los cambios históricos de las significaciones que ha identificado representan o no verdaderas correcciones* a errores o contradicciones anteriores.

Veamos un ejemplo. A partir de mediados del siglo XIX la actitud académica más extendida en relación con el lenguaje se fue haciendo cada vez más formalista, y dio lugar a lo que acabaría conociéndose como el estructuralismo de comienzos del siglo XX. La idea de que el lenguaje es un código formal se impuso hasta el extremo de orillar los significados lingüísticos y culturales como parte suya (Saussure: "La lengua es un sistema de oposiciones sin términos positivos"). Pero pronto se hicieron evidentes las limitaciones intelectuales de esta perspectiva, y los lingüistas se vieron obligados a compensar este pensamiento unilateral reintroduciendo en la consideración los contenidos semánticos. Ahora bien, dada la prevalencia de la actitud formalista, esta nueva semántica se enfocó también desde un esquema de pensamiento estructural, forzando así el objeto lingüístico al lecho de Procustes de una concepción metafísica de la "estructura".

Y ahora que hemos comprendido ya la dinámica interna de este desarrollo ideológico, no podemos seguir *imaginando la significación lingüística* como entonces. El *significado* se nos ha convertido en un objeto diferente, y nosotros nos hemos convertido en *"sujetos diferentes" de* su estudio. La lingüística tiene que progresar hacia una concepción más integrada de la relación entre forma y contenido en el lenguaje (y dejar de creer que "forma" y "contenido" son cosas que existen), así como entre el lenguaje y los hablantes. Se volvió necesaria una "pragmática", pero también la pragmalingüística resultó ser un correctivo insuficiente de las limitaciones de los enfoques formalistas. Han ido surgiendo nuevos "objetos" y "disciplinas": discurso, semiótica, *embodyment of language,* cognitivismo, psicolingüística experimental… Y los sujetos que los estudian ya tampoco son la misma clase de investigadores que eran antes.

El concepto del nuevo objeto que se siente ya como necesario en cada caso *contiene en el sujeto este movimiento simultáneo del objeto y del sujeto*, aunque en general *no de un modo consciente*. El sujeto se ha visto afectado internamente por el movimiento del objeto y se ha movido a su vez, pero solo con ayuda de la lógica dialéctica se pueden superar las condiciones que habían dado forma al objeto anterior, y ampliar y modificar el propio horizonte de la investigación.

A diferencia de este *progreso reflexivo de la conciencia*, los cambios de sentido de los términos de la lingüística que se limita a *registrar* una *historiografía meramente descriptiva* de esta son, de algún modo, cosa natural, espontánea y no controlada conscientemente. Son el resultado inmediato de los cambios en las circunstancias, nuevas actitudes, motivaciones e intereses espontáneos. *Estos cambios sucesivos convierten el contenido de nuestros términos en una acumulación confusa de significaciones que se solapan*. Dependen de circunstancias históricas, pero *las diferencias entre las diversas maneras históricas de entender los hechos lingüísticos se olvidan porque los términos siguen siendo los mismos*. Y como siguen "sonando igual", parecería que retienen el mismo significado, el "correcto", que es por lo que se pregunta cuando se preguntan cosas como "qué es una frase", "qué es la sintaxis", "que es el verbo", "que es el fonema". Son preguntas *metafísicas*, que por su forma muestran que quien las hace cree que esas palabras *tienen* un significado que coincide con las partes de la realidad a las que queremos referirnos con ellas.

La lógica dialéctica de Hegel intenta entender cómo los significados de nuestros términos, o sea, nuestros presuntos "conceptos", cambian *de acuerdo con una lógica interna fáctica*, e intenta elevar a la conciencia esa lógica. Ayuda a desvelar contradicciones y espejismos ocultos, y permite *juzgar* si un nuevo concepto representa de hecho un *progreso*, porque corrige un cierto defecto o contradicción por medio de una aproximación más certera, o si no es más que una ocurrencia arbitraria y sin mayor fundamento. Permite *juzgar* históricamente. Pensemos por ejemplo en cómo Tesnière rehízo los conceptos de nombre, adjetivo, verbo y adverbio para ajustarlos a una nueva concepción de la sintaxis, muy ampliamente fundamentada y que con el tiempo daría lugar a toda una inversión de los dogmas sintácticos de la gramática generativa (ella misma una secuencia de ocurrencias al margen de la historia), como "sintaxis de valencias y dependencias". Fue una corrección del punto de vista estructuralista tradicional que nos permitió cobrar conciencia de la cantidad de equívocos que lastraban la terminología usual.

2.6.4. La lógica dialéctica en la TCL

2.6.4.1. Lógica dialéctica del concepto

La teoría crítica de la lingüística es *una aproximación de lógica dialéctica a la historia interna de las conceptualizaciones* dentro de ella. Pone el foco en la constitución interna de cada "término" de las proposiciones lingüísticas a lo largo de la historia. Como lógica, opera en un nivel previo al de la lógica de predicados y al de la lógica proposicional.

La TCL se aproxima a los que tradicionalmente vienen considerándose "conceptos" como a *intentos históricos singulares* de dar respuestas "sustantivas" a cuestiones que surgen en contextos intelectuales y morales específicos. Examina su legitimidad e intenta averiguar "cómo de buena es una respuesta" a "una pregunta cómo de buena". Para ello la TCL pone en conexión preguntas y respuestas con el marco de legitimación de sus contextos, y trabaja con el método de la lógica dialéctica.

Los "términos" de las tradiciones lingüísticas, que se suele asumir que son los nombres de "conceptos" correspondientes, se tratan aquí como *"señales"* que *señalizan posiciones intelectuales de un modo puramente intuitivo*. La mera *sensación* de que uno los ha entendido es la clase de reconocimiento externo de su "funcionamiento" a la que pueden aspirar, si es que pueden aspirar a alguno. Esta sensación se expresa a su vez en *actitudes* de aceptación, y en *más hablar*, usando esos términos más o menos de la misma manera, o dicho más cautamente, usándolos de manera que sugieran una buena compatibilidad con el propósito original. En los discursos lingüísticos, y en los humanísticos en general, *dependemos de la sensación de que estamos "entendiendo"*, un sentimiento que, por cierto, suele ir acompañado de una considerable sensación de certidumbre.

En general intentamos atribuir a nuestras propias palabras el estatuto de "conceptos" inteligibles y comunicables por medio de "definiciones". Pero desde el momento en que las definiciones se construyen con más palabras, son *tan históricas, tentativas y difusas como cualquier otra proposición*. Solo dan un sentido preciso si uno se demuestra capaz de hacer explícitas cada vez más implicaciones y presuposiciones de sus términos y de su sintaxis sin caer en contradicciones evidentes. Pero sabemos que, si seguimos indagando, pueden aparecer contradicciones.

Cada vez que logramos no percibir ninguna contradicción, y mientras siga siendo así, seguiremos fiándonos de nuestras palabras como si fuesen los nombres de verdaderos "conceptos".

De una manera general, las contradicciones surgen y se hacen patentes porque al hablar, y con nuestros términos enlazados conforme a una cierta sintaxis, nociones por lo demás más o menos vagas, indicadas mediante palabras, resultan ser claramente incompatibles entre sí. Según explicamos implicaciones y presuposiciones de algo, se nos ponen de manifiesto cosas o elementos que se contradicen, al menos en apariencia. Emergen de entre esa masa bastante indeterminada de "significados" implicados en las explicaciones, como disonancias que saltan al oído.

Sin embargo, no todo el mundo posee la "misma competencia de escuchar". Un estudioso entrenado en lógica dialéctica no se asusta ante proposiciones que un "lógico formal" rechazaría de plano, porque el marco de referencia de este último es mucho más restrictivo. Por otra parte, una misma persona puede rechazar un concepto o una proposición en un cierto contexto y aceptarlos en otro, que es lo que suele pasar tanto entre los lógicos dialécticos como en el hablar ordinario. Es como lo que ocurre en el caso de la física clásica y la cuántica: lo que en la primera sería un pecado puede ser virtud en la segunda, porque esta es más comprensiva. Pero un físico tiene que saber cuándo está trabajando como físico clásico y cuándo como cuántico. Tiene que mantener separados ambos ámbitos y saber cómo interrelacionarlos. Esto le permite ver una misma proposición como coherente y como contradictoria sin confundirse.

Del mismo modo un mismo lingüista puede usar el término "sujeto" de muchas maneras diferentes, dependiendo del marco teórico que haya elegido en cada caso. Tanto los significados actuales como los implicados o presupuestos en estos usos serán en parte idénticos y en parte diferentes, y este hecho puede ser consciente o no, dependiendo de *cuántas explicaciones "den sentido"* en cada situación y *se las intente de hecho.*

En la TCL esta *semántica muy difusa* de todo discurso, y específicamente de los discursos de lingüísticas anteriores, se somete a un tratamiento lógico preciso, y es aquí donde la lógica dialéctica demuestra ser la herramienta adecuada. Se trata de aplicar en concreto el marco formal desarrollado por Hegel en su *Ciencia de la lógica.* Este marco tiene que presuponerse.

El *uso específico* que hace la CTL de la lógica dialéctica funciona como sigue[58]:

El lingüista examina las presuposiciones e implicaciones de los términos de la lingüística en sus contextos históricos fácticos sucesivos, lo más completa y sistemáticamente posible, con especial atención a sus primeras apariciones.

---

58. La siguiente explicación presenta de manera resumida lo que yo hice en mi tesis doctoral con la teoría de los casos, publicada en España como *Historia y teoría de los casos.*

Intenta reconducir cada uso de cada término al tipo de pregunta o problema para el que en su momento se lo percibió como una solución consistente.

Examina las relaciones entre preguntas, respuestas y marcos de referencia teóricos en la historia, con el fin de establecer hasta qué punto una cierta pregunta y su respuesta fueron "legítimas" en su contexto histórico, y no por ejemplo una regresión.

Identifica así el marco intelectual dentro del cual ciertos términos han parecido lógicamente consistentes (no contradictorios) entre sí en un cierto momento, y aplica todas sus habilidades críticas y su imaginación para descubrir las contradicciones que tal vez no se percibieron en su momento, pero que podían estar implicadas en las actitudes de fondo que soportaban esos términos.

Procede así a inferir qué nuevas cuestiones se plantean a partir de los problemas lógicos detectados en esas actitudes, e intenta comprender el siguiente marco histórico como un intento más o menos consciente de evitar las contradicciones explícitas e implícitas del anterior.

De este modo reconstruye la *historia lógica de los sucesivos lenguajes y vocabularios de la lingüística*, y mejora de este modo su propia percepción del lenguaje, beneficiándose de las buenas intuiciones del pasado y evitando las contradicciones entre conceptos que ya se han puesto de manifiesto, y que ha ido examinando en su *historiografía crítica*.

El objetivo de la TCL solo se cumple cuando se aporta a los términos de una teoría o de un análisis concreto una historia crítica explicita de la concatenación de preguntas y respuestas que subyacen a su introducción y a sus usos sucesivos.

El camino que sigue, dentro del cual la imaginación y los argumentos lógicos cooperan para reconstruir y deconstruir la historia de los abordajes del "lenguaje", conduce a la superación de los límites y de las "barreras psicológicas" de los teóricos que se han ocupado con problemas conectados intuitivamente con lo que han llamado "lenguaje", y lo hace de un modo controlado.

El resultado es una progresiva *Entgrenzung* (rebasamiento de los límites) de la noción que asociamos a la palabra "lenguaje". Es una liberación progresiva de las restricciones mentales que impone a nuestro pensamiento esa necesidad ampliamente inconsciente de "mantener el lenguaje bajo control" por medio de la herramienta usual que llamamos "ciencia". Es una verdadera *libertad* para aceptar que *no necesitamos "controlar" el lenguaje como "un objeto más"*, y que nuestras "necesidades" en relación con nuestra propia condición de "especie que habla" simplemente son de otra naturaleza.

No hace falta decir que una lingüística enfocada a producir algoritmos para construir artilugios parlantes necesita la clase de control que logra la ciencia. Pero como ya decía el gramático francés Jean Baptiste Bertrand en el siglo XVIII (el de los autómatas mecánicos), no es lo mismo enseñar a hablar a una máquina que a un ser humano.

2.6.4.2. Sobre la "contradicción" en la lógica dialéctica. Hegel sobre "ser" y "nada"

En la lógica dialéctica la contradicción es más o menos lo mismo que en cualquier otro contexto: es afirmar y negar "una misma cosa" al mismo tiempo y en el mismo sentido y contexto. Es algo irracional, o a la inversa: lo racional es no expresarse ni comportarse contradictoriamente.

Ahora bien, la lógica dialéctica se basa en el descubrimiento empírico, y por lo tanto intelectual, de que las palabras no se relacionan con la realidad como nombres de sus partes, ni como nombres de cosas, ni siquiera como nombres de "conceptos" en sentido estricto. Este descubrimiento es empírico porque una mirada libre de prejuicios advierte enseguida que la gente no comparte "significados", sino solo "palabras". En cuanto el tema es importante, los interlocutores exhiben con frecuencia, con su comportamiento tanto verbal como no verbal, que están entendiendo cosas diferentes, que no están de acuerdo con el significado que el otro atribuye a sus palabras. Las teorías formalistas del lenguaje acostumbran a considerar estos casos como meramente episódicos e inesenciales, pero ya he mostrado que esto no es así.

La lógica dialéctica, como cualquier otra, aplica una exigencia de coherencia estricta (de no contradicción) a los términos y proposiciones históricos, pero lo hace a todos los niveles, no solo en el de la pura "forma".

Y esto es así porque esa lógica no imagina los "términos" científicos o coloquiales como nombres de cosas realmente existentes. Sabe que son "señales" que señalizan posiciones intelectuales, que a su vez son conscientes solo hasta cierto punto. La lógica dialéctica entiende términos y proposiciones como lo que ambos son en realidad: palabras y frases *dichas en cada caso como estrategias tentativas e intuitivas* para resolver o evitar problemas o responder a preguntas, los cuales, a su vez, solo son conscientes hasta cierto punto.

Esta lógica se esfuerza por poner de manifiesto contradicciones en cualquier nivel en el que puedan producirse: en la pregunta, en la respuesta, en las tareas singulares para las que se ponen en juego los conceptos y proposiciones, suponiendo que son herramientas apropiadas, así como en el marco general teórico y práctico dentro del cual se supone que "tienen sentido".

Con el fin de aclarar lo que implica esta presentación de la lógica dialéctica para la lingüística creo que podría ser útil aducir el tratamiento que hace Hegel de las dos primeras categorías que aborda en su *Ciencia de la lógica:* "ser" y "nada".

Hegel comienza su tratado de lógica con lo que comúnmente se supone que es la categoría más básica del pensar, la del "ser", ya que una contradicción es justamente afirmar que algo "es y no es" al mismo tiempo y en el mismo sentido y contexto. Y se pregunta qué significa realmente "ser". Pero no indaga en el "contenido positivo" de esta palabra, ya que no sería aprehensible: cada persona puede representarse de un modo distinto lo que "ser" quiere decir positivamente. Por eso él trabaja solo con negaciones en relación con discursos reales que incluyen esta palabra: indaga lo que "el ser" claramente *no* ha sido en los textos anteriores a su análisis.

"Ser" es una noción muy abstracta; de hecho, la más abstracta de todas, porque su sentido consiste en *abstraer de todo lo que no sea la mera cualidad de "ser"*, esto es, de todo "ser tal o cual", y en retener solo el hecho desnudo de "ser".

Por eso, cada vez que un filósofo (y solo un filósofo: no estamos hablando de nada coloquial) utiliza "ser" como sustantivo, "el ser", lo que está *haciendo* de hecho es un *acto* de *rechazar toda "determinación" de los seres*, y de *retener únicamente el hecho o cualidad de "ser"* (signifique esto lo que signifique). Y *hace* esto con independencia de que sienta o crea que lo está haciendo o no. (Un caso obvio de *no sentirlo* es el de "El ser y el tiempo" de Heidegger). En términos "lógicos" es este el contenido del acto de construir y usar la palabra "ser" (como sustantivo) y no otra cualquiera. (Y aquí, como en Humboldt, "construir" y "usar" una palabra no son cosas diferentes).

Aquí la cualificación de *"lógico"* no es *una determinación meramente formal*. Opera *holísticamente*, como un criterio general y no restringido sobre la *coherencia (o no contradicción) de afirmaciones reales, de hecho*. En este sentido del término "lógico" no opera ninguna distinción entre "forma" y "significado", ni entre "palabra" y "significado", ni entre "significado" y "connotaciones", ni siquiera entre "palabras" y "proposición", entre "léxico y sintaxis", ni entre "expresión lingüística" y "uso pragmático".

Decir 'ser' es pues realizar el acto de decirlo, con todas sus presuposiciones y consecuencias o implicaciones. Es una *"performance"* individual e histórica. El sentido que pueda tener depende del objetivo para el que se lo ha dicho y del contexto cultural y personal del que lo dice[59]. El sentido que otros puedan ver en este "decir" dependerá de la mayor o menor disposición suya a entrar en el horizonte del que lo ha hecho y a seguirle más o menos consciente e inteligentemente. "Contradicción" y "coherencia", que son las cuestiones que afectan a la lógica, operan en esta compleja "serie" de dimensiones, que forman todas juntas un "todo". Por eso, la lógica debe mantenerse holística.

Cualquier restricción del dominio de lo lógico (por ejemplo, a las cualidades "puramente formales", signifique lo que signifique "formal") implicaría limitar la percepción de las cualidades o elementos que pudieran llegar a contradecirse entre sí, y convertiría la crítica lógica en algo incompleto y, por lo tanto, inútil.

---

59. *Cfr.* A. Agud, *Los poemas del ser y el no ser y sus lenguajes en la historia*.

Pues bien, cuando Hegel decide analizar las presuposiciones e implicaciones de haber dicho y de decir "ser" en la tradición del pensamiento europeo, adopta una actitud crítica, no exenta de ironía, respecto de los pensadores antiguos y recientes. Intenta confrontarlos con las presuposiciones e implicaciones de usar esta palabra, que él entiende que ellos no han advertido, ya que su propio razonamiento arroja como resultado que "ser" y "nada" no son sino un mismo concepto. Es, pues, una lógica "con sorpresa". He aquí su texto, en mi propia traducción:

A: Ser

Ser, puro ser, sin ninguna determinación más. En ésta su inmediatez indeterminada solo es igual a sí mismo, y ni siquiera es distinto de otro; no contiene diferenciaciones ni dentro de sí ni hacia fuera. Si se distinguiese en él cualquier determinación o contenido, o se lo presentase como distinto de algún otro por medio de ambos, ya no se lo estaría aprehendiendo en su pureza. Es la pura indeterminación y vacío. – No hay *nada* que contemplar en él, si es que tiene sentido hablar aquí de contemplar; o bien es solo ese puro contemplar vacío en sí mismo. Tampoco hay que pensar nada en él, o es ese puro pensar vacío. El ser, lo indeterminado inmediato, no es de hecho *nada*, no es ni más ni menos que nada.

B: Nada

Nada, la pura nada; es simple igualdad consigo misma, vacío cabal, falta de toda determinación y contenido; indiferenciación en sí misma. – En la medida en que puede tener sentido mencionar aquí la contemplación o el pensamiento, entendemos que ha de ser distinto contemplar o pensar algo o *nada*. Así que no contemplar o pensar nada es algo que también tiene un significado. Si se distingue entre ambas cosas, en tal caso la nada *es* (existe) en nuestro contemplar o pensar. O se debería decir más bien que es el contemplar y pensar vacíos en sí mismos, los mismos contemplar y pensar vacíos que el puro ser.- De este modo *nada* es la misma determinación, o más bien falta de determinación, que el puro *ser*, así que es exactamente lo mismo.

C: Devenir

Unidad de ser y nada.

El puro ser y la pura nada son pues lo mismo. Lo que es la verdad no es ni el ser ni la nada, sino el hecho de que el ser no es que pase a la nada, sino que ha pasado ya, y lo mismo ésta a aquél. Pero en realidad tampoco la verdad es ésta su indiferenciación, sino el hecho de que *no son lo mismo, sino lo absolutamente distinto,* solo que como inseparables, así como el hecho de que cada uno de ellos *desaparece inmediatamente en su contrario.* Así que su verdad es este *movimiento* del desaparecer inmediato de cada uno en el otro: el *devenir,* un movimiento en el que ambos están diferenciados, pero por medio de una diferencia que se ha deshecho con la misma inmediatez[60].

---

60. G.F.W. Hegel, *Wissenschaft der Logik*, Primer cap. "La doctrina del ser".

A este comienzo le siguen las 28 páginas que ocupan cuatro "notas" en las que Hegel muestras las raíces históricas y las consecuencias de usar "ser" y "nada" antes y al margen de la nueva explicación dialéctica que él ofrece. Le sigue una nueva caracterización del resultado de su razonamiento en los términos siguientes:

> Momentos del devenir:
> El devenir, el surgir y el pasar, es la no separación de ser y nada; no la unidad que abstrae de ser y nada, sino que, como unidad *del ser y la nada*, es esta unidad *determinada*, la unidad en la que tanto ser como nada *son*. Pero en cuanto que ser y nada están aquí cada uno no separado del otro, ya *no son. Son*, pues, en esta unidad, pero como extinguidos, como *superados* (*aufgehoben*). Descienden, de la *autonomía* que se les imaginaba antes, a la condición de *momentos, aún distinguidos*, pero al mismo tiempo cancelados. (…)
> C. Superación del devenir
> El equilibrio en el que se ponen el surgir y el pasar es en principio el propio devenir. Sin embargo, este se resume a su vez de nuevo en una *unidad en reposo*. En él, ser y nada solo son en cuanto que se extinguen; pero el devenir como tal solo es por la diferencia entre ambos. Su extinción es por eso la extinción del propio devenir, o la extinción del propio extinguirse. El devenir es una inquietud sin soporte que se hunde en un resultado quieto.
> Esto mismo podría expresarse también así: el devenir es la extinción del ser en la nada y de ésta en el ser, y es el puro extinguirse de ser y nada; pero al mismo tiempo reposa en la diferencia entre ambos. Se contradice, pues, en sí mismo, ya que reúne en sí lo que se opone entre sí. Y una unidad así se destruye a sí misma.
> Este resultado es el haberse extinguido, pero ya no como *nada*; si no, sería una recaída en una de las determinaciones ya canceladas, y no sería el resultado de la nada *y del ser*. Es la unidad del ser y la nada que ha devenido simplicidad quieta. Ahora bien, la simplicidad quieta es *ser*, aunque ya no para sí, sino como determinación del todo.
> De este modo, el devenir como transición a la unidad del ser y la nada, que es *siendo*, o cuya forma es la de la unidad *inmediata* de estos momentos suyos, es el *estar*[61].

(Me permito la audacia de traducir *Dasein* por "estar" porque creo que este verbo español, inexistente en alemán, refleja bien la determinación hegeliana, mejor de hecho que su *Dasein*, que se ha solido traducir al español por el idiomáticamente imposible "ser ahí". No aspiro a imponer esta solución traductora, pero me parece más defendible que la usual, básicamente incorrecta. En cualquier caso, el contexto deja claro lo que Hegel quiere decir, o al menos lo deja todo lo claro que es posible, dada la complejidad lógica del razonamiento).

En fin, estos párrafos son "lógica dialéctica del concepto" en acción. Aquí los conceptos no son "virtuales", ni entradas de diccionario alguno, ni ejemplos

---

61. Hegel, *Wissenschaft der Logik I:* 111-113.

arbitrarios construidos para la ocasión, sino *logros históricos fácticos* de conceptualización, y constituyen el objeto "necesario" de este arranque de esta lógica, porque son *de hecho* el punto de partida de *nuestra* tradición lógica y ontológica. La lógica dialéctica no trabaja sobre "ejemplos", sino sobre los "discursos reales".

En la tradición india, a diferencia de la nuestra, la cancelación de la diferencia entre ser y no ser está ya en el comienzo, en el "Himno del no ser" védico, de modo que su lógica sigue un camino diferente.

La "lógica de los conceptos" se entiende como el tipo de estudio que se ocupa del cumplimiento histórico de las condiciones concretas de coherencia para cada "logro" conceptual en cada momento. Y en la medida en que los textos de los que se ocupa son inteligentes y no triviales, siempre aparecerán entre ellos tanto constelaciones de pensamiento coherentes como otras menos coherentes. Así, por ejemplo, la manera como Parménides construye su noción del "ser" demuestra ser enteramente coherente con su propósito de descubrir un *criterio formal absoluto de certidumbre*, pero no consigue proporcionar ninguna conexión entre la verdad absoluta del "ser" y las realidades que "son" o "no son". El uso occidental de "ser" desde ese momento está básicamente "contaminado" por ese fallo.

Sin embargo, a partir de la crítica de Hegel ya no habría necesidad de seguir atados a esa contaminación. Lo que pasa es que en general se la suele proseguir, ya que la filosofía posterior a él no la suele tener en cuenta. Heidegger se ocupa de ella, pero no la asume. Es lamentable, pero este ha resultado ser parte del "destino" histórico y fáctico de la humanidad occidental. La gente rara vez aprende unos de otros ni de la historia.

2.6.4.3. La lógica de la investigación lingüística

¿Cómo se aplica la lógica dialéctica a las investigaciones sobre el lenguaje y a la crítica de las teorías lingüísticas?

Empecemos por la aplicación de la lógica dialéctica a la investigación lingüística propiamente dicha, esto es, a la "elaboración de teoría" sobre partes de la realidad que calificamos de "lingüísticas".

La primera regla de la investigación lingüística realizada desde la óptica de la TCL es no confundir las "teorías lingüísticas" (o "gramáticas") con el proceso fáctico de pensar teóricamente sobre hechos, objetos o datos lingüísticos. Esto último es lo que he denominado "trabajo lingüístico", y su resultado no es necesariamente una teoría lingüística, sino cualquier hipótesis sobre los hechos que se han estudiado, esto es, proposiciones singulares del tipo "tal o cual cosa lingüística ocurre o no ocurre" (por ejemplo, en lingüística indoeuropea: las "laringales" existen o no existen, y dónde y cómo).

Las leyes fonéticas, las colocaciones sintácticas, las reglas compartidas para el uso de elementos singulares, las restricciones semánticas de las mismas, el vocabulario de escritores y hablantes, las situaciones de habla típicas, etc., son esa clase de "cosas lingüísticas" de las que se ocupa la investigación lingüística. Por descontado que la realidad ontológica de tales "hechos" no viene garantizada por el hecho de que los identifiquemos mediante las palabras de la lingüística. Son "hechos" en un sentido no ontológico; son lo que una cierta clase de lingüística se ha acostumbrado a considerar "hechos" en cada caso.

Cuando un lingüista examina tales hechos, en principio no está buscando ningún "caso" o "ejemplo" que confirme más o menos directamente alguna noción general sobre qué o cómo es el lenguaje. Se fija en algo que antes no se había advertido, que suscita su interés y su curiosidad por la razón que sea. ¿Por qué un cierto sonido en una cierta palabra no se atiene a una ley fonética que sí se comprueba en contextos análogos? ¿O por qué una cierta combinación de preverbios en el Rigveda solo aparece en contextos cosmogónicos? ¿O en qué se distingue sintácticamente el habla de ciertas tribus urbanas de gente joven del habla de los adultos cultos? ¿O qué tipo de discursos demuestran influir más en el habla de la "gente de la calle"? ¿O se aprecia aún alguna diferencia semántica entre los muchos tiempos verbales del pretérito en sánscrito clásico? ¿O qué tipo de diferencias se advierten en el habla de los diversos grupos de emigrantes en un cierto país? Etc.

Estas son todas cuestiones que se plantean efectivamente en el trabajo lingüístico profesional. La investigación lingüística trata de responderlas mediante diversos tipos de procesamiento empírico de textos. Y una vez puesta en marcha una investigación, puede ocurrir que un nuevo aspecto de la cuestión de partida le parezca relevante al lingüista y enriquezca, o le lleve a corregir, el propósito inicial de su trabajo. Su "objeto" no se está quieto, *porque solo existe como el supuesto correlato empírico de una cuestión que le ha parecido relevante e interesante a un lingüista en un cierto momento de su vida.* "Cosas" como la "evidencialidad" se han convertido en objetos de investigación de esta manera. Y en el curso de la vida y de la historia los intereses, sus objetos y sus sujetos, se mueven y cambian.

La lógica dialéctica *focaliza el movimiento del sujeto de la investigación. El objeto se ha movido porque el interés y la percepción del sujeto han ido cambiando.* Y si el lingüista se ha mantenido responsable y coherente, su propio movimiento conceptual tiene que haber sido "lógico" (no arbitrario). La lógica dialéctica hace esto explícito, y demuestra su utilidad a la hora de justificar un cambio en la investigación. Porque pone al descubierto que algo en el propósito inicial no era lo bastante coherente[62]. Al aplicar la metodología descrita, el lingüista justifica lógicamente su

---

62. Esto me ocurrió a mí efectivamente durante los trabajos de mi tesis doctoral. Me había propuesto al principio hacer una descripción estructural coherente y actualizada del sistema de casos del

propio movimiento como un paso a un nivel superior de conciencia crítica, y puede pedir que se le "perdone" por su cambio de perspectiva y de objeto. Desde el punto de vista de la lógica dialéctica, tiene "derecho a ser perdonado". Este es el contenido del "espíritu absoluto" de Hegel[63].

De este modo la lógica dialéctica en la investigación lingüística toma en consideración tanto el *movimiento de los "conceptos" lingüísticos a lo largo de la historia del pensamiento sobre el lenguaje* (y por lo tanto la historicidad inherente de nuestras herramientas conceptuales), como *el movimiento efectivo de los lingüistas y de los "objetos" lingüísticos*. Considera estos últimos como internamente necesarios para mantenerse libres de contradicciones "por el momento", esto es, mientras no parezca indispensable saltar a un nivel superior de conciencia crítica, lo que ocurre cuando el tiempo de una cierta clase de investigación parece haber llegado a su fin, nuevas cuestiones se imponen a la atención y exigen una renovada mirada crítica tanto hacia atrás, hacia la coherencia de las presuposiciones anteriores, como hacia las nuevas herramientas conceptuales que se proponen, basadas en la nueva conciencia y que demuestran así ser necesarias, no simples intuiciones del momento para corregir errores puntuales.

Un buen ejemplo de esto podría ser el profundo cambio de perspectiva en algunos cultivadores de las ciencias humanas y sociales a mediados del siglo XX, como consecuencia del trabajo de la "Escuela de Frankfurt" y su concienzuda crítica ideológica a los supuestos de la forma usual de esas ciencias, a sus propósitos aparentemente solo y limpiamente "descriptivos", y a su falta de conciencia del verdadero papel que esas "ciencias" estaban desempeñando en la legitimación de las formas de economía y sociedad del gran capitalismo tras la SGM. Y no se estudia igual, por ejemplo, la literatura romana desde la perspectiva dominante anteriormente, que era sobre todo la de la admiración incondicional a los romanos por parte de las élites militaristas e imperialistas de la Europa colonizadora, que después de la crítica ideológica de los "frankfurtianos" a esas formas no poco papanatas de hacer filología en nuestro continente. Aunque, curiosamente, la transformación de la perspectiva ha calado más en supuestos géneros menores, como la novela histórica, la novela negra y el nuevo descarnado cine de romanos, que en muchas aulas universitarias.

A diferencia de las "teorías científicas", el movimiento teórico que impone la lógica dialéctica no surge de fallos concretos de un "modelo descriptivo" anterior, y

---

griego antiguo, pero tuve que acabar reconstruyendo la historia de las teorías de los casos, porque en el marco teórico de mi primera investigación se me hicieron conscientes inconsistencias y contradicciones de la metodología aprendida, así que me sentí obligada a excavar históricamente en la "lógica genética" de los conceptos que demostraban ser difusos o contradictorios.

63. G.W.F. Hegel, *Fenomenología del espíritu*, último capítulo sobre "El saber absoluto".

tampoco tiene como resultado un "nuevo modelo alternativo". Menos aún permite o alienta presentar el resultado como el "modelo n" dentro de una feliz secuencia de "progresos científicos", que en pocos años arrojan más variantes nuevas que los programas informáticos.

En la lógica dialéctica de la investigación el movimiento surge de la conciencia explícita de que se habían planteado cuestiones equivocadas, porque se habían asumido presuposiciones internamente contradictorias tanto respecto del objeto como respecto del sujeto de la investigación. Por ejemplo: la reorientación conscientemente *hermenéutica* de las ciencias humanas por parte de algunos de sus cultivadores ha obligado a tomar en consideración aspectos del sujeto investigador hasta entonces ignorados, y que la psicología ha ido analizando, apoyada cada vez más en las neurociencias. Sus motivaciones y aspiraciones, conscientes e inconscientes, sus condicionantes sociales, culturales y económicos, pasan a ser variables relevantes a la hora de *juzgar* su trabajo investigador. El sujeto deja de ser la clase de espectador externo e intercambiable que sí debe ser en las ciencias experimentales, y tiene que descender a la arena de los conflictos personales y sociales en la que nos fregamos todos, y hacer plausible su perspectiva desde el conjunto de su contexto personal, social, político, económico, cultural y demás. Esta es la razón por la que yo he descrito al comienzo de este trabajo las circunstancias personales que lo han sustentado. En la lógica dialéctica las cuestiones relevantes conciernen siempre tanto al objeto como al sujeto, y mueven a ambos por igual.

2.7. Ontología de la TCL

Cuando el lenguaje *existe* (o sea, cuando es un *hecho* ontológico), es que gente está diciendo o escribiendo algo, bien para sí mismos, bien para otros, o que están escuchando o leyendo algo. *Fuera de estos hechos, el lenguaje no está ahí. No ocurre. No tiene existencia real.*

Seamos empíricos. No construyamos una u otra abstracción de la realidad de nuestro hablar, ni le atribuyamos una "esencia" que podríamos describir, o incluso "explicar", en ausencia de un "algo" *que exista realmente*. Limitémonos a *observar lo que ocurre, y cuándo y cómo ocurre*, y preguntémonos a lo sumo cómo, por qué y para qué ocurre. Evitemos intentar demostrar que determinadas ideas previas sobre el lenguaje son correctas y reales a base de "ejemplos" construidos por nosotros.

Asomémonos a la vida real *como un ser vivo más entre otros seres vivos*. No construyamos una abstracción de nosotros mismos como si "nosotros" no fuésemos parte de la realidad que observamos, y no estuviésemos condicionados por nuestras biografías y por las situaciones de habla, como los demás. No imaginemos que nosotros, los lingüistas, estamos de algún modo fuera de todo eso; que nuestras ideas sobre el lenguaje están menos condicionadas por nuestras experiencias lingüísticas y no lingüísticas que las palabras y las ideas de los demás al respecto. No demos por sentado que el discurso lingüístico profesional discurre en un nivel ontológico distinto del de escribir una novela, contarle algo a alguien, hacer un discurso ante un tribunal de justicia, formular una receta de cocina, explicarle a alguien que lo que le hemos dicho no es un insulto, o elogiar o vituperar a alguien; que no es un "acto de habla" más.

Los discursos de los lingüistas, como cualquier acto de habla, son parte de la vida práctica tanto suya personal como de las instituciones o círculos que se ocupan del lenguaje de una u otra forma. El que habla o escribe sobre el lenguaje tiene que tomar las mismas precauciones prácticas que cualquiera que eche a hablar en cualquier situación específica. Tiene que decidir si habla o calla, y cómo da forma a su situación concreta con su "hablar sobre el hablar". Puede atenerse a alguna rutina institucional, y hablar en generativista, o estructuralista funcional, o estratificacionalista, o lo que sea, o puede intentar decir algo inaudito e insólito. Puede implicarse más o menos emocionalmente en lo que dice y en cómo lo dice. Puede evaluar mejor o peor sus probabilidades de tener éxito al hablar en su situación. Sinceramente, yo no puedo imaginar el resultado posible de mi decisión de escribir y publicar este libro. Pero lo estoy haciendo de acuerdo con mi experiencia previa con publicaciones lingüísticas, y desde un impulso personal interno de expresar todas estas ideas de cara a mis colegas contemporáneos, que son ya bien diferentes de los destinatarios de mi vieja *Historia y teoría de los casos*, escrita en los setenta del pasado siglo.

En la lingüística *la realidad del objeto es parte de la historia del sujeto* y pertenece a su vida real, o dicho de otro modo, ocurre al mismo nivel ontológico que todas sus otras experiencias. Aquí no hay ningún "meta-nada". Por eso el contenido de este texto no es una colección de proposiciones posiblemente verdaderas sobre el lenguaje, construida *fuera* de este: *es parte del lenguaje en curso, y opera al mismo nivel ontológico que su "objeto"*. Es parte de este. Reconoce en la totalidad de los textos que llevo leídos hasta ahora la cualidad de "otros sujetos" de sus autores. Intenta dar forma a su discurso lingüístico como un caso más de comunicación real entre seres que hablan.

Y cuando digo "comunicación", me refiero en este contexto al *encuentro entre individuos* conscientes de su individualidad, que se envían unos a otros "señales para su orientación", en la realidad y entre sí. El recurso habitual a la tercera persona del verbo en los textos lingüísticos (como en cualquier ciencia), haciendo como si se tratase de afirmaciones independientes del sujeto que las hace, oculta este hecho y es parte de una estrategia de engaño, la de reclamar objetividad ontológica para los propios productos lingüísticos.

Este texto es *mi intento actual de alcanzar a mis lectores* con mis reflexiones sobre la lingüística, y consiste en construir la TCL. Como decía en la Introducción, para evitar el habitual espejismo ontológico de la prosa científica presento muchas veces mis ideas en primera persona. Esto no convierte a este libro en algo "más personal" (como se me ha dicho) que los de los demás. Solo hace gramaticalmente explícito lo que la tradición de la expresión académica nos induce a ocultar. Y como cualquier libro de cualquier lingüista, es el resultado provisional de mi experiencia intelectual, pero no solo intelectual, desde mis primeros intentos de "hacer lingüística", lo que en mi caso fue mi tesis doctoral, iniciada en 1970. Ha sido mucho tiempo.

2.8. Pragmatismo y teleología en la TCL

Construir métodos analíticos, en lingüística como en todas partes, es una actividad "teleológica". Si un científico no se imaginase de algún modo *lo que pretende conseguir*, no sabría qué hacer con su campo de trabajo. Pero en las ciencias humanas no es raro que alguien se proponga, o le impongan como tema de investigación, estudiar algo por el mero hecho de que está ahí y se lo puede estudiar. El resultado es entonces inevitablemente banal y prescindible, a no ser que en el curso del trabajo el investigador haya logrado dar con un interés suyo efectivo (y plausible).

Pretender que uno no persigue ningún objetivo práctico es puro autoengaño. De hecho, el simple deseo de saber más sobre algo implica ya un cierto propósito práctico. Intenta cumplir un deseo subjetivo que, por la razón que sea, le parece a uno atractivo. Se basa en alguna representación personal de en qué consiste "saber más" sobre algo, y cómo distinguirlo de "saber menos", una distinción en la que gran parte de la lingüística de los siglos XX y XXI ha fallado con frecuencia. Coseriu es nuevamente un impresionante ejemplo de lo contrario.

Cuando los primeros lingüistas estructurales como De Saussure pretendieron que sus ideas sobre la "estructura lingüística" considerada "por sí misma", y no en función de ninguna otra cosa, eran mejores que las anteriores, se basaban en una idea más o menos consciente de la ventaja epistemológica de su punto de vista y de su propósito científico. Pero el hecho es que no hablaban de ello. En general no sabían hasta qué punto gramáticos y filósofos anteriores a ellos se habían ocupado ya de los problemas de reducir el lenguaje a un objeto, cada uno con sus objetivos y problemas epistemológicos. Si se ocupaban de la historia de la lingüística, la leían como un conjunto más o menos logrado de precedentes de su propio abordaje[64].

---

64. El indoeuropeísta Berthold Delbrück escribió su *Einleitung in das Studium der indogermanischen Sprachen* como una historia de la investigación en este campo porque, a diferencia de la mayoría de sus colegas, tenía un agudo sentimiento de que su método actual era el producto de una historia, que era la responsable de la evolución de esta disciplina y de sus conceptos.

Simplemente *mostraban su certeza de que las cosas son como ellos las imaginaban.* Y esto significa que se basaban sobre todo en prejuicios más o menos extendidos sobre su objeto, lo que les garantizaba que la mayoría de los colegas estarían de acuerdo con ellos. Que es lo que ocurrió.

La TCL no comparte este tipo de creencias. No cree en actividades humanas libres de objetivos, porque a estas alturas sabemos ya demasiado sobre los autoengaños y otras estrategias inconscientes de supervivencia de la "vida mental". Somos conscientes de las ventajas de atenerse a lo que en las universidades se consideran las vías más seguras para el éxito a la hora de conseguir una plaza fija, o un proyecto de investigación financiado, del mismo modo que conocemos las dificultades con las que se tropieza cuando se "persigue la verdad" sin concesiones, incluso siendo conscientes de que "verdad" no es sino otra palabra más. Estamos familiarizados con la historia del conocimiento humano y con el hecho cierto de que las ideas nuevas muchas veces acarrean obstáculos para hacer carrera. Por eso no nos fiamos del éxito público más de lo que nos fiamos de la gente en general. Sabemos hasta qué punto son variadas las motivaciones de unos y otros, y cuáles son los puntos fuertes y débiles más frecuentes de los miembros de la comunidad científica.

Consideramos que una "teoría del lenguaje" puede ser, entre otras cosas, el tipo de discurso que un cierto individuo considera el más beneficioso para él en un cierto momento. Por eso indagamos en los intereses que pueden estar guiando a cada lingüista a la hora de montar su discurso, y estamos preparados para encontrar, desde los objetivos más primarios y egoístas de hacer carrera, hasta los intereses ilustrados más refinados y más resueltamente orientados a mejorar la humanidad en cualquier aspecto. *Los intereses de conocimiento son tan históricos, fácticos e individuales como los discursos.* La TCL juzga sobre las teorías como respuestas a cuestiones que surgen en la historia y se les ocurren a los individuos.

La TCL rechaza también cualquier prejuicio sobre esos intereses. Porque es verdad que lo que la gente persigue muchas veces es incrementar su poder, pero no siempre. Atribuir implicaciones en estructuras de poder a cualquier posición teórica constituye una restricción injustificada de la perspectiva, pero que se encuentra ahora con frecuencia en los "estudios culturales", en el "*new criticism*" y en el "nuevo historicismo", y eso por no hablar de la acusación indiscriminada de colonialismo eurocéntrico contra estudiosos de culturas orientales, como hizo Edward Said y otros en su secuencia. Es algo tan injustificable como lo fue en su momento considerar cualquier discurso teórico como un mero reflejo de estructuras económicas de dominación social, o de estructuras sociales de dominación económica, lo que ha sido una actitud frecuente en teóricos marxistas[65].

---

65. Este es también un grave defecto en historiadores y críticos literarios que han seguido los pasos del *Orientalismo* de Edward Said.

La propia TCL es una respuesta a problemas contemporáneos como el fallo masivo de los sistemas educativos, sobre todo en lo referente al lenguaje; a las reducciones estereotipadas que nos sirven tantos discursos públicos; a la generalizada caída de las "ciencias humanas" en la trampa de querer emular a las "ciencias propiamente dichas", con el fin de compartir el prestigio de su productividad material; al amplio abandono del ideal humanístico de mejorar la humanidad como tal a través de la cultura dentro de las "ciencias del espíritu". Intenta también implicar la actitud estética en la reflexión teórica sobre el lenguaje y el hablar.

La TCL es pragmática en el sentido kantiano de la palabra. Persigue conscientemente un propósito bien definido: busca teorías y métodos lingüísticos que nos acerquen a soluciones éticamente aceptables para los problemas humanos reales que surgen en su tiempo en relación con el lenguaje.

2.9. Teleología individual y epistemología en la TCL

Como he dicho repetidamente, la TCL sabe que no trabaja fuera ni por encima del lenguaje, y no se imagina a sí misma como observadora exterior de ninguna "realidad". Esto le permite al lingüista no asumir el papel de "sujeto" en el trabajo lingüístico, lo que implicaría atribuir el estatuto "subordinado" de "objeto" al lenguaje. Se trata de darse cuenta del hecho de que, al trabajar sobre el lenguaje, el lingüista sigue pautas lingüísticas como cualquier hablante, y de que sus palabras introducen en sus discursos su propia vida y experiencias, sus hábitos y sus prejuicios, sus creencias, sus conocimientos y sus ignorancias. Y finalmente ha de saber que su trabajo no portará fruto si no se demuestra capaz de hablar y juzgar desde la máxima conciencia posible de todos estos factores que condicionan su actividad de producir significados y de hacer sentido al hablar sobre el hablar.

La diferencia entre un hablar lingüístico-crítico y otro "normal" es una diferencia en el grado de autoconciencia y de comprensión histórica y cultural. Por eso la TCL no se permite a sí misma usar ni aceptar palabras y nociones teóricas, vengan de la escuela que vengan, sin saber al menos de dónde proceden, a qué preguntas intentaron responder cuando se las acuñó o concibió, y qué reflexiones han tenido lugar a lo largo de la historia respecto de sus contenidos. Las "metáforas conceptuales" son parte de esto.

Claro está que la TCL se da cuenta de que esta diferencia entre el hablar desde la crítica lingüística y el hacerlo al margen de ella puede no hacérsele presente a cada lingüista singular, ni por supuesto a cualquier hablante. Y es posible que un lingüista no sea capaz de decir sobre el lenguaje nada mejor ni más interesante que otros, lingüistas o no. *La calidad del discurso lingüístico depende de la calidad personal del lingüista*. El mero hecho de pertenecer a una cierta escuela lingüística, o a una cierta institución educativa, no garantiza que uno hable y piense sobre el lenguaje mejor que otros. Nadie se convierte automáticamente en un "maestro del lenguaje". No hay curso de estudios establecido que capacite a nadie para atribuirse a sí mismo esta condición. Eugenio Coseriu fue el mayor "maestro del lenguaje" del siglo XX porque poseía esa cualidad personal, no por pertenecer a una escuela lingüística o por haber fundado una.

Como ya había advertido Humboldt, el lenguaje no permite a nadie convertirlo en su "objeto" sin ocultar a su mirada su verdadera naturaleza. Por eso la TCL no reduce el lenguaje a objeto. Quiere saber más sobre el lenguaje, y este, igual que la gente, requiere un *respeto* intersubjetivo. Empieza por tomar el lenguaje como es: como el aspecto de nosotros mismos que nos hace humanos y nos permite conocer. La TCL renuncia por lo tanto a cualquier soberanía epistemológica respecto de él y se mantiene "humilde".

En particular a la TCL le gusta admirar cualquier discurso inteligente sobre el lenguaje, a diferencia de los menos inteligentes, como el *"trabajo" de individuos* inteligentes. Por eso un lingüista entrenado en ella no perderá ocasión de tener una cena agradable con un maestro o colega al que admira, con el fin de conocerlo personalmente[66], ya que sabe que la persona "excelente" es la fuente real de cualquier teoría "excelente".

El lingüista crítico *se reconoce a sí mismo* en el lenguaje, pero reconoce también que su propio lenguaje es, por una parte, más extenso que su conciencia actual, y por la otra, menos de lo que podría ser. Sabe que no puede percibir los límites de su propio lenguaje, del mismo modo que no puede percibir los suyos propios, y aplica esta certeza también al lenguaje de los demás. Por eso se mantiene atento y abierto a la subjetividad ajena, y la tiene por una fuente posible de una mejor comprensión teórica propia y de una mejora suya y de su hablar.

Obviamente esto le hace ser crítico tanto respecto de los textos como de los autores. Solo así estará en condiciones de distinguir entre progresos y recaídas a niveles inferiores de lenguaje y comprensión. *La construcción de su propia subjetividad es la condición para su productividad científica*, y una de sus principales tareas es distinguir entre buenas y malas influencias. (Las teorías lingüísticas son como los amigos, y un proverbio español dice que "de mis amigos líbreme Dios, que de mis enemigos ya me libro yo").

---

66. No crea que es broma. Kant, en su *Anthropologie,* dice que "una buena cena en buena (y a ser posible, variada) compañía" es "el mayor bien físico moral", y explica claramente cómo él concibe una actividad de ese tipo como parte de la "buena vida" (con lo que no puedo estar más de acuerdo). I. Kant, *Anthropologie in pragmatischer Hinsicht:* 615 y ss. ¡Podría Ud. disfrutar de este exquisito texto!

Y la TCL nunca olvida que *el lenguaje es siempre lenguaje de alguien*, que por detrás de todo texto hay otro individuo que nos interpela, conscientemente o no. No se engañe: le estoy hablando a Ud. Como lingüista crítica le hablo a Ud., y asumo con ello todos los riesgos de la comunicación humana. Escribir críticamente sobre el lenguaje es algo tan arriesgado como declararle el amor a alguien. Uno se expone mucho.

Capítulo III
La historicidad de la lingüística como objeto de estudio de la TCL

1. La lingüística como un "discurso histórico"

La lingüística, como toda actividad que se realiza en y a través de lenguaje *ordinario*, no solo es en cada caso un "hecho histórico", sino que es también *constitutivamente histórica mientras* se la está produciendo como discurso. Toda frase o proposición es parte de la historia y encierra en su vocabulario una historia lingüística consciente o inconsciente. Toda proposición lingüística es habla *en el tiempo* y *a lo largo* del tiempo. La TCL sabe que *no tiene sentido imaginar las proposiciones sobre el lenguaje como ecuaciones intemporales*[67]. Se trata, sin embargo, de una actitud muy extendida entre los lingüistas desde fines del siglo XIX. A esta manera de abordar el lenguaje Simon le llamó "lingüística axiomática"[68].

Introduzcamos ahora un tratamiento explícito de la lingüística como discurso histórico. Y empecemos con un ejemplo real. Una proposición como esta:

> Voy a considerar el lenguaje como una serie (finita o infinita) de frases, cada una de longitud limitada y construida a partir de una serie limitada de elementos. Todas las lenguas naturales, en su forma tanto hablada como escrita, son lenguajes en este sentido[69].

Nunca olvidaré mi estupor cuando leí este párrafo a comienzos de los setenta. Nada en él es misterioso ni enigmático en sí mismo, ni sus palabras ni su sintaxis ni la combinación de ambas. Sin embargo, me resultó imposible extraer ningún sentido de estas palabras y de su disposición, a pesar de que estaba en los puros

---

67. Todas las definiciones "axiomáticas" del lenguaje que fundamentan una teoría lingüística suelen tener esa forma de ecuaciones intemporales.

68. J. Simon, *Philosophie und linguistische Theorie*.

69. N. Chomsky, *Syntactic Structures*, Mouton 1957: 13.

comienzos de mi carrera lingüística. No era capaz de imaginarme la clase de constelación personal de alguien que hablaba sobre el lenguaje en 1957 de una manera tan espontánea y tan desconocedora de la historia. Tuve que hacer el mayor esfuerzo para poder imaginar las limitaciones precisas de la perspectiva de su autor, así como las razones que podían mover a alguien a "fundar una nueva lingüística" desde un punto de partida tan unilateral y simplificador, después de todo lo que había pasado antes en la ciencia y en la reflexión sobre el lenguaje en la cultura occidental, y eso que a mis 21 años de entonces yo solo podía tener una experiencia limitada de esa historia. Pero la tenía.

Tuve que hacer una especie de arqueología mental para poder reconstruir el "estado cognitivo" de un autor que demostraba ignorar la mayor parte de la abrumadora cantidad de conocimiento relevante que sobre su propio objeto se había acumulado ya en la historia. Y tuve que luchar contra mi propio escepticismo respecto de la inocencia de semejante regresión histórica. No obstante, esta especie de batalla interior sería el menor de mis problemas, comparada con la que tuve que librar contra mi propio contexto académico, en el cual esta ideología se estaba propagando a toda velocidad y ocupando la mayor parte de las posiciones decisivas en las universidades. Las oportunidades profesionales de un lingüista escribiendo una tesis doctoral de historia crítica de la gramática eran, en ese contexto, realmente mínimas. (Mi jefe de entonces me aseguró que "no entendía el género literario de mi trabajo").

Mi propia interpretación de ese párrafo, implicada en mis publicaciones ulteriores, quedó a su vez como prácticamente ininteligible hasta décadas más tarde. Y en muchos contextos académicos sigue siéndolo. Esto no demuestra que yo no tuviese razón con ella, ni la extraordinaria aceptación de la que gozó la gramática generativa durante décadas demuestra que la tuviesen quienes la consideraban sensata. Este párrafo inaugural fue compuesto, y entendido en general, desde los prejuicios más comunes sobre el lenguaje que se habían venido desarrollando durante la primera mitad del siglo XX, y solo es inteligible como expresión de estos. Su validez solo puede ser enjuiciada desde el estudio de su historia genética y de sus efectos históricos. El juicio dependerá en cada caso de la cultura y formación del crítico, de su experiencia intelectual y lingüística, y de sus propios criterios de responsabilidad y legitimidad ética. Y tal juicio será individual e histórico, como cualquier juicio expresado en lenguaje natural.

Por eso, la TCL compromete a cada lingüista singular a elaborar sus propios criterios de legitimidad, y cada crítico tiene que desarrollarlos a lo largo de su vida de acuerdo con sus propias experiencias intelectuales, sociales y psicológicas.

En consecuencia con todo esto, ningún libro sobre el lenguaje puede ser otra cosa que un *punto de llegada provisional de su autor* en sus esfuerzos por conectar sus reflexiones lingüísticas con el "mundo", tal como él lo ha entendido en cada fase de su vida.

2. La TCL como crítica histórica a los estudios contemporáneos sobre el lenguaje

El conocimiento de la historia de la gramática y de la teoría lingüística constituye el trasfondo necesario para poder analizar críticamente los abordajes actuales del lenguaje. Nos sirve para controlar *el nivel de conciencia crítica por debajo del cual ya no sería aceptable volver a caer.*

A diferencia de las anteriores décadas en la lingüística del siglo XX, el trabajo lingüístico en la actualidad se ha expandido hacia múltiples tipos diversos de actividad teórica y de investigación. El trabajo académico sobre el lenguaje está ahora mucho más diversificado que hace treinta o cuarenta años. La actual fragmentación de los objetivos prácticos del estudio del lenguaje hace que las escuelas y los métodos que han proliferado sean difíciles de comparar entre sí.

En el marco y desde el horizonte del trabajo lingüístico contemporáneo, "lenguaje" es al menos:

— Una "materia" que se trata formalmente para generar expresiones lingüísticas por medio de artilugios electrónicos. La "programación lingüística" se ha convertido en una de las ramas más importantes y productivas del estudio del lenguaje.

— Una capacidad exclusiva de los seres humanos en general.

— Una "competencia" de los niños que tiene que mejorarse por medio de la enseñanza en la escuela.

— Una "competencia", tanto de niños como de adultos, que viven en una comunidad en la que se habla una lengua distinta de la suya, y que necesitan aprender mediante un entrenamiento orientado a este fin.

— Una parte de las "culturas" que merece una atención especial en los estudios culturales, ya que se reconoce que el lenguaje es un aspecto central de toda cultura humana.

— El medio en el que se expresan todo tipo de textos, más o menos inteligibles, de culturas ajenas o antiguas, y que tiene que ser elucidado para poder mejorar su comprensión.

— El medio de la literatura, y por lo tanto un aspecto importante de su estructura.

— Una parte de la "mente" humana, que hay que estudiar para aprender algo más sobre la "mente humana" en general.

— Una parte del "comportamiento" humano, que hay que estudiar para aprender más sobre el comportamiento humano.

— Una habilidad que resulta afectada por determinadas lesiones cerebrales (afasias), y que es parte de la investigación neurológica.

— Una parte de la "estructura" de los "discursos humanos", que se puede estudiar para manejarse mejor en ellos y en la comunicación lingüística.

— Habla sagrada en culturas que se basan en textos sagrados.

— Un componente de la comunicación y los productos audiovisuales (cine, videojuegos, programas de TV…) que se estudia para introducir lenguaje del modo más eficiente en el producto final, o para "describir" sus efectos en la comunicación.

Todos estos "aspectos" del lenguaje no son simplemente partes de un todo conocido, del cual cada uno toma lo que le interesa y lo examina de acuerdo con su propio interés de conocimiento. *El todo no es conocido, y las "partes" no son tales, sino que son cada una un "objeto" por sí misma,* constituido en función del *objetivo* que la investigación aspira a alcanzar en cada caso.

Solo la palabra "lenguaje", dado lo incierto de su referencia y de su alcance, mantiene superficialmente unidos todos estos "objetos" como un frágil embalaje. Porque el hecho es que en cada uno de estos ámbitos su contenido se determina con independencia de los demás, como se advierte en el párrafo de Chomsky que citaba más arriba. Solo una difusa confianza en la existencia de un correlato real de la palabra "lenguaje" hace de trasfondo y referencia general de un sentimiento no menos difuso de "estar hablando más o menos de lo mismo".

La TCL afronta esta situación en su efectiva fragmentación y se pregunta por la legitimidad humanística de cada uno de estos "objetos", de los objetivos de la investigación desde los que se los ha constituido, y de sus correspondientes métodos de investigación. Más allá de la cuestión obvia de la coherencia interna de los diversos métodos, la TCL se hace básicamente tres preguntas:

— ¿Para qué sirven una cierta constitución de un objeto y su investigación?

— ¿Es el objetivo de la investigación aceptable en términos del nivel crítico y de "humanismo" actualmente posible?

— ¿Los términos primitivos y los procedimientos del método de investigación están lo bastante depurados de posibles componentes ideológicos?

Estas preguntas son históricas y no metafísicas, esto es, buscan los juicios sobre la calidad no "por sí mismos", sino por referencia, en cada caso, al nivel de reflexión humanística que la historia ha hecho posible en un momento determinado.

3. Algunos elementos relevantes del trasfondo histórico e ideológico de la lingüística de los siglos XX y XXI

La mayor dificultad a la hora de ejecutar este programa de revisión crítica viene del hecho de que durante los siglos XX y XXI se han diseñado y desarrollado un montón de nuevos abordajes en el estudio del lenguaje sin tomar en consideración la mayor parte del trabajo lingüístico y filosófico anterior ni sus resultados. Además, la actual dinámica académica de publicaciones, evaluaciones y atribución de financiación y de plazas docentes en las universidades ha favorecido ampliamente ese tipo de nuevos arranques espontáneos, con solo que una cantidad suficiente de profesionales haya acumulado muchas nuevas aportaciones dentro de una cierta línea, y se las hayan publicado revistas de suficiente impacto. En el ámbito de las ciencias humanas la aceptabilidad sigue dependiendo en una amplia medida de modas y de relaciones de poder entre grupos.

Las indagaciones sobre la historia de la lingüística se han multiplicado en los últimos años, con grandes cantidades de publicaciones. No obstante lo cual, esta rama relativamente nueva de la lingüística actual no parece estar influyendo significativamente en el trabajo lingüístico usual. Su papel en la historia real de la lingüística reciente se parece más bien al de la historia de la medicina o de la física: proporciona informaciones interesantes y curiosas sobre épocas pasadas, pero la corriente principal de esos estudios *no se pone al servicio de la crítica y de la conciencia histórica de la investigación actual*. Una cierta excepción es la intensa investigación histórica promovida por la Prof. Gerda Hassler y sus colegas en la Universidad de Potsdam, con sus publicaciones en los *Beiträge zur Geschichte der Sprachwissenschaft en colaboración con Nodus Publikationen*.

Creo poder afirmar que gran parte de los estudios lingüísticos del último siglo ha roto con la línea anterior de progreso más o menos constante en el conocimiento del lenguaje. Exhibe un número llamativo de abordajes alternativos que se basan casi exclusivamente en la cultura, formación e intuiciones personales de sus fundadores. Y como la educación y las intuiciones suelen estar en consonancia con los prejuicios más populares en cada momento, esos fundadores (Saussure, Bloomfield, Sapir, Hjelmslev, Harris, Firth, Jakobson, Chomsky, Martinet, Lamb, Searle, Montague, Alarcos, Halliday, Dik, Chafe, Fillmore, Fodor, Van Dijk, etc.) han sido entendidos con facilidad y seguidos con entusiasmo por profesionales tan indiferentes a la historia de sus propias palabras e ideas como la mayoría de aquellos.

La consagración de sus propuestas en los congresos internacionales también se ha basado en una generalizada falta de interés por mirar atrás, a las posiciones más reflexivas y especulativas de los siglos precedentes. La titánica tarea teórica de Wilhelm von Humboldt simplemente quedó olvidada. Incluso la enorme cantidad de trabajo y resultados de la lingüística histórico-comparativa, al principio entre las lenguas indoeuropeas y más tarde también en las semíticas y otras familias, fue ampliamente dejada de lado por la corriente dominante de las nuevas teorías lingüísticas el siglo XX. Esta corriente se focalizó sobre todo en las lenguas maternas de los lingüistas, así que la teoría del lenguaje de los ingleses y americanos se centró en el inglés, la de los alemanes en el alemán, etc. La posición dominante de los países de habla anglosajona en la ciencia y en la política contribuyó a que sus lingüistas y su lengua se colocaran también en posición dominante.

Este desarrollo ha de considerarse como parte de la historia espiritual de Europa y de la cultura occidental. Es una historia en la que ciertos acontecimientos en muchos ámbitos han desempeñado un papel ideológico decisivo, y han contribuido a dibujar las luces y las sombras de las ciencias humanas en general, y de la "lingüística moderna" en particular.

Quisiera mencionar aquí algunos de los cambios que se han producido en este tiempo en el entorno social y cultural de las ciencias humanas y de la lingüística: la industrialización de los países occidentales, la expansión de la economía capitalista y el nacimiento de las sociedades y los medios de masas, la explotación colonial y postcolonial del "tercer mundo" y las protestas políticas y sociales que se han alzado contra ella, el desarrollo de las democracias modernas, las dos guerras mundiales y las profundas crisis espirituales que generaron, junto con la emergencia de regímenes totalitarios que mataron (y matan) a millones de personas. Más recientemente hay que destacar las nuevas tecnologías de la información y de la comunicación, el nuevo "liberalismo salvaje" y la globalización.

Estos y muchos otros acontecimientos y desarrollos en nuestros países han ejercido una profunda influencia sobre las vidas de los individuos y sobre su manera de entenderse a sí mismos, y han causado mucha *desorientación y desestabilización* a todos los niveles, condicionando en una gran medida incluso fenómenos tan puramente espirituales como la lingüística, la literatura y otros, en un sentido que me gustaría esbozar brevemente. Pero como ejemplo de lo anterior quisiera evocar las consecuencias de nuestra guerra civil, y del triunfo de la facción de la ultraderecha conservadora, en nuestras ciencias humanas, sometidas a censuras y autocensuras que no dejaron de influir en la huida de nuestros filólogos hacia lingüísticas formales, que no entraran en conflicto con las ideas y culturas que estudiaban las filologías, por ejemplo, las de la antigüedad pagana.

Antes de presentar los aspectos que considero más decisivos e influyentes en el trasfondo histórico de la lingüística de los siglos XX y XXI, quisiera advertir que esta narrativa *refleja el camino que tuve que hacer yo misma para formarme unos criterios fiables a la hora de juzgar la bibliografía lingüística.* Lo que sigue es, pues, también en parte la historia de mi propia experiencia con la historia de las palabras y de los conceptos que heredé, o que fui adquiriendo en el curso de mi biografía científica. No intento montar una descripción "objetiva" de la materia, indiferente al sujeto que la propone, sino que la que haga va a ser el *resultado de mi búsqueda científica y filosófica de la clase de verdad que puede tener sentido en relación con el lenguaje humano.* Y la propongo porque pienso, o espero, que pueda ser de utilidad también para la reflexión de otros. Como ya decía al explicar mi "teoría crítica de la lingüística", ninguna historia ni ninguna descripción de nada es independiente de las circunstancias personales de su autor. Para comprobarlo basta con comparar las diversas historias de la lingüística disponibles ahora en el mercado. Por eso creo que uno debería señalizar desde el comienzo la perspectiva y el horizonte desde el que monta las descripciones y teorías que propone a los demás.

La agitada, y en buena parte catastrófica, historia del siglo XX terminó con la anterior confianza general en un progreso constante y simultáneo del conocimiento y de la humanidad. Demostró de la forma más devastadora que regresiones a las actitudes más primitivas, crueles e inhumanas no se evitaban ni por el progreso material ni por el incremento del conocimiento.

El acelerado progreso material en los países occidentales, y los cambios sociales y políticos que conllevó, generaron *disrupciones extremadamente profundas en la vida de la mayor parte de la gente, y una intensa necesidad de orientación*. Casi nada quedó como antes: ni la cultura, ni la religión, ni la riqueza, ni las actitudes, ni el derecho, la política o la sociedad. Mucha gente reaccionó con miedo a lo nuevo e inesperado, o al contrario, con entusiasmo, y no pocas veces con ambas cosas a la vez. Tanto las actitudes conservadoras como las revolucionarias desarrollaron posiciones muy extremas. Era, y sigue siendo, muy difícil conservar un equilibrio personal en medio de tantos cambios, y tan rápidos.

La historia de las ciencias humanas desde finales del siglo XIX refleja con bastante claridad esta nueva dinámica, así como los conflictos personales y colectivos que provocó. Por todas partes, en la ciencia tanto como en las artes y la política, se *celebraron nuevos comienzos y sus promesas de redención respecto de los viejos males, reales tanto como imaginarios*. Demasiadas veces liderazgos carismáticos en todos los campos imaginables (desde la política hasta la filosofía y la propia lingüística) fueron aceptados y seguidos acríticamente por grandes masas, y esto incluso en los círculos supuestamente más cultos, como las universidades. Ideologías colectivas se impusieron gracias a la fuerza y al poder ejercidos por los líderes y la voluntaria, cuando no entusiasta, obediencia de muchos a los mismos. En las ciencias humanas contemporáneas se observa una extendida tendencia de los estudiosos a mantenerse integrados en "escuelas" con rasgos identitarios. Y las políticas científicas están favoreciendo intensamente esta tendencia al atribuir soporte financiero sobre todo a "equipos" en vez de individuos, lo que en las ciencias experimentales tiene todo el sentido, pero que no es extrapolable a las nuestras. Supongo que los ejemplos están en la mente de todos.

En el curso del siglo XX se asienta un curioso "canon" de pensadores universalmente admirados, que ha dominado ampliamente la vida académica en las ciencias humanas. Se consagraron autoridades, algunas no poco cuestionables, como Wittgenstein, a quien no solo se le perdonó que con el tiempo defendiera lo contrario de lo que propuso al principio, sino que se lo siguió venerando en la duplicación del "primer y el segundo Wittgenstein". El canon incluyó a Husserl, Heidegger,

Cassirer y otros celebrados neokantianos, los neopositivistas, los fenomenólogos estructurales de raíz husserliana, los filósofos analíticos, estructuralistas como un Lévy-Strauss, los existencialistas franceses o los postestructuralistas. En la lingüística estas alternativas teóricas se tomaron poco en cuenta, pero el clima intelectual generado por ellas ha influido perceptiblemente en la fragmentación del trabajo lingüístico en las muchas alternativas que coexisten ahora, así como en un cierto escepticismo general respecto de la importancia de fundamentar especulativamente las decisiones descriptivas y explicativas que se proponen.

Visto desde una perspectiva más general y menos disciplinar, se tiene la impresión de que en el paso del XIX al XX las personalidades humanas tuvieron que hacer frente a *una presión racionalista excesiva*: la mayor parte de los ámbitos del trabajo y de la vida diaria, antes muy reglados por las tradiciones y las necesidades de supervivencia, o bien, en algunos casos, abiertas a una libre configuración, se vieron sometidos *a formas nuevas y abrumadoras de racionalización derivadas de constelaciones económicas, sociales y políticas cada vez más complejas.* La vida se volvió predominantemente urbana, regulada por normas y necesidades mucho más exigentes que las de antes. El espacio de las personas se vio simultáneamente ampliado por el transporte y las comunicaciones y estrechado por la presión de los medios, por legislaciones cada vez más complicadas y detalladas, por vecindarios cada vez más densos y por limitaciones cada vez mayores del propio tiempo.

De este modo, la aceleración exponencial del progreso material y social llevó consigo una *aceleración también exponencial de los cambios en las circunstancias de la vida de cada uno.* El comienzo del siglo XX muestra señales de una profunda *desorientación* cultural y personal, y las dos guerras mundiales, la aparición de nacionalismos violentos y los sucesivos asesinatos en masa, justificados con ideologías más o menos delirantes, como el nazismo, el estalinismo, el maoísmo, los khmer camboyanos, los conflictos raciales y étnicos en las antiguas repúblicas soviéticas, etc., sin olvidar los asesinatos de los falangistas tras nuestra guerra civil: todos estos representan catastróficos pasos atrás en la evolución humana, y son sin duda las consecuencias extremas de una *profunda caída de la confianza en la razón por parte de las personalidades singulares.* De otro modo resulta difícil entender cómo tanta gente pudo aceptar y sumarse a ideologías y actitudes tan inhumanas.

El siglo XX ha mostrado una vuelta atrás en el humanismo de la que los humanistas deberíamos extraer lecciones. Deberíamos, ante todo, cultivar una intensa conciencia de la fragilidad de la razón humana *y trabajar duro por fortalecerla.*

La evolución de las ciencias humanas en el siglo XX es un elocuente testimonio de esta vuelta atrás. Desde sus comienzos en el Renacimiento europeo, el humanismo se configura como una *actitud ética de crítica a cualquier restricción de la racionalidad individual, tanto ideológica como institucional.* También como una búsqueda de maneras de organizar la vida humana que eviten el sufrimiento insensato y evitable. Sin embargo, a medida que crece la intensidad de la presión sobre las vidas de los individuos, la resistencia individual racional a esas mismas presiones se hace cada vez más difícil, y las posibilidades de los individuos de influir de algún modo en la organización de la sociedad se vuelven cada vez menores. En esta época de *progreso científico y tecnológico* acelerado, los sistemas universitarios europeos (que en parte se desarrollaron como sistemas de educación y formación profesional, y en parte como el espacio de la libre conciencia crítica), recibieron el encargo de impulsar y continuar *ese* progreso a través de conocimientos técnicos cada vez mayores. La perspectiva humanística en y sobre las universidades perdió gran parte de su esfera de influencia, en parte porque ya no se sentía su necesidad como antes.

Por otra parte, el alto grado de especialización que también se impuso en las disciplinas humanísticas durante el siglo XIX, su creciente rigor metodológico, las nuevas posibilidades de someter las capacidades humanas a investigación experimental, y los arrolladores descubrimientos que se fueron haciendo en la investigación de culturas pretéritas y extrañas, todo ello contribuyó algo paradójicamente al *declive de la relevancia pública del trabajo humanístico*. Y es que la sabiduría humanística se convirtió paulatinamente, por la naturaleza de su propio desarrollo, en una rama más del árbol de la ciencia, una que, por cierto, requería para su comprensión un entrenamiento no menos específico que las ciencias naturales (en algunos casos incluso mucho mayor), lo que hacía que sus resultados no fuesen más fáciles de entender que los de estas, ni más fáciles de incorporar a la vida pública como criterios orientativos. Leer ciertas monografías sobre la lingüística histórico-comparativa de las lenguas indoeuropeas, sobre pedagogía, sobre filosofía o sobre historia antigua a finales del siglo XIX exigía una cualificación personal no inferior a la necesitada para entender una monografía sobre química o matemáticas. Solo que los beneficios de esta investigación ya tan compleja iban siendo cada vez menos evidentes. Sus resultados parecían quedar muy lejos de lo que es relevante para las cuestiones propiamente humanas básicas de las que había surgido el impulso humanista.

La lingüística histórico-comparativa era sin duda la rama del conocimiento humanístico mejor posicionada para favorecer la crítica ideológica por medio de la comparación de los diversos discursos culturales e históricos. Mi experiencia personal en esto no puede ser más significativa: leer las Upanishad indias en su lengua, desde el trasfondo literario e ideológico del Rigveda, me permitió arrojar sobre el desarrollo especulativo europeo una luz impensable sin ese elemento de contraste, cosa que se refleja en mi libro *Los poemas del ser y el no ser y sus lenguajes en la historia*. Esa lingüística indoeuropea vivió al mismo tiempo sus más increíbles descubrimientos y logros empíricos y su mayor alejamiento respecto de las preocupaciones sobre el lenguaje que asomaban en esas sociedades en proceso acelerado de cambio. Se había convertido en una especialidad demasiado difícil y bastante esotérica.

La filosofía, antes el campo de la reflexión personal de la gente culta y el fundamento de la resistencia humanística a las presiones ajenas sobre la conciencia, se había convertido también en una disciplina muy compleja, incluso técnicamente. Solo un amplio bagaje cultural, incluidas las lenguas extranjeras y clásicas, así como una experiencia propia con los monumentales escritos filosóficos del idealismo alemán, cuya comprensión requería años de estudio, garantizaba el acceso al trabajo académico. La *relevancia práctica* del razonamiento crítico de pensadores como Hume, Leibniz, Kant y Hegel sobre el conocimiento humano acabó siendo *apenas inteligible* para nadie que no estuviese lo bastante entrenado en el esotérico lenguaje de esos gigantes de la crítica racional y de sus sucesores. Y la gran mayoría de estos se desentendió de las cuestiones prácticas, sociales, económicas y psicológicas. De este modo la filosofía experimentó al mismo tiempo su mayor avance en el cumplimiento de sus objetivos teóricos y su mayor alejamiento del nivel de comprensión de la gente de a pie, cuyos problemas espirituales justamente pretendía resolver.

Este gran desarrollo técnico tanto de la filosofía como de la lingüística, y su creciente alejamiento del nivel de la discusión de los problemas cotidianos, son parte del *divorcio entre el nivel de conciencia crítica alcanzado en ellas y el trabajo ordinario sobre el lenguaje y la educación en la sociedad y en las políticas e instituciones educativas.*

Durante el siglo XX la lingüística se desarrolló en su mayor parte de espaldas a las otras ciencias humanas. *Descuidar la atención a sus avances y regresiones condicionó una historia y desarrollo propios un tanto "autistas".* La historia de la lingüística moderna puede leerse en buena medida como la de una sostenida reluctancia a tomar en consideración su propio contexto histórico, social y cultural y a reflexionar conscientemente sobre él. Corrientes de pensamiento que alcanzaron gran influencia en ese contexto (existencialismo, fenomenología, teoría crítica de la sociedad…) quedaron en su mayor parte ignoradas, y esta ignorancia explica ampliamente la fisonomía del desarrollo lingüístico de las últimas décadas. La excepción aparentemente más llamativa sería la de las llamadas "ciencias cognitivas", de las que me ocuparé más adelante. Pero se trata en parte de un espejismo: la conexión entre la lingüística generativa, las neurociencias y la psicología experimental, más superficial de lo que sugieren sus abundantes tecnicismos, permitía a los lingüistas acercarse aún más a unas "ciencias propiamente dichas" que los redimiesen de su sospechosa falta de cientificidad, dicho sea algo groseramente.

La divergencia entre el nivel de conciencia crítica ya alcanzado en la filosofía y otras ciencias humanas (y baste recordar aquí al sociólogo Max Weber y su inteligente crítica epistemológica), y el trabajo concreto sobre el lenguaje en la investigación y en la enseñanza, resultó ser un factor ominoso dentro de la nueva tendencia general a *evitar la complejidad de la conciencia* (reduccionismo) y a intentar *simplificar* la percepción de la realidad y del lenguaje. Lo que el sociólogo y filósofo alemán Niklas Luhmann había llamado "reducción de complejidad"[70], y que él presentó como una de las principales estrategias de supervivencia de los sistemas y de los organismos, caracteriza bien la actitud general de los profesionales humanísticos en el periodo fundacional de las ciencias humanas del siglo XX. Los espectaculares progresos de las ciencias experimentales y formales parecían ofrecer el paradigma adecuado para escapar de viejas complejidades "innecesarias", y un resuelto *cientificismo* empezó a adueñarse del ámbito de las ciencias humanas.

Incluso en las universidades, el nivel de conciencia alcanzado en la primera mitad del siglo XIX no se consolidó. Después de Hegel la filosofía académica produjo montones de libros que revelan que sus autores no habían comprendido realmente sus progresos, ni siquiera muchas veces los de Kant, ya un clásico para entonces. El poderoso impulso que pudo experimentar el pensamiento *escéptico* derivado del idealismo alemán y de sus reflexiones epistemológicas se fue desvaneciendo. Nuevos temas pasaron a ocupar el primer plano del trabajo de los filósofos, que empezaron a preocuparse por esferas concretas de la experiencia humana: la vida humana misma, el alma humana, la sociedad, la economía, la o las culturas, el lenguaje, la religión, las "formas simbólicas", así como las nuevas doctrinas sociales y políticas, sobre todo el marxismo y el positivismo empírico. La atención a estos temas se convirtió en la corriente dominante de la vida académica.

En la filosofía estos "objetos" se abordaron sobre todo desde la perspectiva de la cultura en general, del sentido común, de los descubrimientos científicos y de las *creencias* personales. Y como era de esperar, volvieron a surgir *construcciones metafísicas*, y los viejos hábitos metafísicos encontraron de nuevo su camino en la discusión académica, en forma de cuestiones como "qué es verdaderamente el ser". Dar la espalda a la crítica epistemológica radical de Kant o Hegel resultó en un retorno de los filósofos a la *confianza ingenua en los significados de sus propias palabras*, de lo que es un ejemplo elocuente "El ser y el tiempo" de Heidegger.

Estas nuevas preocupaciones de la filosofía, desconectadas ya de la crítica epistemológica radical de los viejos maestros, arrojaron productos culturales que ya no se entendían como "filosofías", sino como "teorías" o incluso "doctrinas" (mientras se empezaba a llamar "filosofía" a cualquier actitud más o menos compartida por grupos cualesquiera). Basta recordar los logros de Marx en el estudio de las relaciones económicas y políticas, así como sus previsiones sobre el futuro de la sociedad humana, que se convirtieron en una verdadera *doctrina* política y ejercieron

---

70. N. Luhmann, *Soziologische Aufklärung*, 1970.

una influencia inmensa en sociedades de todo el mundo. El propio Marx rechazaba la filosofía académica porque se limitaba a pensar sobre la sociedad en lugar de intentar cambiarla. Esto contribuyó a un profundo descrédito de la filosofía académica en el contexto del pensamiento social y político.

Y esto acabó afectando también a la lingüística y a la teoría del lenguaje, que parecían haber hallado su propio camino para dominar su campo de trabajo, y que prestaron poca o ninguna atención a los desarrollos recientes de la filosofía, incluso de aquellos que habrían podido (y debido) integrarse en la teoría del lenguaje.

La famosa interpretación de Comte de la historia de las ideologías humanas y su transición de la religión al positivismo, con la metafísica como estadio intermedio[71], refleja bien el cambio de actitud hacia la tarea real del pensamiento teórico. De hecho, una parte de lo que antes se consideraba filosofía pasó a ser teoría social o sociología. Es el caso de Max Weber, que no obstante conservó una profunda conciencia crítica sobre el conocimiento de los fenómenos sociales.

La famosa *Filosofía de las formas simbólicas* de Ernst Cassirer[72], que se ocupa ampliamente del lenguaje, ilustra también bien el nuevo estilo de la reflexión filosófica. Un libro indudablemente inteligente, está sin embargo repleto de meras opiniones basadas en la actitud cientificista general de su tiempo. Su tratamiento del lenguaje suena extrañamente banal, sobre todo si se lo compara con Humboldt, a pesar de que ciertamente intenta fundar un abordaje nuevo y más productivo de la filosofía del lenguaje. Los lingüistas prácticamente lo ignoraron.

El psicólogo, filosofo, lingüista y pedagogo Karl Bühler ejerció una notable influencia sobre la nueva lingüística con su *Sprachtheorie* (1934)[73]. Propuso un *modelo* muy simple de las funciones del lenguaje, que denominó *Kundgabe, Auslösung* y *Darstellung* (más o menos "expresión, apelación y presentación"), relacionadas respectivamente con el emisor, el receptor y los objetos de la realidad. Este "órganon" fue directamente adoptado por muchos lingüistas en la parte especulativa de sus trabajos. Representaba un enorme paso atrás si se lo compara con teóricos anteriores como el propio Humboldt. Pero su simplicidad y aparente evidencia salían al encuentro de una necesidad generalizada de verdades sencillas y de conceptos fáciles de operacionalizar en la investigación. Y el modelo proporcionaba también un sencillo punto de partida para ulteriores teorías de la comunicación como la "matemática" de Shannon-Weaver[74]. Todos esos modelos, como la misma gramática generativa, acabarían siendo de utilidad para las *tecnologías de la comunicación*, pero han prestado magros servicios a la comprensión del lenguaje humano.

---

71. A. Comte, *Cours de Philosophie positive* (1830-42), Paris 1989.

72. E. Cassirer, *Philosophie der symbolischen Formen*, Berlin 1923.

73. K. Bühler, *Sprachtheorie* (1934), Jena 1934.

74. E. Shannon, W. Weaver, *The Mathematical Theory of Communication,* 1963.

En el Reino Unido el *pragmatismo* moderno iniciado en los Estados Unidos por Peirce, Dewey y William James, con profundas raíces en la tradición filosófica inglesa, sí que se extendió pronto a la lingüística[75]: el pragmatismo siempre había caracterizado gran parte del pensamiento inglés. A comienzos del siglo XX dio lugar a una nueva y potente orientación del pensamiento lingüístico[76], que acabó inspirando también las corrientes dominantes de la lingüística occidental, cuando ya los modelos estructuralistas y formalistas empezaban a dar señales de agotamiento. Lamentablemente este abordaje era muy ajeno a los avances filosóficos de la crítica epistemológica, así que carecían de las herramientas necesarias para criticar coherentemente la metafísica inherente a los nuevos axiomas espontáneos.

Los dos filósofos más influyentes de la primera mitad de Centroeuropa fueron, desde luego, Edmund Husserl y Martin Heidegger. Y aunque ambos se ocuparon intensamente del lenguaje humano, ninguno de los dos parece haber ejercido la menor influencia sobre la nueva lingüística. Ambos eran totalmente ajenos al trabajo de gramáticos y filólogos, y desarrollaron un vocabulario propio, más bien esotérico, que no parecía tener aplicación sensata a la investigación lingüística. Heidegger se mostraba convencido de que las palabras griegas antiguas eran inherentemente más verdaderas que las actuales, y porque estas no le bastaban, se dedicó a inventarse otras, supuestamente capaces de evitar las connotaciones equivocadas del vocabulario común en la filosofía occidental moderna. Ambas cosas contribuyeron a desacreditar la posible ayuda de la filosofía contemporánea a la lingüística.

El otro movimiento espiritual masivo de comienzos y mediados del siglo XX en Europa fue el *existencialismo*. Su soporte filosófico más concienzudo se debe a Heidegger, pero el autor que más influyente y popular se hizo fue el francés Jean Paul Sartre. Pero por lo que yo sé, este movimiento espiritual no llegó a ejercer ninguna influencia reconocible en el desarrollo de las ideas lingüísticas, que estaba orientado cada vez más a los formalismos.

Otra corriente filosófica que podría y debería haber tenido consecuencias en el ámbito de la lingüística es la nueva hermenéutica de H.G. Gadamer y sus seguidores. Su libro *Wahrheit und Methode*[77] tuvo pronto una influencia tangible en la filosofía, el derecho y la teología. En cambio, asombrosamente, su efecto sobre

---

75. La bibliografía pragmática o pragmatista es inabarcable. Me limitaré a citar una de las obras más influyentes, la de Ch.S. Peirce, "How to Make our Ideas Clear", *Popular Science Monthly 12* (1878), o su *The Founding of Pragmatism* (1906), publicado en The Hound & Horn 3 (1929).

76. La obra temprana más influyente fue la de J.L. Austin *How to Do Things with Words*, una refrescante reflexión sobre el aspecto pragmático del lenguaje vivo. J.R. Firth en lingüística y J. Searle en filosofía fueron sus continuadores más destacados y tuvieron una gran resonancia en los setenta del pasado siglo.

77. H.G. Gadamer, *Wahrheit und Methode*.

la crítica literaria fue más bien escaso, y en la lingüística se lo ignoró, pese a que su lenguaje, más actual que el de los clásicos y bastante asequible, podría haber contribuido a incrementar la conciencia de las presuposiciones teóricas y metodológicas del trabajo lingüístico. Pero la obra de Gadamer era más cultural que epistemológica, y su hermenéutica resultaba también algo difusa.

Lo cierto es que la bibliografía no lingüística que más influyó en los fundadores de la nueva lingüística fue sin duda la sociológica. Coseriu mostró en un famoso artículo la estrecha afinidad entre De Saussure y el sociólogo francés Émile Durkheim, el teórico de los "hechos sociales"[78]. Sin embargo, pocos lingüistas fueron conscientes de las raíces sociológicas de algunos de sus axiomas. Incluso en las primeras fases de la teoría sociológica del siglo XX el "modelo" de la lingüística estructural se convirtió en una especie de paradigma para el tratamiento científico de las sociedades, instituciones e ideologías humanas. La antropología estructural es un buen ejemplo de esta influencia.

En el ámbito anglosajón nombres como Parsons, Merton o Dahrendorf se convirtieron en los más influyentes en la sociología. Su metodología positivista había recibido un fuerte apoyo filosófico por parte de Karl Popper[79]. Sin embargo, este desarrollo de las ciencias sociales no tuvo apenas reflejo alguno en la lingüística, que debería pasar mucho tiempo dedicada a un pensamiento gramatical formalista antes de percibir la necesidad de tomar en consideración la dimensión social del hablar y a que se iniciase una nueva "sociolingüística". Ni el desarrollo de "teorías generales de los sistemas"[80] en el marco de la sociología, ni la fundación de la "cibernética"[81], afectaron al pensamiento sobre los sistemas lingüísticos, al menos hasta mucho más tarde. Durante décadas la manera de entender "sistema" y "estructura" en la lingüística se mantuvo ajena a los avances de las teorías de los sistemas en la sociología y en las matemáticas, y siguió siendo bastante primitiva y meramente intuitiva.

A comienzos de los sesenta los sociólogos críticos de la llamada "Escuela de Frankfurt" denunciaron el componente ideológico y fuertemente conservador de la sociología empírica positivista en una larga serie de seminarios y publicaciones. Su enérgica crítica a los métodos y objetivos de las ciencias humanas desempeñó un importante papel en los movimientos intelectuales y culturales que desembocaron en el "Mayo francés" de 1968, y ejerció una tangible influencia en toda una

---

78. E. Coseriu, "Ferdinand de Saussure und Georg von der Gabelentz...": 32-41.

79. K. Popper, *The Open Society and its Enemies*.

80. W.F. Buckley, *Modern Systems Research for the Behavioral Scientist*, 1968; Bertalanffy, Ludwig Von (1962), *General System Theory - A Critical Review. General Systems* 7, 1-20. Boulding, K. (1956), "General Systems Theory – The Skeleton of the Science". *Management Science*, 2(3), 197-208. Buckley, W., *Sociology and Modern Systems Theory*; Prentice-Hall, New York, NY, 1966.

81. N. Wiener, *Cybernetics or Control and Communication in the Animal and the Machine*.

generación de intelectuales críticos en Europa. No obstante, el trabajo pionero de Th. Adorno y Max Horkheimer derivó con frecuencia en una denuncia rutinaria y superficialmente marxista de las relaciones de poder y de las ideologías conservadoras en todo tipo de discursos.

A comienzos de los sesenta Th. Adorno y K. Popper iniciaron una discusión sobre la lógica interna de la ciencia social, y pronto se unieron a la polémica teóricos como J. Habermas y H. Albert. El conjunto se publicaría poco más tarde bajo el título *Der Positivismusstreit in der deutschen Soziologie*. Esta polémica podría haber sido un punto de partida productivo para la incorporación de la lógica dialéctica a los métodos de las ciencias humanas y de la lingüística, pero nuevamente el episodio pasó sin mayores consecuencias. Habermas, el filósofo contemporáneo más famoso de los que salieron de la Escuela de Frankfurt, pronto derivó hacia una filosofía analítica de cuño propio, y formuló una "teoría de la acción comunicativa"[82] que, a pesar de su abrumador desarrollo y la universalidad de sus fuentes bibliográficas y su popularidad, apenas ha convencido a los propios filósofos y no ha tenido el menor reflejo en la lingüística. Me temo que, dentro de esta, el único intento serio de aplicar las ideas ilustradas de los teóricos de Frankfurt a un enfoque productivo de la lingüística sea el libro que está Ud. leyendo ahora mismo, con su "teoría crítica" del lenguaje y de la lingüística.

Desde el segundo tercio del siglo XX la filosofía académica se ha desarrollado sobre todo como *"filosofía analítica"*. Esta corriente se ha ocupado, y mucho, del lenguaje, hasta el punto de que su aparición recibió la calificación de "el giro lingüístico de la filosofía". Se señala como su comienzo el extraño libro de Wittgenstein *Tractatus logico-philosophicus*. En su secuencia una pléyade de filósofos académicos a ambos lados del Atlántico desarrolló todo tipo de reflexiones sobre el papel del lenguaje en el conocimiento. La filosofía analítica se convirtió pronto en la corriente dominante, y ciertamente contribuyó a la conciencia lingüística de la época con apreciaciones inteligentes y sensatas. Pero nuevamente esta literatura tuvo muy poca influencia sobre la lingüística propiamente dicha. Se trataba de un abordaje totalmente ajeno a los teóricos del XIX que he mencionado aquí. Los filósofos analíticos desarrollaron con frecuencia una extraña inclinación a argumentar a partir de posiciones antiguas y medievales, y crearon estereotipos como "el escéptico", "el nominalista", "el racionalista", "el realista", etc[83]. No pocos de entre ellos se confrontaron también con Kant, pero entendiéndolo sobre todo desde el neokantismo, una tradición mucho menos crítica.

Y sí que se produjo alguna interrelación entre filósofos analíticos y lingüistas generativos, pero en lo que se me alcanza, no ha habido ninguna incorporación

---

82. J. Habermas, *Theorie des kommunikativen Handelns*.
83. G. Abel, *Interpretationswelten*.

real de la reflexión filosófico-analítica a la lingüística, y esta ha sido escasamente tenida en cuenta por los filósofos, aunque aquí y allá se encuentran entre ellos adopciones bastante acríticas de las ideas de Chomsky, que con el tiempo ha pasado incluso a ser llamado filósofo. En la filosofía analítica el tratamiento del lenguaje fue más bien de tipo "logístico", como en el caso de Donald Davison[84], que se apoya sobre todo en la tradición de los lenguajes formales de Tarsky, Frege, etc.

Solo en fechas recientes el desarrollo de las "ciencias cognitivas" ha traído consigo una colaboración más estrecha entre lingüistas, filósofos analíticos, psicólogos experimentales y neurocientíficos. Me ocuparé de esto en un capítulo propio, ya que implica cuestiones relevantes desde el punto de vista de la TCL.

Me gustaría, para concluir este apartado, mencionar la nueva *psicología* como factor importante en la nueva lingüística desde comienzos del siglo XX. Desde mediados del XIX los lingüistas tuvieron claro que la psicología es un elemento central en el lenguaje, y el "psicologismo" apareció pronto como actitud lingüística. El primer impulso que le vino a la lingüística de la psicología académica se debió a la *Völkerpsychologie*[85] de W. Wundt, contra la cual Hermann Paul ya había argumentado. Este abordaje duró algunas décadas gracias a la publicación de la revista *Zeitschrift für Völkersychologie und Sprachwissenschaft*. La fundaron y dirigieron M. Lazarus y H. Steinthal, y se publicó desde 1860 hasta 1890. Esta orientación no dio los frutos esperados y finalmente quedó arrumbada.

Por su parte Wundt, que procedía de la investigación fisiológica, fundó la primera psicología propiamente experimental en Alemania, mientras en los Estados Unidos W. James llevó también a cabo experimentos con sensaciones, percepciones, emociones, etc.

Esta nueva rama de la psicología científica hizo progresos significativos y animó a muchos lingüistas a intentar dar explicaciones psicológicas de hechos gramaticales. Como veremos, Hermann Paul había declarado resueltamente que el lenguaje es ante todo una instancia psicológica. Desde entonces argumentos psicológicos han sido aducidos con frecuencia para hacer plausibles hechos y desarrollos lingüísticos singulares. La obra del francés Gustave Guillaume (1883-1960) marca la emergencia de una rama propia de psicolingüística que más tarde se extendería a todo el mundo, aunque ya con objetivos y métodos diferentes. A comienzos del XX se trataba sin embargo de una corriente marginal, con escasa influencia sobre el desarrollo de la nueva lingüística, que por entonces se preocupaba sobre todo por elucidar *los rasgos estructurales de la verbalidad humana* y del lado social y comunicativo del lenguaje.

---

84. D. Davidson, "Truth and Meaning".
85. W. Wundt, *Elemente der Völkerpsychologie*, Kröner, Leipzig 1912.

El psicoanálisis freudiano no tuvo la menor repercusión en la lingüística, a pesar de que su nueva antropología cambió del modo más radical la manera de entenderse a sí mismos de los seres humanos tanto dentro de la cultura occidental como más allá de sus fronteras. Se trata de un hecho sorprendente y que merecería una investigación propia.

El desarrollo cada vez más divergente de la lingüística y de la filosofía ha demostrado lastrar la comprensión de la verdadera naturaleza del lenguaje humano. Tras el trabajo crucial de Hermann Paul[86], la lingüística empírica renunció en su mayor parte a toda especulación teórica sobre el lenguaje humano, y su necesidad quedó confiada al sentimiento de cada uno. Aunque algunos lingüistas singulares aportaron trabajos valiosos, su efecto fue apenas perceptible. La filosofía había aterrizado lejos de las preocupaciones de lingüistas y filólogos, incluso en mitad de su propio *"linguistic turn"*. La mayoría se movía en torno a las ciencias naturales e intentaba imitarlas en lo posible. Un cientificismo generalizado colonizó el trabajo académico en las disciplinas humanísticas, y estas empezaron a competir entre sí por sonar cada vez más como ciencias propiamente dichas.

Fue el comienzo de los "modelos" en las ciencias humanas. Los "modelos" son esquemas hipotéticos, diagramas o edificios conceptuales que se supone que copian porciones de la realidad, esto es, son desarrollos formales de intuiciones sobre esta que no se pretenden ontológicamente correctos o verdaderos, y en los que, como en la ciencia experimental, simplemente se intenta *hacer algo que pueda demostrarse que arroja resultados válidos, o no*. Del mismo modo que un resultado negativo de un experimento incrementa nuestro conocimiento porque demuestra que una cierta hipótesis era equivocada (lo que Popper llamó "falsification" o "falsación"), un modelo que fracase incrementará igualmente el conocimiento al demostrarse equivocado. Los modelos fallidos dan pie a *cambiar de modelo*, una tarea que genera entre los investigadores la misma satisfacción que la verificación de una hipótesis. Un cambio de modelo genera nuevas publicaciones tentativas que se citan unas a otras y refuerzan así la posición académica de todos. Es algo mucho más gratificante que reflexionar teóricamente sobre los posibles errores básicos responsables del fallo del modelo anterior, una reflexión que habría de conectar con la epistemología filosófica.

Dentro de la lingüística, la teoría del lenguaje se fue desarrollando prácticamente sin la menor fundamentación filosófica, así que siguió reproduciendo en buena medida los viejos prejuicios metafísicos. La ruptura entre los teóricos de la lingüística sincrónica y los lingüistas histórico-comparativos, presentada al principio como un avance en la comprensión del lenguaje humano, resultó ser más bien

---

86. Hermann Paul, *Prinzipien der Sprachgeschichte*, Tübingen 1875.

un espejismo, producido por la ignorancia de la filosofía del lenguaje, sobre todo desde Humboldt y Hermann Paul, y de las profundas implicaciones teóricas de los descubrimientos de la lingüística histórica.

La lingüística teórica durante el siglo XX ha estado basada en su mayor parte en una deliberada y resuelta *ignorancia de la historicidad del lenguaje humano*. Incluso dentro de la lingüística histórica, que también hizo grandes avances, se produjeron algunos malentendidos metodológicos por causa de esta ignorancia, singularmente en el terreno de las reconstrucciones de sistemas prehistóricos basadas en razonamientos estructuralistas estrictos y bastante ahistóricos, como es el caso respecto del verbo indoeuropeo, a cuyo pasado se le atribuyen rasgos y estructuras más deducidas de principios estructurales que de datos empíricos. Pero, aun así, la lingüística histórica no ha dejado de ser el refugio de las formas más sensatas de entender el lenguaje real. Y es un hecho que una de las críticas más lúcidas a la ideología de la gramática generativa fue obra del indoeuropeísta Raimo Anttila[87] (la otra lo fue de los filósofos Hacker y Baker en su inolvidable *Language, Sense and Nonsense, a Critical Investigation into Modern Theories of Language*).

4. Excurso sobre el tiempo, la paradoja, el control y la muerte

La historicidad de la humanidad es su *finitud*. Los seres humanos estamos cambiando sin cesar, desde que nacemos hasta que morimos. Dotados de una peculiar capacidad cognitiva, la de concebir "el todo", los seres humanos somos capaces de concebir el universo con nuestros cerebros, pero sabemos que nuestra conciencia está cambiando y modificándose de continuo, y que al final morirá y se desvanecerá. El cerebro humano reacciona a este conflicto absoluto con reflexiones que intentan conciliar nuestro poder de conocer, aparentemente ilimitado, con la certidumbre de la propia aniquilación. *Pero no hay conciliación posible*. Los seres humanos somos criaturas paradójicas de la evolución de la vida, almas milagrosas encarnadas en cuerpos efímeros, o más bien cuerpos efímeros que han desarrollado unas "almas" milagrosas: "En la acción cual ángeles, en la aprehensión cual un dios"[88]. La nuestra es una grandeza poética – o una patética confusión.

Las ciencias humanas son parte de las estrategias de la humanidad para lidiar con nuestro trágico destino. Pero creo que en esto los mayores logros son los poéticos[89].

Las ciencias humanas tienen que ver con *la paradoja de la existencia humana*. Esta paradoja la perciben intensamente los individuos, sobre todo durante la fase

---

87. R. Anttila, *Historical and Comparative Linguistics,* 1989.
88. Shakespeare, *Hamlet.*
89. *Cfr.* A. Agud, *Los poemas del ser y el no ser y sus lenguajes en la historia.*

de la vida en la que la conciencia que reflexiona sobre sí misma surge espontáneamente: en la adolescencia. Lamentablemente, en esta etapa solo algunos reciben las herramientas mentales necesarias para manejarse certeramente con cuestiones tan turbadoras como la del "sentido de la vida". Mucha gente joven se intenta refugiar en estrategias de escape: indiferencia, altruismo, religión, ideologías identitarias, drogas, en la persecución cínica del éxito material o en las luchas por el poder. Solo en pocas ocasiones las instituciones educativas les proporcionan la guía que necesitan, ya que *los adultos formados en las instituciones académicas han experimentado en ellas pocas veces un tratamiento intelectual serio de los principales problemas teóricos de los que tratan las ciencias humanas.* La vida académica está demasiado atareada con cuestiones técnicas, que se plantean como las estrategias de los adultos para no tener que reflexionar sobre las paradojas fundamentales de la existencia humana. Los sistemas educativos occidentales son en buena parte *organizaciones institucionalizadas de reprimir éstas* y de sugerir algún tipo de *seguridad mental* a base de someter esas cuestiones al tipo de tratamiento que tan productivo se ha mostrado en la esfera material de la tecnología.

Los profesores que salen de nuestras universidades han aprendido en ellas sobre todo a evitar los conflictos más profundos de la personalidad, por medio de lo que Marx llamó la "superestructura" (*Überbau,* más bien "montaje") de la cultura, en lugar de afrontarlos con buenas herramientas racionales (no "racionalistas"), y esta es la razón por la que Hegel afirmó que la *Bildung* (cultura y formación cultural) es "el mayor adversario del espíritu"[90]. Han aprendido a desviar el interés por esta clase de conflictos hacia los márgenes de la cultura: hacia la filosofía y la poesía. Pero también los profesionales académicos de la filosofía y de la poesía han sido entrenados sobre todo en evitar esas cuestiones en sus respectivos campos de actividad intelectual, por medio de "modelos" de esto y lo otro[91]. Hay por supuesto notables excepciones, pero no dejan de ser excepciones[92].

La poesía, o el arte en general, es la habilidad de "mantenerse teleológico sin objetivo", por decirlo en las lúcidas palabras de Kant[93]. Es la capacidad de crear y disfrutar de belleza "sin conceptos"[94]. Estas son las dos proposiciones paradójicas que, en mi opinión, reflejan y conceptualizan mejor la paradoja del "objeto" al que se refieren.

---

90. G.W.F. Hegel, *Phänomenologie des Geistes,* cap. VI B.

91. La actual "filosofía de la mente" está llena de este tipo de "modelos de la conciencia", y mucho me temo que con este desarrollo la filosofia corre el riesgo de caer en las mismas trampas que la lingüística del siglo XX.

92. Entre las excepciones más potentes en tiempos recientes quiero mencionar la ya citada obra de Josef Simon, muy centrada en la filosofía del lenguaje.

93. I. Kant, *Kritik der Urteilskraft 1, 11:* 96.

94. Id. 1,6: 80.

El ser humano es "intencional". Persigue propósitos y objetivos por medio de una "razón" que le capacita para ser eficiente y alcanzar esos objetivos. No puede, sin embargo, definir un "objetivo" general sin caer en ideologías metafísicas sobre el verdadero objetivo de la humanidad, que al final han resultado más dañinas que la propia usual desorientación. ¡Dios nos libre de los profetas mundanos del objetivo de la historia! Proyectar la racionalidad de medios y fines sobre el conjunto de la vida humana es un grave error teórico y un cortocircuito intelectual.

La humanidad solo existe en y como individuos, cada uno de los cuales es *una galaxia semántica propia*. El sentido de las cosas es algo que cada uno va construyendo a lo largo de su vida a su manera, y en su mayor parte de modo inconsciente. *El lenguaje de cada ser humano es la "sustancia" de ese "sentido"*. Es la capacidad subyacente de estructurar el mundo de acuerdo con la coherencia o incoherencia, sobre todo inconsciente, de la propia historia y del propio universo simbólico. Es lo que "hacemos" todo el rato dentro de nuestros cerebros, y es también el medio de expresar nuestras ideas, intenciones o sentimientos de cara a los demás. Cuando hablamos "con sinceridad" nos "sentimos auténticos", pero la realidad es que *controlamos más bien poco la mayor parte de nuestro hablar*, que surge de la efervescente actividad continua de nuestras neuronas más o menos "a su antojo". Freud hablaba de "eso" (*el "es"*), que ocurre y decide, como de la parte de nosotros mismos que se opone al "yo" y que lo condiciona mientras este no aprenda a ejercer *algún* control consciente sobre ese "ello".

Así, la paradoja de la conciencia humana, su conflicto entre su capacidad de concebir el universo entero y su condición al mismo tiempo limitada y efímera, está conectada con esa otra paradoja más de que *somos "conscientes" solo desde el fundamento de procesos en su mayor parte inconscientes*. En la poesía, personas dotadas de una habilidad singular e indefinible, logran "hablar" de un modo que *en algún sentido permite al inconsciente compartir el control del hablar con la racionalidad consciente*. El resultado es una expansión espectacular del horizonte de la mente. Nos proporciona la sensación de estar viendo más allá de las estrategias de escape habituales de la razón pragmática. *La poesía abre un espacio simbólico para manejarse con las paradojas sin reprimirlas*. Y por supuesto que siguen siendo paradójicas. Pero se las expresa. Obtienen cierta forma[95]. Las nuevas formulaciones poéticas ayudan a afrontar de otra manera los propios conflictos internos. Son acercamientos "contemplativos", que devienen "especulativos" si uno se esfuerza por desarrollarlos de manera discursiva. La parte especulativa es filosofía.

---

95. Tal vez el poeta moderno que ha comprendido del modo más inteligente esta tarea de la poesía sea el español Antonio Machado. Le he dedicado el último capítulo de mi libro *Los poemas del ser y el no ser*. Para una reflexión actualizada sobre el lenguaje considero que su obra, tanto en verso como en prosa, es de lo más productiva e inspiradora.

En este sentido específico *una "ciencia humana" solo sigue siéndolo mientras se mantiene filosófica, esto es, en la medida en que se atreve a afrontar la razón real por la que se cultivan tales "ciencias",* que es el *esfuerzo consciente por afrontar las paradojas humanas de un modo inteligente, discursivo y responsable.* Y marra su objetivo, y deja de hacer su trabajo, si reemplaza este esfuerzo con estrategias de escape. Gran parte de la actividad de muchos "científicos humanos" en la actualidad se dedica justamente a esas estrategias de sustitución, a producir lo que Freud llamó *Ersatzbefriedigungen* (satisfacciones sustitutivas) en el plano intelectual. Esta es la verdadera función de gran parte del trabajo sobre modelos dentro de las ciencias humanas: construir un modelo de las "competencias" humanas (como la lingüística, o la poética) sustituye a la reflexión crítica sobre el lenguaje y la poesía humanas. Esta reflexión es la que permitiría distinguir entre lenguaje mejor y peor, entre poesía buena y mala, y ayudaría a afrontar inteligentemente las muchas paradojas de la vida.

Construir modelos proporciona la sensación de tener las cosas bajo control. La definición del lenguaje de Chomsky que citaba más arriba proporcionó a su autor con seguridad un potente sentimiento de estar superando las incertidumbres y paradojas del lenguaje humano y sometiendo algo a control racional. Y la pregunta es: ¿qué es lo que se controla de esta manera? El resultado han sido los "artilugios parlantes", máquinas que hablan, íntegramente controladas por sus creadores. ¿Pero qué sentido tendría llamar lenguaje a su "hablar"?

Para poder entenderse a sí mismos de un modo controlado, los seres humanos hemos creado a los dioses y les hemos atribuido la facultad de crear a los seres humanos con unas ciertas intenciones y objetivos. Y con el fin de poder entender la propia sustancia subjetiva de un modo controlado, la lingüística de modelos crea artilugios parlantes y atribuye la condición de "lenguaje humano" a su hablar controlado, de modo que el hablar humano pueda ser imaginado como algo igualmente controlado. Es un puro espejismo, pero ¿para qué se lo ha montado?

Las estrategias de escape sirven para eliminar el *miedo*, el temor originario y primitivo del ser humano a su propia muerte y a la parte de sí mismo que no controla. Son *estrategias para evitar la incertidumbre de las paradojas de la temporalidad y la inconsciencia.* Consisten usualmente en crear "esencias" en contra de la decadencia que cause el tiempo, explicaciones "esenciales" de los aspectos de la vida humana que *se resisten a los conceptos generales y a una lógica no contradictoria, o a la simplificación y a la formalización.* En la historia occidental solo Hegel encontró la manera de tratar la paradoja de un modo consciente, y lo integró en su lógica dialéctica bajo el lema "la contradicción ha de ser pensada" ("es ist der Widerpruch zu denken")[96]. Por eso esta lógica es el fundamento de la TCL.

---

96. G.F.W Hegel, *Phanomenologie des Geistes* A III: 130; *Wissenschaft der Logik* II: 59 y ss.

En la tradición india se produce muy pronto un abordaje consciente y constructivo de la paradoja, en las *Upanishad*[97], que se proponen explícitamente redimir al alma de todo temor. Sin embargo, en épocas posteriores también la reflexión teórica allí se fue inclinando hacia simplificaciones, hacia doctrinas más o menos formales capaces de proporcionar la seguridad ansiada, como puede apreciarse en los tratados clásicos del Vedãnta[98].

Con todo, los seres humanos solo nos redimimos realmente "en la apariencia", como dice Nietzsche[99]. Todos los esfuerzos por rescatar alguna clase de "esencia" definible, inmune al tiempo y a la muerte, son pérdidas de tiempo. Uno puede desesperarse con la tragedia humana, o disfrutarla serenamente a través del arte, es decir, a través del trabajo sin restricciones sobre lo que "aparece", pero de nada sirve racionalizarla a base de castillos en el aire metafísicos. Y esto concierne también a los lingüistas.

5. Dos ejemplos de rechazo de la historicidad del lenguaje humano

Las figuras de Ferdinand de Saussure y de Noam Chomsky ilustran bien esa constelación antihistórica de la lingüística del siglo XX en sus dos fases más importantes.

De Saussure fue un brillante indoeuropeísta, que realizó algunos descubrimientos decisivos en el campo de la fonética y fonología histórico-comparativas hacia fines del siglo XIX. Prosiguió las hipótesis estructurales fundamentales a propósito del mecanismo de la producción y evolución lingüísticas con una coherencia inaudita. Y logró correlacionar dos importantes hechos morfológicos aparentemente independientes de las lenguas indoeuropeas más antiguas. Recondujo las alternancias vocálicas cualitativa y cuantitativa a un procedimiento común mediante "hipótesis de segundo orden", fundando así lo que ahora llamamos "reconstrucción interna". Se puede decir que su lingüística histórica y comparativa adopta la hipótesis de trabajo de que el lenguaje se produce siempre del modo más estructurado posible.

Más tarde Saussure desarrolló su propia concepción especulativa del lenguaje, basada en la idea de que la estructura que una lengua exhibe en cada momento es consistente y productiva por sí misma, independientemente de sus fases anteriores, de su historia. Propuso separar estrictamente el estudio de la historia de los elementos singulares de una lengua y el estudio de la estructura conjunta de la misma en un cierto momento, lo que él llamó un "corte sincrónico".

---

97. A. Agud, F. Rubio, *La ciencia del brahmán. Once Upanishad antiguas.*
98. Véase por ejemplo el "manual" de Sadãnanda llamado *Vedãntasãra.*
99. F. Nietzsche, *Kritische Studienausgabe* (Colli-Montinari), vol. 1: 103.

La mera idea de estudiar semejante "corte" como un objeto en sí mismo carece de todo fundamento tanto empírico como especulativo, algo que Saussure podría haber sabido, pero que prefirió ignorar. Su "Curso de lingüística general"[100], que no escribió él mismo, y que cada vez suscita más sospechas de que muchas de sus formulaciones más famosas fueron más bien cosa de los redactores, diseñó una imagen del lenguaje que se acomodaba muy bien a las expectativas de tantos investigadores humanísticos de su tiempo, tanto que se convirtió en un verdadero paradigma para las nuevas ciencias humanas. Saussure sigue siendo citado como el punto de partida de las "nuevas" ideas no solo en lingüística, sino también en la antropología y en los estudios culturales en general.

Su "teoría del lenguaje" especulativa se basa en la idea de que el aspecto de este que puede tomarse como *objeto* de investigación científica es lo que él llamó "*la langue*", y que esta es un "sistema de signos". "Sistema" le parecía una noción lo bastante clara, y su explicación de lo que es un signo es enteramente tradicional y superficial: es una unidad de dos caras, como las de una moneda, que él llama "significante" y "significado". Obviamente la relación entre ambos le pareció "arbitraria". Así que imaginó que el núcleo o la esencia del lenguaje es algún tipo de sistema de piezas virtuales, dotadas cada una de su significado, almacenadas en el cerebro y más o menos indiferentes a que se las use o no.

Ya un siglo antes estas ideas eran bastante comunes. Fueron objeto de crítica tanto filosófica como filológica por diversos autores durante mucho tiempo, y del modo más resuelto por Wilhelm von Humboldt.

Los estudios gramaticales anteriores se habían dedicado sobre todo a presentar de un modo sistemático las regularidades e irregularidades en el lenguaje, y a codificar el uso "correcto" de los elementos lingüísticos. A partir del siglo XVII algunos pensadores, gramáticos tanto como filósofos, habían empezado a prestar atención a la posible relación entre la morfología idiomática y las ideas que se suscitan en y a través del lenguaje. Esto dio pie a especulaciones sobre el componente lingüístico del razonar, incluso de la razón misma. En la Edad Media los gramáticos "modistas", y más tarde Bacon con sus "idola sermonis", y Condillac[101] con su declaración de que las lenguas son "los primeros métodos analíticos", ya habían apuntado al papel constitutivo del lenguaje en el pensamiento.

Humboldt llevó estas primeras intuiciones hasta una teoría cabal del lenguaje que está obteniendo una impresionante confirmación en la investigación neurocientífica actual. Sin embargo, el descubrimiento de las regularidades que se dan en la evolución de las lenguas durante el siglo XIX indujo a la mayoría de los estudiosos a descuidar cualquier esfuerzo teórico sobre estas cuestiones y a

100. F. De Saussure, *Cours de Linguistique Générale*.
101. E.B. de Condillac, *Grammaire*, Paris 1775, Introduction.

concentrarse en la indagación empírica de la historia de las lenguas emparentadas. Se descubrieron formas "diacrónicas" de regularidad lingüística que fundamentaron y promovieron una nueva "ideología" estructural sobre el lenguaje.

En algún sentido Saussure representa la *confluencia del estructuralismo gramatical precrítico con el estructuralismo acrítico generado por la expansión de la idea de las "leyes fonéticas" al conjunto de la idea del lenguaje.* Si tanto la gramática sincrónica como la investigación histórica arrojan resultados sistemáticos (aunque con excepciones en ambos casos), ¿qué podría estar equivocado en imaginar la esencia del lenguaje como "un sistema"?

En la época en que De Saussure desarrollaba su representación de la lengua como un "sistema de signos", los filósofos que se ocupaban de la "teoría del conocimiento" estaban mostrando señales de cansancio con las grandes "construcciones" de Kant, Hegel y sus seguidores, y empezaron, como hemos visto, a buscar alternativas especulativas "más cercanas a la vida real". Husserl popularizó su lema "queremos volver a las cosas mismas"[102]. Pronto la reflexión especulativa crítica fue sustituida por intuiciones inmediatas que arrojaban "construcciones conceptuales" y "modelos". Y la discusión se desplazó a correcciones de detalle de aspectos parciales que, como mencionaba más arriba, resultaron en grandes corrientes de publicaciones que se citaban unas a otras y reforzaban el sentimiento de estar construyendo algo nuevo, sólido y objetivo.

La lingüística se convirtió en una carrera paralela a la de la tecnología. Las ciencias humanas en general volvieron la espalda a las reflexiones filosóficas anteriores sobre lo específico del trabajo hermenéutico y empezaron a imitar el curso de las ciencias propiamente dichas. Los lingüistas estructurales en la secuencia de Saussure *creyeron en la validez ontológica* de las nociones suscitadas por palabras como "sistema", "estructura", "forma", "contenido", "función", "valor", etc. Se les atribuyó una relación con sus respectivos objetos del mismo modo que las ciencias hacen con sus términos. Y naturalmente, muchos lingüistas que estudiaban "fenómenos" lingüísticos advirtieron aspectos suyos que antes no se habían advertido. Hubo verdaderos descubrimientos. Y el conocimiento ciertamente resultó incrementado, pero en general no gracias a los nuevos métodos e ideologías, sino más bien a pesar de ellos. Y ahora el problema es cómo discriminar entre mejoras reales de la comprensión del lenguaje y movimientos puramente ideológicos.

Chomsky reproduce una "revolución" similar a mediados del siglo XX. Dotado de un limitado bagaje cultural y un pobre conocimiento de lenguas distintas de la suya, irrumpió en la escena de los lingüistas con la firme intención de tratar los "hechos" lingüísticos matemáticamente. Del mismo modo que los teóricos

---

102. E. Husserl, *Logische Untersuchungen* II, 6 (1901).

racionalistas de los siglos XVII y XVIII, creía que el lenguaje está en estrecha relación con las ideas, y que la sintaxis lingüística ha de reflejar alguna clase de lógica universal. Solo que él trabajaba con la lógica matemática de su tiempo. Y se dedicó a construir representaciones formales de datos supuestamente empíricos. Se imaginaba a sí mismo diseñando una réplica de la estructura interior del cerebro en forma de algoritmos.

El problema es que el input de esos algoritmos no es conocido (nadie sabe lo que impulsa al cerebro a construir y emitir una frase), y los outputs son frases *como* las de verdad. La idea es tan simple como las de Saussure, y conquistó el espacio académico incluso mucho más deprisa que el estructuralismo clásico, en parte por la ya emergente "globalización". La gramática generativa se convirtió muy pronto en la *ideología dominante* en Occidente. Su traducción a crudas relaciones de poder en las universidades también fue muy rápida: no ser generativista en los setenta y ochenta significaba arriesgar la propia carrera científica, y lo digo por experiencia.

El abordaje chomskiano acabó por suscitar críticas serias y fundadas desde diversas perspectivas, desde la filosofía hasta la lingüística histórica[103]. Pero estas críticas no dejaron de ser marginales porque su tema, la validez ontológica de las intuiciones y axiomas de partida de su escuela, había quedado fuera del horizonte intelectual del trabajo lingüístico en curso. Este trabajo proporcionó a la ciencia un método eficaz para la "ingeniería lingüística", y la lingüística computacional se consolidó como un productivo campo propio de su aplicación. La gramática generativa como tal está todavía en vigor en muchas universidades, y profesionales influyentes en estas durante los setenta lograron introducirla en los sistemas educativos. Con el tiempo se la fue dejando de lado poco a poco y discretamente, y se la fue sustituyendo por diversas combinaciones de métodos analíticos que causaron no pocos disgustos e incertidumbres tanto a los profesores como a los alumnos. Basta recordar las tasas de fracaso escolar en "lengua", paralelas a las de las matemáticas. Por una parte, la política educativa suele discurrir bastante independientemente de la ciencia, sobre todo en el terreno humanístico. Y por la otra, la corriente dominante en la lingüística actual no se ocupa de las críticas a los "errores" pasados, sino que se vuelca en una huida hacia adelante, hacia la ya mencionada progresiva diversificación de objetivos y disciplinas lingüísticas.

Entre finales del XX y comienzos del XXI la lingüística parece haberse resignado a un pluralismo incontrolable de escuelas y direcciones, paralelo al de la filosofía, y haber aceptado esto como inevitable, porque "son cosas que pasan" en las ciencias humanas. Cada cual intenta "hacer ciencia", o algo lo más parecido posible, en su propio limitado ámbito de investigación, y con frecuencia esto significa imitar a

---

103. V. sobre todo P. Hacker y G.P. Baker, *Language, Sense and Nonsense, a Critical Investigation into Modern Theories of Language*.

las ciencias propiamente dichas enumerando cosas y haciendo estadísticas. La financiación se dedica preferentemente a proyectos que "suenan científicos" porque incorporan este tipo de investigación empírica y de procesamiento matemático. Todo lo cual no impide, desde luego, que lingüistas con una buena formación sigan haciendo análisis interesantes e inspiradores de los más diversos aspectos del lenguaje humano.

Lo que en la actualidad parece una empresa sin esperanza es alcanzar una comprensión fundamentada de *la diferencia entre progreso y regresión (o mera ideología)* en el conocimiento del lenguaje humano. La crítica sistemática de esta evolución general que estoy intentando hacer desde que empecé mi carrera de lingüista, bajo la inspiración de Coseriu y Simon, está totalmente fuera de contexto.

6. La legitimidad histórica de la lingüística

La lingüística, insisto, no puede abordar el lenguaje como un objeto porque tiene que trabajar desde su interior. Por eso cada lingüista se acerca a él desde un complejo tejido de categorizaciones, en su mayoría inconscientes, que constituyen tanto su mundo como sus posibilidades reales de reflexionar sobre el lenguaje. Arranca en mitad de la vida[104], y se fija en algo que le parece "lingüístico" desde lo que en cada momento son las coordenadas por las que se orienta. El trabajo lingüístico convencional parte de los hábitos usuales de hablar sobre el hablar dentro de una cierta escuela o corriente, y se fía de las palabras que en ella se supone que designan "cosas" lingüísticas. El vocabulario de escuela de cada lingüista es coherente con una determinada imagen de los que son esas "cosas", la de esa escuela, la cual, a su vez, suele ser coherente con la "cosmovisión" predominante en su entorno cultural. El vocabulario de Saussure y de Chomsky hereda sus categorizaciones más comunes de sus respectivos contextos culturales y los desarrolla de acuerdo con sus propósitos particulares.

Es muy difícil advertir las peculiaridades de las propias categorizaciones previas, porque en su mayoría no somos conscientes de ellas. El que está dotado para ejercer una crítica severa logra a veces quebrar el muro de certezas que rodea a toda recategorización (redenominación) consciente. Nietzsche es tal vez el ejemplo más elocuente de capacidad de quebrar las certezas y los reflejos del pensar más básicos de la cultura occidental.

---

104. Haber comprendido esta posición de toda teoría humanística no fuera de su objeto, sino dentro de él, es una clave fundamental tanto para la actitud teórica de Humboldt como para la hermenéutica de Gadamer.

Y es un hecho que él estaba familiarizado con la filología de las lenguas indoeuropeas orientales. El disponía, aunque fuera limitadamente, de la única herramienta real para hacerse consciente de los propios condicionamientos culturales: la comparación con culturas alternativas. Pero ni siquiera el contacto con culturas extrañas basta para poner a alguien en condiciones de identificar las diferencias que separan sus marcos categoriales. Cuando un filósofo tan inteligente y culto como Paul Deussen[105] descubrió, tradujo y comentó con gran acierto y elegancia las *Upanishad* indias, asimiló directamente su contenido a sus propias ideas filosóficas dentro de la escuela neokantiana, y las convirtió en un remoto y exótico precedente del idealismo alemán. Logró dar sentido a esos difíciles textos conservando intactos sus propios reflejos intelectuales.

Está claro que él no entendía a Kant como crítico de la metafísica, sino como a uno de sus representantes, y había interpretado las "categorías" como un "modelo" positivo del conocimiento y de la cognición. Eso le impidió aprovechar la oportunidad que le brindaban las *Upanishad* de hacerse consciente de su propio bagaje inconsciente y heredado. Para él fueron una confirmación externa de sus propias presuposiciones sobre la realidad.

Nietzsche, por el contrario, se dio cuenta enseguida de que los textos orientales (indios y persas) parecían verdaderas vías alternativas de abordar lo que ahora llamamos "cognición". Esto le dio el impulso decisivo para dudar de las nociones más básicas de la cultura epistemológica europea: de la consistencia del yo como "sujeto del conocimiento", su radical oposición al objeto, la mera idea de la verdad. Fue el primero en comprender que representaciones metafísicas tan fundamentales como la de una jerarquía de seres, que culmina en un único "ser" supremo, son el resultado de nuestras gramáticas indoeuropeas, esto es, de las estructuras cognitivas generadas "epigenéticamente" por nuestra inculturación lingüística[106].

Su crítica a la fundamentación cartesiana de la moderna filosofía secular es lingüística. Afirma que si Descartes, en vez de decir "*cogito*", hubiese dicho "*cogitatur*", que es lo único que realmente podía decir para expresar la existencia real de una duda, nunca habría podido deducir de ahí que "*sum*". "*Cogito*", por su forma gramatical (su desinencia), implica y presupone un sujeto en primera persona, "yo". Lo que parecía una conclusión no es, pues, sino una mera implicación formal. De lo único de lo que Descartes no podía dudar es de que estaba teniendo lugar una duda, o un pensar, y en latín la expresión correcta de esto es la pasiva impersonal "*cogitatur*", formalmente carente de toda implicación referente a sujeto alguno.

---

105. P. Deussen, *Allgemeine Geschichte der Philosophie unter besonderer Berücksichtigung der Religionen*.

106. Para este aspecto de la filosofía de Nietzsche v. J. Simon, "Grammatik und Wahrheit", así como sus diversas contribuciones a esas publicaciones en los años siguientes.

Después de Nietzsche, Kant, Hegel, Humboldt y más recientemente Simon, sabemos que incluso la forma lógica de la inferencia no es sino una abstracción a partir de formas muy restrictivas de hablar, y que las cuestiones realmente importantes van mucho más lejos que cualquier lógica, y requieren justamente un lenguaje no restringido. La disciplina lógica del pensamiento es una herramienta de lo más efectiva para ciertas formas de servirse de la razón, y le debemos el conjunto de nuestras ciencias y tecnologías. Ahora bien: *si lo que queremos es mejorar la humanidad, necesitamos también lo opuesto a esto*. Necesitamos imaginación para rebasar las estructuras cognitivas aparentemente básicas (y que solo son tales porque "nos parece" que lo son) que condicionan nuestra manera de intentar comprendernos teóricamente a nosotros mismos.

Superar las barreras mentales es un trabajo duro y que requiere tiempo y energía. Exige también imaginación y coraje. Es lo que yo he aprendido de mis maestros. *Es el trabajo de la libertad, y su fruto es más libertad*. Pero no hay que olvidar que la libertad no es ni una "constante" ni nada definible, sino una "variable", que depende del tipo de obstáculos que haya que vencer en cada caso. Es *histórica y contingente*.

"Libertad" es lo mismo que "individualidad". Ambas nociones se refieren al hecho de que el comportamiento humano (actuar, hablar, sentir, pensar…) *no está determinado* por factores identificables, porque nace de la extrema complejidad y plasticidad del cerebro humano. Cada individuo posee una anatomía neurológica propia, que se desarrolla y cambia individual y constantemente, dependiendo de las experiencias de todo tipo que vivimos a lo largo de nuestras vidas. No existen límites determinables ni de lo que nuestros cerebros (o sea, nosotros) pueden percibir y retener, ni de sus posibilidades de cambiar. Y ningún cerebro sigue siendo exactamente igual de un momento al siguiente. Ideas, sentimientos y percepciones están ocurriendo sin parar, al menos mientras estamos despiertos, pero no solo. La mayoría discurren por debajo del umbral de la conciencia, o con un grado muy leve de conciencia. La conciencia propiamente dicha (y sea esta lo que sea) flota sobre la superficie de esta complejidad inimaginable y siempre en movimiento, y depende de ella sin saber cómo ni hasta qué punto. El hablar también sale de ahí. Podemos decidir si hablar o no, si decir una cosa u otra, pero no podemos controlar cómo y por qué decidimos así, cómo y por qué ciertas inclinaciones o razones se nos vuelven más fuertes que otras en cada momento de echar a hablar o de callar.

Como ya he resaltado, la manera de acercarse cada lingüista al lenguaje es el resultado de sus experiencias previas y de sus propias inclinaciones, un resultado que no puede poner en relación con sus causas porque estas se ocultan en su inconsciente. De Saussure apenas habría podido aproximarse al lenguaje de un modo distinto del que lo hizo. La legitimidad de su abordaje fue reconocida de inmediato por sus contemporáneos porque estos compartían en una amplia medida sus condicionamientos culturales. Cien años antes difícilmente se lo habría aceptado, al menos por parte de los lingüistas más avanzados. Y cien años más tarde resulta carecer de toda fundamentación real, pero solo para quienes hayan realizado el trabajo histórico de reflexión crítica que demanda la TCL. Por lo demás, sigue gozando de una amplia aceptación.

Hegel definió la filosofía como "su tiempo aprehendido en conceptos". Según él, la filosofía no es una materia académica más, sino la única verdadera "ciencia" (*Wissen-schaft*); esto es, la única esfera intelectual en la que la persona puede dar lo mejor de sí para integrar todo su conocimiento bajo una panorámica general y coherente, sin que se lo estorbe ninguna restricción mental. Eso sí: la filosofía *no está por encima de las ciencias*, sino que es el resultado de una *integración coherente y autoconsciente de las mismas junto con todas las demás experiencias y cogniciones en cada momento.*

Tampoco un lingüista puede legitimar su manera de abordar el lenguaje en cada caso más que refiriéndose a él en las categorías de su propio tiempo. Y no me refiero aquí al tiempo de la sociedad que le rodea: quiero decir real y literalmente "su" tiempo, el estado de su personalidad individual en un cierto momento de su historia, o el estado de "su" cerebro. Solo que no existe tal "*estado*". El yo humano está *cambiando todo el tiempo*. Después de haber escrito esta mañana los últimos párrafos de este capítulo, mi conciencia ya no sigue estando en el mismo "estado" en el que estaba antes de hacerlo. Han ido surgiendo montones de nuevas asociaciones de ideas, algunas de las cuales han pasado tan deprisa que ni las he notado, menos aún recordado. Pero sé que han contribuido a dar forma a mi expresión consciente esta mañana. Y antes de seguir escribiendo esta tarde he repasado las primeras páginas del libro, y he corregido algunas expresiones que ayer no me habían parecido problemáticas ni inadecuadas. Mañana estoy segura de que identificaré problemas e imprecisiones en mi trabajo de hoy que ahora no advierto, y de que podré corregirlas de un modo que en este momento no podría imaginar. La legitimidad de mi trabajo será soportada mañana o pasado mañana con argumentos que todavía no poseo. Quizá me aparezcan nuevas ideas que muestren que los argumentos de legitimidad que me parecían lo bastante fuertes ayer son en realidad más débiles de lo que supuse.

"Legitimidad", como "entender", son cosas que uno "tiene la *sensación*" de haber logrado. De Saussure y Chomsky parecen haber sentido esto con mucha fuerza. Ambos trabajaron con "definiciones" en el sentido más clásico del término, esto es, con "ecuaciones de signos", por decirlo en palabras de Simon. Ninguno de los dos parece haberse dado cuenta de la *naturaleza individual y subjetiva de su sentimiento de legitimidad*. Se limitaron a darla por sentada, del mismo modo que dieron por sentado que las palabras que emitían (ambos habrían dicho más bien: que "usaban") eran los nombres de realidades precisas.

La TCL no deja de tener presente que, cuando uno siente que su propia manera de pensar sobre el lenguaje es legítima, este sentimiento *posee siempre y solo una validez subjetiva y efímera*. Y tiene presente también que el reconocimiento ajeno que cada teórico logra cosechar comparte esta misma condición. La TCL sabe que la única manera de expandir esta validez es *enriquecer la propia subjetividad* con tanta experiencia histórica e interdisciplinaria que uno pueda estar seguro de haber incorporado a su pensamiento y a sus argumentos toda la diversidad de contenidos de la conciencia que ha estado en su mano incorporar. Pero también esto puede cambiar de la noche a la mañana. Cada nuevo día puede aportarnos una perspectiva totalmente nueva y diferente. ¡Me ha ocurrido tantas veces!

Solo la actitud filosófica capacita a la TCL para esta forma de autoconciencia, porque solo el trabajo filosófico está en condiciones de *integrar información interdisciplinar con la debida cautela crítica*. Moverse de una disciplina a otra solo mediante intuiciones espontáneas, sin poner en juego la disciplina del pensar a la que obliga la filosofía, implica el riesgo de obtener resultados superficiales, cuando no frívolos, y en cualquier caso llenos de sesgos ideológicos. Este es el problema de las reflexiones interdisciplinarias espontáneas[107], como muestran, sin ir más lejos, las recientes polémicas sobre la existencia de Dios entre científicos naturales. Sus argumentos cosmológicos y biológicos se ven muchas veces debilitados por la debilidad de su manera de abordar categorialmente cuestiones que son metafísicas, lo que los vuelve ingenuos y poco concluyentes.

7. La TCL y los "estudios culturales"[108]: la tentación de procurarse una legitimidad "moral" por medio de la "corrección política"

La crítica que hace la TCL de los prejuicios más extendidos en los abordajes contemporáneos del lenguaje podría ponerse en paralelo con el gran movimiento intelectual de los "estudios culturales", que también rechaza las maneras tradicionales de abordar la cultura, e intenta desvelar la influencia real de los poderes políticos y económicos sobre las manifestaciones culturales, sobre todo las que constituyen el "canon" tradicional de la cultura académica occidental.

Los estudios culturales de ahora continúan la crítica marxista a la cultura como mero "montaje", soportado por, y que a su vez soporta a, las relaciones de dominación en la sociedad. En palabras de Ziauddin Sardar[109]:

---

107. V. próximo capítulo.

108. Para una introducción general a este tema v. "Cultural studies" en la Wikipedia.

109. *Introducing Cultural Studies*, 1997.

El objetivo de los estudios culturales es examinar las prácticas culturales y su relación con el poder. Por ejemplo, el estudio de una cierta subcultura (como pueda ser la de la juventud de la clase trabajadora blanca en Londres) enfocaría sus prácticas sociales en contraste con la cultura dominante (en este caso, la de las clases medias y altas en Londres, que son las que controlan los sectores políticos y financieros que, a su vez, crean las políticas que afectan al bienestar de la juventud trabajadora blanca en Londres). El objetivo de los estudios culturales incluye entender la cultura en todas sus formas más complejas, y analizar el contexto social y político en el que se manifiesta cada cultura. Los estudios culturales son el espacio tanto del análisis y estudio como de la crítica y la acción políticas. (Por ejemplo: un/una profesional de los estudios culturales no se limitaría a estudiar un objeto, sino que conectaría ese estudio con un proyecto político y progresista más amplio). Los estudios culturales se proponen exponer y conciliar entre sí divisiones del conocimiento construidas, pero que se tienen por fundadas en la naturaleza. Los estudios culturales se sienten comprometidos con una evaluación ética de la sociedad moderna y con una línea de acción política radical[110].

No se puede negar la buena voluntad que preside estos objetivos, pero el lingüista crítico no debería dejarse cegar respecto de la pobreza de la fundamentación filosófica y epistemológica de este enfoque. Se trata del resultado de un desarrollo honrado de los estudios literarios, por personas que se dieron cuenta de los importantes problemas sociales y políticos imbricados en la literatura y en su estudio, y que intentaron orientar este último hacia un tratamiento explícito de estas cuestiones. Profesionales formados en facultades filológicas –y que ya prefieren no llamarlas así– empezaron a manejarse con conceptos y hechos normalmente tratados por sociólogos, psicólogos y especialistas en las llamadas "ciencias políticas", pero en general sin el debido entrenamiento técnico o filosófico. Estas lagunas en su formación les llevaron a creer que entendían directamente el vocabulario de esas otras disciplinas y que podían usarlo como un simple complemento del suyo. Más de un crítico literario relevante, como Harold Bloom, ha denunciado las indeseadas consecuencias de esos estudios culturales para la propia cultura, como muestra esta cita:

> Hay dos enemigos de la lectura ahora mismo en el mundo, y no solo en los países de habla inglesa. Uno es una destrucción lunática de los estudios literarios … y su sustitución por lo que se llama estudios culturales en todas las universidades del mundo angloparlante, y todo el mundo sabe lo que es ese fenómeno. Quiero decir, la ya (…) ominosa expresión "corrección política" describe a la perfección lo que ha pasado, que por desgracia sigue pasando casi en todas partes, y que domina, diría yo, fácil más de

---

110. Citado del artículo "Cultural Studies", Wikipedia.

una tercera parte de las facultades de ese mundo. Representa una verdadera traición a los intelectuales, un "betrayal of the clerks"[111].

Dado que la lingüística es tanto *parte de la cultura como estudio de la cultura*, todo lo que tiene que ver con la cultura tiene que ver también con la lingüística por partida doble: como estudio de la cultura, tiene que tomar en consideración la totalidad de los movimientos culturales que se relacionan con la autoconciencia de la cultura, y como parte de la cultura, contribuye a formar esa misma autoconciencia a través de la educación temprana en la escuela y a través de la ideología gramatical institucionalizada. Por eso tiene todo el sentido reflexionar sobre las condiciones políticas y económicas que dominan la educación lingüística en todo el sistema educativo, y que probablemente influyen sobre las ideologías lingüísticas tanto en la investigación como en las políticas educativas. Todo esto es parte de la TCL.

Sin embargo, el desarrollo de los estudios culturales, que se interesa vivamente por las formas externas de dominación sobre los individuos por medio de los poderes sociales, políticos y económicos, muestra no obstante un interés mucho menor en las *influencias internas o interiorizadas sobre todo tipo de profesionales de esos estudios culturales*. Y este es el tema crucial de la crítica epistemológica.

Si, por ejemplo, uno se propone sacar a la luz los objetivos colonialistas de los intelectuales occidentales (historiadores, filólogos, autores de ficción) respecto de las culturas orientales, como hizo Edward Said con su *Orientalism*, está dando por sentado que el tipo de dominación que llamamos "colonialismo" es solo cosa de los imperios occidentales contemporáneos. Y nada más lejos de la realidad. La tendencia a dominar a otros es un hecho antropológico que da lugar a las formas más variadas de actuación en los pueblos e individuos a lo largo de la historia, y que siempre genera formas de dominación por todo el mundo, tanto oriental como occidental.

Como afirma Bloom, esta tendencia se impone también en el mundo académico. Por eso una crítica cultural honrada debería empezar por revisar las relaciones de poder dentro de las propias ciencias humanas. La TCL parte por lo tanto del hecho histórico de que la manera como se concibe el lenguaje dentro de una cierta sociedad, y entre sus clases dirigentes y profesionales, es parte de lo que el lingüista crítico necesita estudiar *para poder adquirir una perspectiva crítica sobre su propio trabajo*.

Permítaseme poner un ejemplo: en un congreso sobre lenguaje y cognición que tuvo lugar en Madrid hace muchos años, un profesor norteamericano

---

111. *Ibid.*

(lamentablemente no recuerdo su nombre) hizo muy plausible la idea de que la gramática de Chomsky, organizada como reglas e instrucciones, refleja claramente el militarismo dominante en su país en ese momento. La simple idea de que hablar es producir frases según instrucciones era para él una clara señal de una aproximación autoritaria y dogmática al hablar. No pude por menos de estar de acuerdo con él.

De una manera general, los estudios culturales no parecen advertir que los vocabularios científicos no son meros conjuntos de "más nombres para más cosas", sino piezas de *categorizaciones y concepciones del mundo* nuevas y diferentes. No se puede simplemente mezclar el vocabulario de la lingüística estructural o generativa con el de ciencias sociales y políticas de orientaciones diversas, con el de la psicología (dentro de la cual también hay, por cierto, líneas y orientaciones incompatibles entre sí) y "ciencias de la mente", y echarse entonces a hablar o escribir. Si se hace esto, y muchos lo hacen de hecho, el resultado es extremadamente confuso. Eso sí, generalmente proporciona un fuerte *sentimiento* de objetividad porque su fraseología se atiene al tenor de los discursos culturales más en boga, y sugiere que se los "entiende" inmediata y correctamente. Hace falta mucho entrenamiento en la precisión crítica para detectar la confusión real por detrás de mucha aparente "evidencia".

El tipo de literatura "científica" que representan los estudios culturales acostumbra a atribuirse a sí misma una legitimidad política basada en su manera de oponerse al "poder" y en su compromiso con la defensa de los derechos de las mujeres, de las minorías étnicas, de todo tipo de comunidades marginales, de culturas y lenguas en peligro de extinción, etc. La vieja estrategia de legitimación de los gobernantes cristianos, que justificaban su pretensión de ejercer un poder político absoluto presentándose a sí mismos como los defensores de la religión "de los pobres", de "los humildes", de "los vencidos", etc., reaparece ahora en las universidades orientales y occidentales como esfuerzo por justificar la confusión conceptual de formas académicas dominantes apelando al noble y compasivo objetivo de sus investigaciones. El "*Orientalismo*" de Edward Said es un ejemplo elocuente de una chapuza científica que se pretende legitimada por sus buenas intenciones.

Pero la validez de las buenas intenciones tampoco es más que subjetiva y efímera, y requiere que la soporte una amplia cultura científica e interdisciplinar. El objetivo humanístico de la propia TCL solo podrá atribuirse a sí mismo legitimidad en la medida en que esté soportado por una conciencia crítica histórica e interdisciplinar. Pero no olvida que sus argumentos están también condicionados por la historia. Esa es la razón por la que rechaza las *definiciones reales* como herramientas de trabajo, y solo acepta definiciones *nominales*, pero manteniéndose consciente de que se trata de *decisiones categorizadoras estratégicas, no actos de "nombrar" ninguna "verdadera realidad"*.

8. La lingüística es una ciencia de la cultura: revisando a Hermann Paul

La Lingüística es una "ciencia de la cultura" (*Kulturwissenschaft*). En 1880 Hermann Paul publicó por primera vez sus *Prinzipien der Sprachgeschichte* ("Principios de la historia del lenguaje")[112], una obra dedicada a fundamentar teóricamente la lingüística histórico-comparativa y a presentar formalmente sus principales resultados y descubrimientos teóricos. La lingüística histórico-comparativa constituye sin duda alguna el más extraordinario avance en el trabajo lingüístico de ese siglo, pero suscitó severas críticas desde una lingüística de orientación más tradicional o menos "científica" (más "filológica")[113].

La primera frase de ese libro es "el lenguaje, como todo producto de la cultura humana, es objeto de consideración histórica".

Paul argumentó por extenso en favor de considerar el estudio del lenguaje como una ciencia tanto cultural como histórica. Siendo él mismo un experto lingüista y filólogo histórico y comparativo, le pareció que hacía falta distinguir claramente entre lo que hacen los lingüistas y lo que hacen los físicos o químicos. En todo caso su interés estaba centrado en la cuestión de la legitimidad epistemológica de su trabajo. Sentía tal necesidad de justificar epistemológicamente la lingüística que hizo todo lo posible por proporcionarle una buena fundamentación teórica en términos de "teoría de la ciencia". Que su trabajo estuviera dedicado en su totalidad a la historia de las lenguas le permitió eludir en su obra teórica las habituales categorías metafísicas "esencialistas".

Los argumentos de Paul merecen un examen detallado, ya que constituyen el primer esfuerzo de la lingüística *empírica* a gran escala por justificar su condición de ciencia y su legitimidad epistemológica dentro del nuevo contexto del cientificismo en las ciencias humanas.

Ya en sus primeras páginas explica cómo pudo ocurrir que los científicos se sintiesen inclinados a ignorar la naturaleza cultural del lenguaje. "No hay rama de la cultura en la que las condiciones de su desenvolvimiento se puedan aprehender con la exactitud con la que esto es posible en el caso del lenguaje, y de esto se sigue que no hay ciencia de la cultura cuya metodología pueda llevarse al grado de perfección que se ha alcanzado en la del lenguaje. Ninguna otra ha logrado hasta la fecha rebasar tan ampliamente las fronteras de su tradición; ninguna

---

112. Freiburg 1880, disponible ahora en edición facsímil en Niemeyer Verlag, Tübingen. Traducción inglesa como *Principles of the history of language*, por H.A. Strong, de la segunda edición, College Park: McGroth Publishing Company. En lo que sigue le citaré en mi propia traducción al español, y las páginas de las citas se referirán al original alemán.

113. Una larga polémica tuvo lugar entre la escuela de Leipzig, la de los "neogramáticos", y los romanistas, así como los de la escuela de Berlin de Indoeuropeo, sobre todo a propósito de la tesis de la inexcepcionalidad de las leyes fonéticas.

otra ha conseguido como ella trabajar al mismo tiempo de un modo especulativo y constructivo. Y es debido a esta peculiaridad por lo que esta disciplina se nos muestra tan estrechamente relacionada con las ciencias naturales históricas. Que es lo que ha motivado el equivocado esfuerzo por excluirla del círculo de las ciencias de la cultura"[114].

Herman Paul ha pasado a la historia como el teórico de la escuela neogramática de Leipzig, famosa por su abordaje estrictamente científico de la historia de las lenguas. Este enfoque resultó del trabajo empírico y fue a su vez la condición de este. Siguiendo las intuiciones de los primeros investigadores comparativos de las lenguas indoeuropeas, y sobre la base de los sensacionales descubrimientos que se fueron produciendo, los lingüistas de Leipzig formularon, y verificaron en los textos, la hipótesis de que *los sonidos del habla evolucionan de un modo absolutamente regular*; esto es, que bajo las *mismas* condiciones de contexto la pronunciación de un cierto sonido de una lengua evoluciona de la misma manera en todas las palabras o grupos de palabras, independientemente de los significados y de otros factores no fonéticos. Esta es la idea de la "ley fonética".

Por primera vez en el estudio del lenguaje esta hipótesis, que se *demostró amplia, aunque no absolutamente, correcta,* arrojó en mitad de una ciencia cultural una especie propia de *nomología (Gesetzmässigkeit)* que parecía equiparable a la de los objetos naturales. Las "leyes" fonéticas parecían tener una vigencia semejante a las de la física o la biología, si bien no sin excepciones que en estas últimas no habrían parecido aceptables. Este hecho suscitó en la cultura occidental una ferviente esperanza en la posibilidad de *reconducir todo lo conocible a "leyes científicas", en el sentido de las ciencias de la naturaleza.* Paul reacciona frente a esto con sus argumentos sobre la condición de ciencia histórica de la cultura que conviene a la lingüística, pero esta es una argumentación que apenas entendió con suficiente claridad uno de los más jóvenes de la escuela en aquel momento, y que más tarde ocuparía una catedra en Ginebra: Ferdinand de Saussure. Y la historia subsiguiente de la lingüística ignoró ampliamente los argumentos de Paul y cayó en el error que él ya había detectado.

En el marco de la TCL los argumentos de Paul deben considerarse como el mayor logro autocrítico en la fundamentación teórica del trabajo lingüístico en la historia desde Wilhelm von Humboldt. Paul hizo la teoría crítica de la lingüística que hacía falta y que era posible en aquel momento. Sus puntos de vista no han perdido vigencia en su mayor parte y deben constituir la base de la teoría que nos hace falta ahora. Claro está que algunas de sus ideas, sobre todo en el plano especulativo, necesitan actualizarse. A despecho de su extraordinaria perspicacia sobre

---

114. *Prinzipien 5.* Las traducciones a partir del original alemán son todas mías.

TEORÍA CRÍTICA DEL LENGUAJE Y LA LINGÜÍSTICA: UNA APROXIMACIÓN HUMANISTA, HISTÓRICA Y COMPARATIVA A LAS IDEOLOGÍAS LINGÜÍSTICAS

136

cómo opera el lenguaje humano en el cerebro y en el comportamiento, él sigue empeñado en rescatar algunas posiciones "esencialistas" sobre los principios últimos de la investigación lingüística. En particular, su trabajo especulativo requiere algunas enmiendas desde el punto de vista de la lógica dialéctica de Hegel y de la filosofía crítica del signo de Simon.

Hermann Paul escribió su obra teórica con dos objetivos principales. En primer lugar, quería mostrar cómo es y opera realmente el lenguaje, más allá de las muchas maneras equivocadas de representarse este a lo largo de la historia de la gramática. Y, en segundo lugar, quería poner de manifiesto cómo una actitud metodológica apropiada permite apreciar de otra manera lo que Coseriu llamaría los "universales posibles" del lenguaje, esto es, aquellos hechos lingüísticos que, por estar atestiguados en al menos un idioma, y que se han encontrado en él mediante investigación empírica, han de considerarse como "posibilidades generales" del lenguaje. Estas posibilidades permiten *caracterizar empírica y no axiomáticamente lo que es el lenguaje, y cómo es*.

A diferencia de la mayoría de los lingüistas que se ocupan de teoría del lenguaje, *Paul no "define" éste* a partir de alguna intuición general sobre él, sino que *se preocupa por mostrar la multiplicidad de tipos de hechos que un lingüista tiene que tomar en consideración cuando trata del lenguaje*. No intenta construir ningún "concepto" del lenguaje con unos contenidos y unos límites positivos. Lo que él trata de mostrar es que el "objeto lingüístico" es diferente, y requiere categorías explicativas diferentes, dependiendo del punto de vista de partida desde el que se lo aborda y de la manera de considerarlo en cada caso.

Él sitúa la psicología en el centro de su atención, y aborda el lenguaje como una cuestión básicamente psicológica (obviamente su comprensión de lo psicológico es la que se había alcanzado entonces, y difiere bastante sustancialmente de las corrientes dominantes en la psicología experimental de ahora). Para él la actividad psicológica es el fundamento real del hablar y entender. Todo lo que en el lenguaje no es psicológico (los sonidos físicos, su producción fisiológica mediante los órganos articulatorios, la "realidad externa" a la que se refieren palabras y frases) depende de la psicología para constituirse como un hecho "lingüístico".

De hecho, para Paul "psicológico" significa más o menos lo que la bibliografía actual llama "mental". Pero la noción de lo "mental", como la de lo "psicológico", no es en modo alguno un "concepto". No es más que un signo que suscita una representación difusa. No hay "la mente", ya que esta es una palabra de la cultura que adquiere significado, cuando lo hace, en contraposición con otras, diversas cada vez, y dependiendo del contexto: unas veces se refiere a lo contrario del cuerpo, otras es el nombre de un "alma" concebida como corporal, otras es un conjunto de funciones neuronales, otras es lo contrario de las emociones y de los sentimientos, otras se refiere al conjunto de cogniciones, sentimientos y emociones, etc.

Para Hermann Paul "psicología" es *el conjunto de la vida subjetiva interior de los seres humanos*, y se opone a cualquier concepción sustancial del lenguaje como una cierta estructura exterior, social o simbólica. Como Humboldt, Paul rechaza así cualquier reducción ingenua de los hechos lingüísticos a la condición de objetos externos. El lenguaje nace *"del oscuro espacio de lo inconsciente en el alma"*[115], asegura. El intercambio lingüístico no causa ninguna influencia directa y determinada de las ideas de uno sobre las de otro, ya que "el contenido de las representaciones no se transmite", de modo que "todo lo que creemos saber de las de otro individuo reposa sobre inferencias a partir de las nuestras"[116]. "Toda interacción puramente psíquica tiene lugar solo dentro de cada alma singular. Todo trato de unas almas con otras es solo indirecto, a través de canales físicos"[117]. "Toda creación lingüística es siempre y solo obra de un individuo"[118]. Más aún, "en realidad tenemos que distinguir tantas lenguas como individuos hay"[119].

Con estos principios Paul argumenta ante todo contra la "psicología de los pueblos" de Steinthal y Lazarus, así como contra la convicción de Wundt de que el alma de un pueblo es tan empíricamente real como la de los individuos. Contra este último Paul es tajante: "No hay otra conciencia que la de cada individuo singular"[120].

Por descontado que Paul es agudamente consciente del hecho de que el lenguaje es un medio de comunicación entre la gente, y de que la manera de hablar de cada individuo depende de las formas ya utilizadas por otros. Comprender que la naturaleza de la conciencia humana y de sus representaciones es estrictamente individual no restringe en modo alguno la importancia de los componentes y factores sociales del lenguaje. Lo que hace es ponerlos bajo la luz adecuada. Paul parte de la consideración del lenguaje como un "producto de la cultura", y entiende que lo que caracteriza a esta es "la activación de factores psíquicos"[121]. Esta es su estrategia para distinguir entre las ciencias de la cultura y las ciencias naturales. Y es consecuente cuando admite que esto nos obliga a asumir también la existencia de una "cultura animal", que sería otro objeto de la ciencia de la cultura junto a la de la cultura humana.

Así que, muy en consonancia con la actual investigación de la etología animal, Paul conecta expresamente la conciencia humana con la de los (otros) animales, con lo que, en algún sentido, crea un concepto holístico de lo "psicológico",

---

115. *Prinzipien*: 25 (en la edición reprográfica de Tübingen 1970, que reproduce la quinta edición de 1920, y de la que tomo los siguientes textos).
116. Id. 15.
117. Id. 12.
118. Id. 18.
119. Id. 37.
120. Id. 14, nota al pie.
121. Id. 6.

que incluye la totalidad de los procesos que tienen lugar en cualquier tipo de cerebro y que condicionan todos los tipos de comportamiento, el lenguaje incluido. De este modo, su aproximación reúne la estricta diferenciación de las ciencias culturales y naturales con la posibilidad de una investigación científica de la base biológica del hablar.

Paul asume por lo tanto que:

— Los procesos psicológicos más simples son los mismos en todos los individuos, y que los rasgos distintivos de estos reposan ante todo en la diversidad de combinaciones de esos procesos simples[122].

— Las ciencias empíricas se hacen más precisas a medida que logran observar el funcionamiento de los factores singulares de cada fenómeno que estudian, aislándolos[123].

Esto hace a Paul un resuelto *"reduccionista"* en el campo de la psicología, muy afín al planteamiento de un Eric Kandel en su indagación sobre el aprendizaje y la memoria humanos[124]. Eso sí, ese reduccionismo no le lleva a simplificar en modo alguno la complejidad del lenguaje. Asegura que "todo lo que toca de algún modo al alma humana, su organización corporal, su entorno natural, el conjunto de la cultura, todas sus experiencias activas y pasivas, producen efectos sobre el lenguaje, de modo que, desde este punto de vista, este depende de los más diversos factores; de hecho, de cualquier factor imaginable"[125].

Propone también que la lingüística solo necesita basarse en dos "ciencias nomológicas": la psicología y la fisiología[126].

A la hora de afrontar el problema de cómo *definir el campo competencial propio de la lingüística,* decide restringirlo a *"la consideración de las relaciones que se establecen entre los contenidos de las representaciones y determinadas agrupaciones de sonidos".* Las demás consideraciones solo tendrían cabida dentro de "una cooperación con todas las demás ciencias de la cultura"[127].

Con esto la lingüística en sentido estricto se convierte en una *especialidad muy parcial y "regional" dentro del conjunto de las perspectivas posiblemente relevantes sobre el lenguaje.* Es una autodefinición muy modesta, muy alejada de cualquier pretensión de ser "la ciencia del lenguaje", una posición que, sin embargo, pronto se extendería y llegaría a dominar la ideología lingüística. Paul limita el trabajo

---

122. Id. 19.
123. Id. 16.
124. Eric R. Kandel, *In Search of Memory.*
125. H. Paul, *op. cit.* 17.
126. *Ibid.*
127. *Ibid.*

lingüístico al estudio de la combinación de representaciones psicológicas con grupos de sonidos, y reconoce que el único acceso directo que tenemos a las primeras es la *introspección*. El objeto empírico está, pues, dado en los sonidos materiales o en sus representaciones gráficas, y la tarea consiste en *interpretarlos* refiriéndolos indirectamente a su "contenido" psicológico.

No obstante lo cual, Paul no diseña una gramática descriptiva, sino que la lingüística que le interesa es *la investigación de la historia de las lenguas*. En un cierto sentido una gramática descriptiva sincrónica no sería posible a partir de las premisas mencionadas. Consistiría en relacionar algo empírico con algo tan incognoscible como las representaciones internas de los demás. A lo sumo podría uno hablar de sus propias representaciones, pero Paul es consciente de que gran parte de nuestros procesos psíquicos son inconscientes y por lo tanto no asequibles a una observación directa.

En cambio, los textos del pasado que se nos han conservado permiten compararlos entre sí y con el estado actual de una lengua, con lo cual aparece un objeto posible para la investigación: *inferir la verdadera naturaleza del cambio lingüístico (del cambio en el uso de los grupos de sonidos) a partir del estudio empírico de diversas fases cronológicas de una lengua*. Solo que la pregunta que se sugiere entonces es: ¿Por qué el "cambio" habría de ser más importante o interesante que lo que se mantiene sin cambiar? ¿Y por qué habría de ser más fácil una descripción histórica que una sincrónica?

Tropezamos aquí con el núcleo mismo del problema de la investigación lingüística en general. El propio Paul plantea al comienzo la cuestión de una "ciencia de los principios" de forma más bien acrítica: "Desde el supuesto de que existen fuerzas y relaciones constantes, ¿cómo es posible un desarrollo histórico, un progreso desde las formaciones más simples y primitivas hasta las más complejas?"[128]

Más adelante el propio Paul reformula la cuestión de un modo más realista y consistente: "Si partimos de la afirmación, incuestionablemente correcta, de que cada individuo posee su propia lengua, y que cada una de estas lenguas tiene su propia historia, entonces el problema que debemos resolver, y que nos plantea la formación de dialectos, no es tanto el de cómo es posible que de una lengua esencialmente homogénea nazcan diversos dialectos. Que se produzcan diversificaciones es según esto lo lógico y esperable. La pregunta a la que tenemos que dar respuesta es más bien esta: *¿cómo puede ocurrir que, teniendo la lengua de cada uno su propia historia, se mantenga no obstante ese mayor o menor grado de coincidencia dentro de un grupo de individuos, que se ha formado de una u otra forma?*[129]

---

128. Id. 2.
129. Id. 40.

Muchos años más tarde Coseriu llegaría a la conclusión de que la pregunta es más bien por qué las lenguas no cambian mucho más; ¿cómo es posible que mantengan una cierta consistencia en el tiempo, teniendo en cuenta el hecho de que el lenguaje es un puro proceso ejecutado por individuos que son, también ellos, organismos en constante cambio?[130]

En una fase más avanzada, la forma inicial de su pregunta le causa a Paul algunos problemas en relación con el espacio intelectual en el que debería moverse su teórica "ciencia de los principios". Pero ya en el comienzo mismo del libro se anuncian estos problemas. La segunda parte de la frase inicial que citaba más arriba dice: "Pero del mismo modo que en cualquier otra rama de las ciencias históricas, también la lingüística necesita tener al lado una *ciencia* que se ocupe de las condiciones generales de la vida del objeto que evoluciona históricamente, y cuyo cometido es indagar la naturaleza y funcionamiento de los factores que operan homogéneamente en todo cambio"[131].

Para Paul esta "ciencia" no es ninguna "filosofía del lenguaje" en el sentido usual de "filosofía": no es "ni más ni menos filosófica que la física o la fisiología", y es "tan empírica como la propia lingüística histórica"[132]. No es especulación sobre lo que el lenguaje es o debería ser, ni sobre su papel y función.

El libro de Paul contiene numerosos capítulos en los que se establecen y definen hechos lingüísticos sobre la base de la observación empírica de textos, y mediante abstracciones a partir de ellos. Estos hechos lingüísticos quedan organizados ahí de acuerdo con categorías gramaticales más o menos tradicionales, y permiten adquirir una cierta imagen de lo que suele ocurrir en las lenguas y de cómo ocurre, así como de las diversas posibilidades idiomáticas a la hora de cumplir con las necesidades expresivas que intentamos resolver hablando. El contenido de esos capítulos refleja el estado del conocimiento de los hechos lingüísticos alcanzado en aquel momento, sobre todo por la lingüística indoeuropea. Algunos de sus datos necesitarían actualizarse, pero en su mayoría siguen estando en vigor.

Ahora bien, Paul advierte repetidamente sobre el riesgo de *creer en esas categorías*. De acuerdo con él, toda consideración lingüística implica especulaciones más o menos inconscientes y, hasta cierto punto, arbitrarias. La tarea de su "ciencia de los principios" consiste justamente en sacarlas a la luz, hacerlas conscientes y someterlas a crítica[133]. Pero ¿cómo podría él mismo evitar la arbitrariedad en el plano teórico? En el capítulo sobre las "partes de la oración" declara explícitamente que no es posible hacer una clasificación consistente de las mismas, ya que toda

---

130. E. Coseriu, *Sincronía, diacronía e historia*: 36 y ss.
131. Id. 1.
132. *Ibid.*
133. Id. 5.

clasificación ha de ajustarse a algún criterio que será siempre inevitablemente parcial[134]. Pero entonces, ¿de dónde sale su propia organización de los contenidos, y por qué ha de ser mejor que otras?

Paul no puede por menos de moverse en lo que ahora llamamos el "círculo hermenéutico", un concepto introducido por primera vez por el filólogo Friedrich Ast[135]:

> Si solo podemos aprehender el espíritu de toda la antigüedad a través de sus manifestaciones en las obras singulares de los escritores, siendo así que éstas presuponen a su vez el conocimiento de ese espíritu universal; y puesto que solo podemos leer un texto detrás del otro y nunca podemos contemplarlos a todos en su conjunto, ¿cómo podríamos conocer lo singular si ello presupone siempre el conocimiento del conjunto? Si solo puedo entender a,b,c, etc. por medio de A, pero a su vez solo puedo entender A a partir de a,b,c, etc., este círculo se vuelve insoluble mientras yo conciba A y a,b,c, como cosas opuestas y que se condicionan y presuponen las unas a las otras. Pero deja de ser insoluble si reconozco su unidad y comprendo que A no procede de a,b,c, etc., ni es construido por ellos, sino que A precede y penetra a todos ellos al mismo tiempo y del mismo modo, y que a,b,c, etc. no son sino representaciones individuales de ese A unitario. Así que a,b,c, etc. están ya originariamente en A. Estos miembros son pues los despliegues singulares de ese A unitario, así que A está ya en ellos de una manera singularizada, y no me hace falta recorrer la entera serie de miembros singulares para hallar su unidad.

En la historia de las ciencias humanas el "círculo hermenéutico" se convirtió en una materia ineludible de reflexión en cuanto esas ciencias tuvieron que justificar su pretensión de objetividad y su legitimidad epistemológica. Hermann Paul, que procedía de una zona totalmente diferente, la de la lingüística histórico-comparativa, entendió no obstante muy bien el conflicto que implica ese círculo, y supo reconducirlo a la cuestión de la verdadera naturaleza del lenguaje humano.

Su experiencia con textos y sus descubrimientos por medio del método comparativo, en particular la reconstrucción de la historia de los sonidos y las formas de las lenguas a través de las "leyes fonéticas", le proporcionaron un conocimiento directo y fiable de al menos algunos aspectos del lenguaje. Y a partir de ellos elaboró toda una serie de cautelas frente a presuposiciones puramente especulativas en este terreno, tan recientemente puesto a disposición de la investigación empírica. El creyó en la credibilidad de una teoría general del lenguaje basada en esa clase de investigación empírica, así que creyó también en la posibilidad de eliminar de esa teoría cualquier clase de especulación sin base empírica.

Su libro es así "lingüística general" en el sentido de que los resultados empíricos se obtienen a partir de la observación de textos y se organizan en una descripción

---

134. Id. 352 y ss.
135. F. Ast, *Grundlinien der Grammatik, Hermeneutik und Kritik,* Landshut 1808: 179 y ss.

de conjunto coherente, dentro de la cual los datos singulares de la historia de las diversas lenguas aparecen como *ejemplos de lo que es posible* y/o usual en las lenguas estudiadas, y puede por lo tanto atribuirse al lenguaje en general, como alternativas funcionales o pautas de cambio *posibles. Ab ese ad posse licet conclusio.*

Ahora bien, la "generalidad" de esta presentación teórica de resultados de la investigación empírica no implica que con ella el "lenguaje" quede definido o caracterizado de una manera general y como un todo. Paul menciona expresamente la necesidad de cooperar con otras ciencias de la cultura con el fin de identificar aspectos y rasgos del lenguaje que no caen dentro del campo específico de trabajo que él ha acotado. La lingüística histórica no agota el lenguaje. Lo que Paul defiende es que se trata de la única forma de investigarlo de un modo realmente empírico.

La investigación empírica de las lenguas arroja resultados que se incorporan a la metodología de la investigación ulterior y la van enriqueciendo y ajustando. De esta interacción entre estudio empírico y progreso metodológico surge poco a poco una mejor comprensión de la naturaleza del lenguaje. Es así como Paul imagina el conjunto del estudio del lenguaje. Lo mismo pensaron de hecho todos los lingüistas después de él que cayeron en errores especulativos que, sin embargo, Paul supo evitar mejor que la mayoría.

Paul no llegó a darse cuenta de que lo que estaba haciendo iba mucho más allá de lo que él creía que estaba haciendo. Porque su introducción y su primer capítulo están dedicados a toda una serie de ideas fundamentales sobre el lenguaje que, en su mayoría, *no* son resultado de la investigación empírica, sino de una *especulación correcta*, basada en una manera de acercarse al lenguaje *libre* de la mayor parte de los prejuicios que habían dominado la teoría lingüística, también después de él. En esto su caso se asemeja al de Humboldt. Sus intuiciones sobre la dinámica interna de las representaciones dentro del cerebro acabarían demostrándose correctas, pero contradicen a la mayor parte de lo que imaginaron los lingüistas de los siglos XIX y XX. Escuchémosle pues.

Paul declara que

> tal vez el progreso más significativo que ha logrado la psicología reciente consista en haber comprendido que multitud de procesos psíquicos tienen lugar sin una clara conciencia de los mismos, así como que todo lo que en algún momento ha estado en la conciencia permanece en el subconsciente como un momento eficaz del mismo[136]. Ahí dentro las expresiones hechas o escuchadas por cada individuo se convierten en "complejos de medios disponibles", organizados en "múltiples grupos de representaciones diversamente entrelazadas unas con otras".

---

136. Paul, H. *Prinzipien: 25.*

Son un producto de todo lo que antes, y en un momento u otro, ha entrado en la conciencia escuchando a otros, hablando uno mismo y pensando en y desde las formas del lenguaje. Por todo ello queda dada la posibilidad de que lo que antes ha llegado a estar en la conciencia, si se dan las circunstancias apropiadas, vuelva a entrar en ella, lo que significa también que cuanto ha sido comprendido o dicho anteriormente puede volver a ser comprendido o dicho. De acuerdo con la ya mencionada ley general, hay que retener que ninguna representación que haya sido introducida en la conciencia a través de la actividad lingüística desaparece sin dejar rastro, por más que en ocasiones ese rastro pueda ser tan débil que harían falta circunstancias muy especiales, y que tal vez no se den nunca, para que recupere su capacidad de retornar a la conciencia. Las representaciones entran en la conciencia formando grupos, y es así como quedan en el inconsciente. Se asocian así las representaciones de sonidos consecutivos, así como las de movimientos consecutivos de los órganos articulatorios, formando series. Las series de sonidos y de movimientos se asocian entre sí. Y se asocian con ambas las representaciones a las que han servido de símbolos, y no solo las de los significados de las palabras, sino también las de las relaciones sintácticas. Y no solo las palabras singulares, sino series fónicas más largas, frases enteras incluso, se asocian directamente con el contenido de ideas que se ha vertido en ellas. Estos grupos, que al menos inicialmente han venido dados por el mundo exterior, se organizan en el alma de cada individuo formando conexiones mucho más ricas y complejas, y de ellas solo una ínfima parte se produce conscientemente. Esas conexiones siguen ejerciendo efectos inconscientemente, y en su mayor parte no llegan nunca a ser claramente conscientes, lo que, sin embargo, no les resta eficacia. Se asocian así las diversas maneras de servirse de una palabra, o de un giro, y en las cuales hemos aprendido una u otro. Se asocian en series los diversos casos de un mismo nombre, los diversos tiempos, modos y personas de un mismo verbo, las diversas derivaciones a partir de una misma raíz, en virtud de la afinidad sonora y de significado. También se asocian entre sí todas las palabras que ejercen una misma función, todos los sustantivos, todos los adjetivos, todos los verbos. Se asocian las derivaciones a partir de diversas raíces formadas mediante los mismos sufijos, así como las formas de palabras diversas que ejercen una misma función, por ejemplo, todos los plurales, los genitivos, las pasivas, los perfectos, los subjuntivos, las primeras personas. Se asocian las palabras que muestran una misma clase de flexión, por ejemplo, en alemán moderno, todos los verbos débiles en oposición a los fuertes, todos los masculinos que forman el plural con alteración vocálica, frente a los que no la tienen. Incluso palabras con tipos flexivos solo parcialmente iguales se asocian en oposición a grupos que divergen más claramente. Y se asocian finalmente también formas sintácticas de forma o función semejante. Y hay también muchas otras formas de asociarse elementos en virtud de relaciones menos directas, y que revisten una significación mayor o menor para la vida de la lengua. Todas estas asociaciones pueden producirse sin clara conciencia de las mismas y demostrarse eficaces, y no se las debe confundir con las categorías que abstrae la reflexión gramatical, por más que usualmente coíncidan con ellas. Y es tan importante como obvio que todo este organismo de grupos de representaciones está continuamente cambiando en cada individuo[137].

---

137. Id. 26-27.

Sigamos ahora a Paul en los siguientes pasos de su argumentación.

De acuerdo con él, hay tres razones principales por las que los grupos de elementos lingüísticos no son estables ni permanecen inalterados en el inconsciente:

— Cada elemento lingüístico singular del que tenemos una experiencia, pero que no se refuerza con nuevas experiencias conscientes, va perdiendo cada vez más eficacia.

— Cada nueva experiencia de hablar, escuchar y pensar introduce algo nuevo que refuerza o debilita los elementos anteriores.

— Las experiencias que refuerzan o debilitan elementos anteriores, así como las nuevas asociaciones que surgen entre ellos, causan en todo caso desplazamientos en el organismo interior.

El resultado es que "el organismo de los grupos de representaciones que tienen que ver con el lenguaje se desarrolla en cada individuo a su manera, y adquiere en cada uno una forma propia"[138].

Mucho antes de que los neurocientíficos descubriesen el desarrollo anatómico individual de los terminales sinápticos de las neuronas, tanto reforzando circuitos sinápticos como debilitándolos o eliminándolos, Hermann Paul, solo observando atenta e inteligentemente el comportamiento lingüístico, y con una cuidadosa introspección, se dio cuenta de que las cosas del cerebro ocurren de esta manera.

Sin embargo, sus conclusiones cayeron en general en el olvido, y fueron sustituidas por hipótesis estructurales que atribuían consistencia propia a una gramática y un léxico estables, "almacenados" dentro del cerebro y básicamente idénticos de individuo a individuo. Eso convertía en un misterio sus atestiguados cambios en la historia.

Hasta cierto punto Hermann Paul avanzó los resultados de las modernas neurociencias *porque se aproximó a la fenomenología lingüística con menos prejuicios tradicionales y metafísicos que los demás.* Poseía un nivel crítico superior. Extrajo de la experiencia histórica y comparativa con las lenguas antiguas las conclusiones correctas, no las equivocadas. Y esto se debió lisa y llanamente a su constelación personal de inteligencia, conocimientos, cultura, experiencia e intereses. Fue su rendimiento intelectual individual. La ciencia lingüística no le sostuvo el paso, y no dejó atrás el viejo inferior nivel crítico, porque la mayoría de los lingüistas no estaban aún preparados para cambiar sus imágenes tradicionales, y con frecuencia siguen sin estarlo.

La lingüística sigue siendo en cada caso el relato sobre el lenguaje tal como lo experimenta, entiende y cuenta cada lingüista individual. El mero paso del tiempo no garantiza el progreso en las ciencias de la cultura, y los pasos de gigante que dio

---

138. Id. 27.

Paul en relación con el verdadero funcionamiento del lenguaje quedaron mucho tiempo prácticamente sin seguidores.

Que Paul haya comprendido tan correctamente los mecanismos mentales del hablar tiene que ver con su resuelta convicción de que *la lingüística científica no puede ser sino histórica*. Es sin embargo un hecho que la mayor parte de lo que se ha hecho en lingüística después de él son descripciones sincrónicas, no históricas, de modo que es necesario revisar su tesis. Paul argumenta como sigue:

> Tengo que justificar brevemente por qué he elegido el título *"Principios de la historia del lenguaje"*. Se me ha argüido que sí existe una consideración científica del lenguaje que no es la histórica. Pero esto tengo que negarlo. Lo que se presenta como una consideración no histórica y sin embargo científica del lenguaje no es en realidad más que una consideración insuficientemente histórica, insuficiente, en parte, por culpa del sujeto de la investigación, y en parte, por culpa del material que se observa. En cuanto se va más allá del mero constatar hechos singulares, en cuanto se intenta aprehender su trabazón y comprender los fenómenos, se entra en suelo histórico, aunque muchas veces esto no se advierta[139].

Paul ofrece algunos ejemplos de actividades lingüísticas que demuestran que, en última instancia, implican consideraciones históricas. Estos ejemplos están tomados sobre todo de la lingüística comparada: comparar diferentes estadios de una lengua, o diferentes dialectos coetáneos de la misma, cuyas diferencias y afinidades solo pueden explicarse en términos históricos.

> Pero incluso cuando tenemos delante solo una única etapa evolutiva de una sola variedad de habla, cabe hasta cierto punto todavía una consideración científica. ¿Pero cómo? Si comparamos entre sí, por ejemplo, las diversas significaciones de una palabra, se intenta establecer cuál es la significación fundamental, o a qué significación fundamental pretérita apuntan. Pero en cuanto se logra determinar una significación fundamental de la cual derivarían las demás, se está constatando un hecho histórico. (…) Y si se intenta caracterizar lo que Humboldt y Steinthal llamaron la forma interna de una lengua, esto solo se puede hacer si nos remontamos al origen de una forma expresiva y a su significación fundamental. Y no logro imaginar cómo se podría reflexionar con éxito sobre una lengua si no se puede mostrar cómo ha llegado a ser históricamente lo que es[140].

Desde una perspectiva actual puede parecer sorprendente que Paul se sienta totalmente incapaz de imaginar la simple descripción de una lengua en un cierto

---

139. Id. 20.
140. Id. 20-21.

momento, que poco después de su obra es lo que se convirtió en la ocupación casi exclusiva de la lingüística en todo el mundo. De Saussure define con el mayor cuidado, al menos en apariencia, las dos alternativas del trabajo lingüístico: o perseguir la evolución de un elemento singular a lo largo de la historia, o describir el conjunto de un sistema lingüístico en un momento determinado. Para él ambas actividades son igual de científicas. Y con el paso del tiempo las descripciones funcionales se demostraron también capaces de mostrar la evolución de sistemas completos, por lo menos en el plano de los sonidos (fonología diacrónica).

Ahora bien, concluir, a partir del desarrollo comprobable de lo que acabaría siendo la corriente dominante de la lingüística occidental, que Paul no consiguió anticiparla porque algo en su actitud estaba equivocado, sería una falacia, y por cierto bastante ominosa, en el marco de una crítica histórica de la lingüística.

Paul rechaza la condición de ciencia de cualquier descripción sistemática de hechos lingüísticos que se base en categorías descriptivas porque, como señala él mismo[141], las categorías descriptivas dependen de la perspectiva singular desde la que cada lingüista afronta en cada caso objetos lingüísticos parciales. No es posible hacer una sola clasificación válida de las partes de la oración porque toda clasificación sigue un criterio particular que, en general, es ampliamente especulativo. Se podría concluir, por lo tanto, que las descripciones y clasificaciones tienen sentido si el criterio que las guía tiene también sentido en un cierto momento. *Pero eso nunca sería ciencia empírica.* Y este es el tema central de la posición de Paul.

Según él, para que una lingüística (como cualquier rama del conocimiento) sea verdaderamente científica, tiene que partir de hechos observables y combinarlos en explicaciones mediante más observación empírica. Y el resultado tiene que ser verificable. Una explicación de un cambio fonético en una lengua puede verificarse mostrando que las condiciones en las que se basa la explicación son reales y explican suficientemente ese cambio.

Sin embargo, no es posible *verificar* que la función del acusativo en alemán moderno es una o varias, ni si es tal o cual. Describir las funciones de las formas gramaticales en términos de significaciones funcionales unitarias o irremediablemente diversas es *una alternativa metodológica, no una alternativa entre hechos verificables.* Al acusativo alemán se le pueden atribuir una o varias funciones (o significados funcionales) principales. Depende de la actitud del lingüista. Pero es un hecho que, si se quieren reconducir a una única significación nuclear todas y cada una de las formas gramaticales, no habrá más remedio que argumentar genéticamente, ya que habrá que explicar cómo derivan las funciones secundarias de la principal u originaria. A su vez, contentarse con comprobar que una sola forma

---

141. *Cfr. supra.*

puede tener diversas funciones o usos puede suscitar la sospecha de que el lingüista no se ha esforzado teóricamente lo suficiente por correlacionar la unidad de la forma con una unidad de función o significado. El hecho cierto de que en la historia algunos lingüistas lo bastante inteligentes hayan conseguido reconducir todos los matices de los usos de los casos de una lengua a funciones unitarias de los mismos (como hizo Theodor Rumpel para el griego clásico, conectando expresamente con Humboldt, en 1845)[142], demuestra que la hipótesis general de que existe una correlación biunívoca entre formas y significados en el lenguaje "tiene sentido", a pesar de las irreductibles excepciones que todos conocemos.

Naturalmente hay un problema con la terminología. Paul llama normalmente "historia" e "histórico" a algo que entre nosotros se reparte entre dos conceptos: el de lo "histórico" y el de lo "genético". Paul solo reconoce la condición de ciencia a la investigación lingüística si esta toma su objeto como un hecho histórico. Esto se debe a que él aborda el lenguaje desde el ángulo de la "producción lingüística" individual y fáctica, y lo cierto es que cada vez que alguien echa a hablar, la manera como lo hace es el resultado histórico de su experiencia lingüística previa. Hablar es siempre un hecho histórico condicionado por factores igualmente históricos. La "aplicación de estructuras lingüísticas virtuales" no es un proceso mecánico, sino una *nueva experiencia histórica* de cada sujeto, que podría también no haber hablado, o no haberlo hecho como lo ha hecho. Por eso no se puede hablar realmente de "aplicación", sino de actos voluntarios que persiguen objetivos expresivos más o menos precisos, y que eligen libremente el modo de cumplirlos.

Paul incluso habla abiertamente de un "conflicto interno" entre factores lingüísticos:

> … que puede surgir prácticamente una oposición entre las relaciones *psicológicas* (lógicas) de los componentes de la frase entre sí y sus relaciones puramente gramaticales. Las formas sintácticas, como los casos y demás, se han creado de entrada para determinadas partes de la frase como el sujeto, el objeto, la determinación de un sustantivo, etc. Pero al mismo tiempo designan una relación más precisa que la que resultaría de la mera concatenación de palabras. Entonces, cuando se hace uso de los medios de una de esas designaciones más precisas, pero sigue en vigor la vieja libertad, nunca enteramente anulada, de conectar los conceptos, surge una contradicción que, si se hace usual, da lugar a nuevos tipos de construcción[143].

La producción de habla "genera" formas lingüísticas. Fijarse en esto significa fijarse en el lado "genético" o "dinámico" del hablar. En tal caso se aborda el hablar

---

142. Theodor Rumpel, *Die Kasuslehre*.
143. Paul, id.: 282.

como un logro individual activo y como un "evento" que "ocurre" históricamente, más específicamente como un evento cultural producido por la actividad mental (o psicológica).

En apariencia la "gramática generativa" se ocupaba también de la producción de habla, pero estamos ante un simple espejismo terminológico. Chomsky no observó empíricamente como se produce el hablar, sino que *simuló* la producción de lenguaje, infiriéndola del resultado observable y abordándola de un modo extremadamente reduccionista. Para él, hablar es producir frases correctas, de acuerdo con reglas almacenadas en el cerebro, y se hace implementando posiciones formales de estructuras sintácticas preexistentes con palabras almacenadas también en alguna parte del cerebro. Los gramáticos generativistas nunca intentaron acercarse lo más mínimo a la producción real de habla, y sus logros no tienen que ver con explicar el lenguaje humano, sino con diseñar artilugios parlantes artificiales. Las nuevas corrientes "cognitivistas" han intentado corregir este sesgo, pero desde premisas poco prometedoras. Me ocuparé de esto más tarde.

Paul prestó, por supuesto, la debida atención a lo que él llama "gramáticas meramente descriptivas", que, según él, "registran lo que es usual en una comunidad lingüística, y en un cierto momento, en materia de formas y relaciones gramaticales, lo que puede ser utilizado por cualquiera sin que los demás le malentiendan ni se sientan interpelados de un modo extraño". Pero añade inmediatamente: "Su contenido no son hechos, sino solo una abstracción a partir de los hechos observados"[144].

Y si luego se comparan entre sí ese tipo de descripciones hechas sobre momentos diferentes, se observará que se han producido cambios, pero no se será capaz de explicarlos, es decir, de elucidar sus causas, ya que *"entre abstracciones no hay ningún nexo causal. Estos solo se dan entre objetos y hechos reales.* Y mientras nos contentemos con las gramáticas descriptivas y sus abstracciones, estaremos muy lejos de poder aprehender científicamente la vida del lenguaje"[145].

Y esto le lleva a Paul a imaginar cómo tendría que ser una verdadera ciencia empírica de una cierta lengua en un cierto momento: "El verdadero objeto del investigador lingüístico es más bien la totalidad de las manifestaciones de la actividad de hablar en todos los individuos y en sus relaciones e influencias entre sí"[146]. El tipo de investigación imaginado por Paul solo llegaría a ser posible, y solo hasta cierto punto, gracias a los actuales medios de recoger, almacenar y procesar electrónicamente millones de millones de datos, los *big data*. La sociolingüística histórica hace ahora encuestas casa por casa y hablante por hablante, dentro de

---

144. Id.: 24.
145. *Ibid.*
146. Id.: 24.

comunidades como las urbanas, y procesa los resultados estadísticamente, con el fin de averiguar cómo surgen los cambios fonéticos y se expanden en esas comunidades[147]. Este tipo de investigación cumple con los requisitos de Paul para que algo sea ciencia empírica. Eso sí, funciona únicamente en el plano de los sonidos lingüísticos. En cuanto se involucran contenidos semánticos (representaciones psicológicas o mentales), el material resulta inaccesible a la observación empírica y requiere "hermenéutica". Paul formula como sigue su "imagen ideal de una ciencia lingüística":

> Todos los complejos fónicos que cualquiera ha producido, escuchado o imaginado alguna vez, junto con las representaciones asociadas a ellos y de las cuales han sido símbolos, así como todas las múltiples relaciones en las que han entrado los elementos lingüísticos en el alma de cada individuo, entran en el dominio de la historia del lenguaje, y en rigor deberíamos conocerlos todos para poder comprender cabalmente su evolución. Y que no se me arguya que no tiene sentido imaginar una tarea cuya imposibilidad es tan obvia. Vale la pena hacerse presente la imagen ideal de una ciencia en toda su pureza, porque eso nos hace conscientes de la distancia a la que nuestras capacidades se encuentran respecto de ella, y así aprendemos que, y por qué, en muchas cuestiones tenemos que aceptar nuestras limitaciones. Es una manera de hacer bajar la cabeza a las pretensiones superinteligentes con las que algunos creen haber comprendido los desarrollos históricos más complejos a base de unos pocos puntos de vista ingeniosos. Pero lo que sí es una necesidad imperiosa para nosotros es poder hacernos una idea general del juego de las fuerzas que operan en este masivo ajetreo del hablar, fuerzas que no podemos perder de vista si queremos poder integrar correctamente los pocos y entecos fragmentos de las mismas a los que tenemos acceso real[148].

Este pasaje muestra a las claras que, *para Paul, comprender la plena complejidad de los procesos mentales que subyacen al hablar es la base necesaria no solo para explicar adecuadamente los desarrollos históricos de las lenguas, sino también, y quizá sobre todo, para entender adecuadamente cada acto de hablar fáctico.* De hecho, Paul niega, tal vez por primera vez después de Humboldt, que los cambios históricos de las lenguas se deban a *ninguna causa propia*: "*La verdadera causa de los cambios en el uso no es sino la actividad ordinaria de hablar*". Y en esta se excluye cualquier intento deliberado de modificar el uso. Aquí no opera otra intención que la que se orienta hacia la necesidad que se percibe en el momento, la de hacer comprensibles a otros las propias aspiraciones e ideas[149].

---

147. Desde los comienzos de la investigación sociolingüística de William Labov, esta ha sido la metodología más usual para estudiar empíricamente la variación y el cambio lingüísticos. W. Labov, *Principles of Linguistic Change*, 1994.

148. Paul: 24-25.

149. Id. 32.

La consideración histórica y la consideración genética del lenguaje demuestran así que son necesaria e inevitablemente una y la misma cosa. Para Paul, entender el hablar en la plena complejidad de todos los factores mentales involucrados queda muy lejos de nuestras posibilidades científicas reales. Y esto no ha cambiado sustancialmente, tampoco con las modernas técnicas de imagen y otros medios de medición fina de la actividad cerebral.

Lo que sí es cierto es que los descubrimientos más recientes de las neurociencias han empezado a ser relevantes para la lingüística. Al menos han empezado a descartar algunas de las ideas más populares sobre el lenguaje y la ciencia lingüística, porque se demuestran incompatibles con lo que empezamos a saber sobre el cerebro. He dedicado tanta atención a la teoría crítica de la lingüística de Hermann Paul porque es con diferencia la que más se acerca a lo que las actuales neurociencias sugieren que sería el camino correcto.

Hay una última cuestión planteada por Paul que merece que le dediquemos cierta atención, porque también va más allá del horizonte de la mayoría de las teorías lingüísticas en los dos últimos siglos y proporciona un excelente punto de partida para la teoría actual.

Unas treinta páginas después de sus primeras formulaciones Paul retorna a lo que consideraba la tarea original de su "ciencia de los principios", y declara que "Toda la doctrina de los principios de la historia del lenguaje gira en torno a la pregunta: ¿cómo se relaciona el uso del lenguaje con la actividad individual de hablar? ¿Cómo es determinada esta por aquél y cómo influye a su vez en él?"[150]

La cuestión de la relación entre lo compartido y lo individual, entre lo individual y lo social, ha sido siempre un problema fundamental para la teoría el lenguaje. Paul lo aborda como sigue:

> Se trata de integrar bajo categorías generales las diversas modificaciones del uso que se comprueban en la evolución de las lenguas, así como de investigar cada una de esas categorías en su aparecer y en los diversos estadios de su evolución. Y para llegar a este objetivo tenemos que atenernos a aquellos casos en los que los diversos estadios singulares de la evolución se nos muestren del modo más claro y completo posible. Esta es la razón por la que las épocas modernas nos proporcionan el material más útil. Pero hay que tener en cuenta que hasta la más nimia modificación del uso es ya en sí misma un proceso complejo, que no podremos comprender si no tomamos en consideración la modificación individual del uso. Allí donde la gramática habitual suele delimitar cosas y trazar fronteras, nosotros tenemos que esforzarnos por sacar a la luz todos los posibles estadios intermedios y formas de transición[151].

---

150. Id.: 33.
151. *Ibid.*

La moderna sociolingüística está aplicando ahora este método con resultados brillantes. Y en este contexto Paul añade una observación significativa:

(…) el individuo puede tener con el material lingüístico de su comunidad una relación en parte activa y en parte solo pasiva, es decir, no todo lo que oye y entiende lo aplica él mismo. A esto se añade que, del conjunto del material lingüístico que muchos individuos aplican de una manera coincidente, cada uno preferirá sin embargo más bien esto o más bien lo otro. En esto se basa muy particularmente la divergencia entre los lenguajes individuales incluso de la gente que está más próxima unos a otros, así como la posibilidad de que el uso se vaya desplazando poco a poco[152].

En una nota al pie de esa misma página encontramos una declaración que muestra una gran actualidad en el marco de la TCL:

De lo anterior se sigue que la filología y la lingüística no deben delimitar el campo de sus competencias de modo que la una solo necesite en cada caso servirse de los resultados de la otra. La diferencia entre la lingüística y el tratamiento filológico de la lengua debería entenderse en el sentido de que la primera se ocupa de las relaciones lingüísticas generales y de uso más o menos fijo, y la segunda de su utilización individual. Solo que lo que logra un escritor no puede ser debidamente apreciado si no somos capaces de representarnos adecuadamente la relación entre sus productos y la organización de conjunto de su propia imagen de su lengua, así como la relación de esa organización con el uso más común. Y a la inversa, una modificación en el uso no puede ser debidamente comprendida si no se estudia la actividad individual de hablar.

De entrada, la aproximación holística de Paul al lenguaje introduce distinciones, pero enseguida él admite que son de valor solo relativo y en definitiva no reales. La entera complejidad de los factores que operan en el hablar, y que finalmente dan lugar a cambios históricos, solo puede abordarse desde el punto de vista de los mecanismos mentales individuales. Estos mecanismos procesan y elaboran el input tanto de los demás hablantes como de la propia experiencia de uno mismo con lo que le rodea y consigo mismo. *No puede haber conflicto teórico entre el individuo y la comunidad.*

Conflictos sí que hay, y con frecuencia, pero en la práctica. Y no son conflictos entre lo individual y lo no individual, sino *entre individuos como tales.* Son *conflictos reales.* Dentro del individuo su hablar discurre en las formas que ha aprendido y que está reaprendiendo de continuo en la comunicación con otros, y cada individuo dispone de un amplio abanico de posibilidades de dar forma a su expresión, desde el modo más convencional hasta el más original. Pero solo un cierto tipo de

---

152. *Ibid.*

hábitos, junto con una cierta tendencia también influida por la genética, llega a arrojar en el individuo un hablar fuertemente innovador, lo que en general se considera como un avance cultural, aunque esto no siempre se pueda dar por sentado.

En este punto Paul da un paso más en la contraposición entre su ideología científica y la de la mayor parte de los lingüistas después de él, y que es relevante para la TCL: presta atención al *aprecio* de lo que logran hacer los mejores escritores, y muestra cómo este aprecio solo es posible si eso se compara con el conjunto de la organización tanto de sus propias representaciones del lenguaje como de las de su comunidad. Este "conjunto" parece acercarse a lo que Humboldt había llamado "el carácter de una lengua". El estilo individual y su mayor o menor excelencia surgen a partir de un cierto uso compartido de los medios de la propia lengua, y se perfilan por referencia a ellos.

He dedicado un tratamiento algo extenso a Hermann Paul porque él representa uno de los puntos de partida más importantes para la TCL, y porque lo tengo por uno de los más inteligentes y perspicaces lingüistas de la historia europea. Discutir sus propuestas conduce al tipo de resultado en el que consiste la TCL: a un nivel crítico incrementado. Permítaseme por lo tanto extraer una última conclusión sobre su idea de una "ciencia de los principios que acompañe a la investigación empírica".

Paul era consciente de que la investigación lingüística empírica solo adquiere sentido dentro del conocimiento humanístico si este sentido se define antes de empezar a investigar, y proporciona al trabajo la necesaria orientación. Pero se encontró con algunos problemas a la hora de identificar el espacio espiritual en el que tendría que desenvolverse esta reflexión teórica. De hecho, lo que estaba buscando es lo que más tarde, sobre todo por obra de Husserl, pasaría a ser conocido como *el dominio de la constitución del objeto*, que ya nos ha ocupado por extenso en capítulos anteriores.

Eso sí: él no quería de ningún modo ser considerado un filósofo. Estaba en contra de la filosofía. En el pasaje con el que inicia su obra, y del que he citado las dos primeras frases, la tercera reza:

> Para esa ciencia nos falta todavía una denominación válida y apropiada. Bajo "filo-sofía del lenguaje" se suele entender algo distinto. Y podría haber otra razón más para evitar esta expresión. Nuestra poco filosófica época se imagina bajo ella fácilmente especulaciones metafísicas, y de ésas la investigación histórica del lenguaje no necesita darse por enterada[153].

Paul introduce aquí algo sutilmente la sugerencia de que una época más filosófica quizá no reduciría la filosofía a especulaciones metafísicas. La razón por la

---

153. Id.: 1.

que yo defiendo la posición de Paul es que, a diferencia de la mayoría de los lingüistas y filósofos de entonces y de ahora, lo que él hace es, como lo he llamado más arriba, *"especulación correcta"*, de modo que, diga él lo que diga, él sí se ocupó de la *filosofía del lenguaje*, pero lo hizo *de un modo no metafísico*, algo que para los círculos académicos comunes a fines del XIX era tan extraño e inusual como antes o al margen de Kant y de Hegel.

9. La Teoría Crítica de la Lingüística (TCL) como la actual "ciencia de los principios"

La TCL se entiende a sí misma como la prosecución del tipo de "otra ciencia al lado de la investigación empírica" que esta sigue necesitando para orientarse de un modo no metafísico y tampoco trivial.

No toda investigación empírica de hechos lingüísticos "tiene sentido", y muchas no lo tienen. Para poder ser y mantenerse *relevante* en el marco de los estudios humanísticos, la indagación empírica de lo lingüístico necesita ser diseñada desde una comprensión abarcante del lenguaje. Tiene que incorporar la totalidad del conocimiento reunido por los lingüistas y por las otras ciencias de la cultura, y más recientemente también por las neurociencias y la neuropsicología, por lo que Eric Kandel y otros llaman "la nueva ciencia de la mente". El libro de Paul recoge los resultados de la lingüística histórico-comparativa hasta su momento, y los presenta de modo que contribuyan a impulsar una comprensión coherente del funcionamiento del lenguaje. Pero muchas de sus ideas no proceden de esta investigación. Son *especulativas*, coinciden con algunas de las más importantes intuiciones especulativas de Wilhelm von Humboldt, y son en general compatibles con la epistemología de Kant y de Hegel, así como con las neurociencias actuales. Y como ya he dicho más arriba, esto se debe a que son *buena especulación* o *buena teoría*.

Paul solo dedica un número limitado de páginas a exponer el trasfondo teórico de su manera de entender la lingüística histórica, y escribe esas páginas prácticamente sin la menor referencia a los autores en los que se basa, a sus "maestros espirituales". En ediciones posteriores añadió en notas a pie de página únicamente sus respuestas a ciertas objeciones que suscitó la primera edición y que le vinieron sobre todo de la "psicología de los pueblos". Así que tenemos que contentarnos con intentar imaginar de dónde proceden sus ideas básicas. El menciona a Steinthal, pero sin ninguna referencia bibliográfica concreta. La crítica de Paul se desarrolla a partir de su propia constelación personal, sin prestar mayor atención a precedentes ni autoridades anteriores. Es la pura energía de una mente clara abordando los problemas teóricos con mucho sentido común. Su interés por la historia se limita a la historia del lenguaje, no a la de la propia lingüística.

Unos 130 años más tarde yo diría que la lingüística empírica ya no se confronta con la necesidad de presentar los resultados de la experiencia histórica y comparativa en una panorámica coherente, sino más bien con la de recuperar los *métodos y especulaciones correctos derivados de esa experiencia*, con el fin de eliminar la ingente masa de especulación incontrolada que ha dominado la ideología lingüística desde que se abandonó la perspectiva histórico-comparativa y se adoptó la idea de "describir estados de lengua", como si fuesen sistemas en sí mismos.

En la actualidad el problema ya no es cómo entender la relación entre lo estable y lo cambiante en las lenguas y en el lenguaje de cada hablante. Esta cuestión puede considerarse más o menos resuelta. El problema actual debería ser más bien cómo reorientar la especulación lingüística en dirección a una buena integración de los avances del conocimiento propiamente lingüístico con los de las otras ciencias cuyos objetos se relacionan con lo que llamamos el lenguaje: con las ciencias de la cultura y con la biología. Y cómo orientar esa integración desde la filosofía crítica.

Y esto demanda en primer lugar una enérgica crítica filosófica a las especulaciones indebidas, y en general poco autoconscientes y menos autocríticas, que vienen guiando el trabajo lingüístico desde el giro "sincrónico", o más bien "antihistórico". Pero requiere también un trabajo de discriminación entre avances verdaderos y solo aparentes en la comprensión de lo lingüístico desde entonces.

Naturalmente dentro del nuevo contexto se ha hecho mucho trabajo válido. En mi opinión, una de las contribuciones más importantes de la lingüística del siglo xx al conocimiento del lenguaje ha sido la *"oposición privativa"*, el descubrimiento de que la lógica interna del lenguaje no es del tipo exclusivo sino *inclusivo*: en el lenguaje las cosas no se oponen entre sí según una lógica binaria de sí o no, sino de un modo complejo que permite que lo que, en un contexto, aparece como lo opuesto a otra cosa, en un contexto diferente pueda aparecer como parte suya o como un conjunto que incluye a ambos[154]. Y no deja de ser curioso que esto no se descubriese en el plano de las palabras y de las frases, sino en el de los sonidos lingüísticos.

La lingüística del siglo xx "descubrió" así lo que Hegel ya había aplicado en su revolucionario método "dialéctico" de la especulación. La lógica dialéctica de Hegel resulta ser, como demostró Josef Simon[155], consecuentemente "lingüística". Parte del hecho cierto de que las palabras ni se oponen unas a otras de un modo estrictamente dualista, ni están "indeterminadas semánticamente"[156]. *Quedan determinadas*

---

154. Remito al lector a la "Observación preliminar" de este libro.

155. J. Simon, *Das Problem der Sprache bei Hegel*.

156. La tesis de Quine sobre la indeterminación semántica de las palabras es tan parcial como asumir ingenuamente lo contrario. Falta la comprensión dialéctica del movimiento entre ambos. W.v.O. Quine, *Word and Object*, 1960.

en cada caso por su uso más o menos convencional como medios de articular el pensamiento. Dependiendo de la intención que vehiculan en cada caso, pueden convertirse en señales de cosas bastante o muy determinadas, de cosas bastante indeterminadas, o del movimiento de la mente entre la determinación y la indeterminación.

Y esto solo se puede comprobar en textos singulares reales, como parte de la historia del lenguaje humano en su especificación como idiomas nacionales singulares y como medios individuales de expresión. La historia de las lenguas humanas y de los medios de expresión de los seres humanos singulares es en un cierto sentido la historia de la humanidad.

La TCL, en su condición de *nueva ciencia de los principios*, ya no puede seguir enfocando su tarea a partir de una comprensión meramente intuitiva de la verdadera naturaleza del lenguaje y de las posibilidades de investigarlo sensatamente, entre otras cosas porque no existe ningún consenso sobre ambas cosas. En el seno de la escuela neogramática de Leipzig y su lingüística histórico-comparativa sí que se compartían algunos supuestos, más o menos conscientes, sobre el lenguaje, y esto es lo que permitió a Paul edificar su metodología sin que sus colegas se opusieran a nada, ni siquiera los romanistas, que ya estaban empezando a polemizar sobre la idea de las "leyes fonéticas" de sus colegas indoeuropeístas. En cambio, en la actualidad muchas ideologías lingüísticas compiten entre sí en el mercado científico. Hace falta una *historia expresamente crítica, no solo descriptiva, de las ideologías lingüísticas occidentales* si queremos poner un poco de orden en la teoría del lenguaje.

Así que la nueva ciencia de los principios necesita hacer *historiografía crítica de la lingüística* a la luz del conjunto de lo que ya sabemos, gracias a las ciencias culturales y biológicas, sobre los diversos procesos y factores que operan en el hablar, y esto tanto para limpiar la lingüística de falsos prejuicios heredados como para incorporar a ella todo conocimiento técnico y contextual que podamos considerar válido, siempre desde el trasfondo teórico de la filosofía crítica.

Y esto implica hacer "crítica ideológica". Es importante distinguir entre el trabajo lingüístico y sus resultados, por un lado, y las *ideologías lingüísticas* que se han producido en la historia, y que con frecuencia guían la investigación y la interpretación de los resultados lingüísticos de un modo tan inconsciente como incontrolado. Y es también importante, como vengo señalando desde el principio, detectar las interferencias entre ambas cosas y sacar a la luz los motivos ideológicos que pueden estar haciendo descarriar la investigación en direcciones triviales o incluso equivocadas.

La TCL, como la nueva ciencia de los principios, ha de marcar distinciones netas entre sus dos tareas principales: la crítica ideológica a las teorías lingüísticas y la crítica al trabajo empírico concreto. La primera es de naturaleza especulativa, la segunda es más o menos científica, y con frecuencia hermenéutica. Hasta ahora nos hemos estado concentrado sobre todo en la primera.

Ambas son, obviamente, "negativas": se trata de descartar errores con el fin de despejar el camino para una teoría lingüística correcta. Se podría considerar que construir esta última es una tercera tarea de la TCL, pero el hecho es que tal teoría ha de ser *lo que surja como contenido y resultado finales de las otras dos, en cada caso y momento.* "Teoría lingüística correcta" no puede querer decir una simple conclusión definitiva, ya que en cada momento histórico aparecen necesidades teóricas que sugieren una u otra perspectiva sobre el lenguaje, así como abordajes más o menos científicos, que permiten resolver diversos tipos de problemas o responder a diversos tipos de preguntas. Es por lo tanto una tarea constante y siempre renovada.

Todo esfuerzo que se haga en lingüística destinado a poner al descubierto presuposiciones sin fundamento, y a corregir sus consecuencias para la investigación empírica, habrá de ser reconocido como teoría crítica de la lingüística. No hace falta invocar ninguna afiliación personal a ninguna escuela o doctrina para realizar la tarea de la TCL. Dondequiera que un lingüista aplique una crítica basada en una buena cultura histórica, comparativa y especulativa, a su trabajo o al de otros, estará haciendo TCL. Estará desarrollando una *conciencia crítica de su propio lenguaje profesional y el de otros lingüistas*, basada en el rechazo de toda restricción intelectual y de toda barrera psicológica, y estará así esforzándose por mantenerse a la altura del nivel crítico que sea históricamente posible en su momento.

Mi presentación de la TCL como un conjunto expreso de principios teóricos en los dominios de la ontología, la epistemología, la lógica, la ética y la pragmática, está concebida como una contribución a una ejecución lo más consciente posible del trabajo crítico en lingüística, así como como una puesta al día de su contexto espiritual en el espacio, el tiempo y la cultura. Esta nueva ciencia de los principios, a diferencia de la imaginada por Paul, no reúne ideas positivas con pretensión de validez intemporal, sino que *revisa a fondo la historia* de esas ideas positivas y las razones por las que ninguna de ellas podría reclamar para sí una validez más allá de todo tiempo. En su contenido puramente negativo, es "*absoluta*" en el sentido hegeliano del "espíritu absoluto", porque reconoce que todo concepto, y por lo tanto todos los de la lingüística, *tienen su verdadero contenido en la "personalidad atómica e impenetrable"* del individuo que los acuña o concibe.

Capítulo IV

La TCL y la biología: la imposibilidad de una fundamentación biológica de la lingüística positiva

1. El problema de las "neurociencias especulativas"

Las nuevas neurociencias empiezan a arrojar resultados relevantes para la comprensión del lenguaje, pero por el momento *ninguna permite una conexión directa ni indirecta con el trabajo lingüístico.* Las neurociencias están aún muy lejos de poder descubrir cómo funciona el lenguaje en el cerebro, pese a que están ya encontrando muchos datos que permiten descartar algunas maneras tradicionales de representárselo, con lo que sin duda pueden contribuir a reorientar las expectativas en relación con la posibilidad de fundamentar biológicamente la lingüística.

El problema es que muchas obras de divulgación sobre las neurociencias[157] y sus resultados en relación con el lenguaje sustituyen la falta de un conocimiento empírico preciso de este con especulaciones que imaginan nuevas, cuando en realidad no hacen sino reproducir viejas tradiciones especulativas, abandonadas hace ya mucho por los filósofos y lingüistas más avanzados. Los estudiosos en este terreno apenas se sienten obligados a mantenerse tan al tanto de los avances especulativos como del trabajo científico. Y no es raro que ideas realmente rancias se presenten como puntos de vista normales en "filosofía".

Esta es la razón por la que hablar de la importancia de las neurociencias para la teoría lingüística nos obliga hoy en día a hablar de filosofía, o más bien de la mala filosofía. Pondré un ejemplo.

---

157. Pienso sobre todo en Steven Pinker o en Antonio Damasio (que, por lo que sé, es un excelente científico), autores ambos del capítulo sobre el lenguaje en la última edición de los *Principles of Neural Science* de Kandel y otros, pero no solo.

En el momento en que una obra de divulgación tan excelente como la de Edelman y Tononi *A Universe of Consciousness* llega a la teoría del lenguaje, mencionan como las dos "teorías o abordajes contemporáneas comunes" uno "externalista" y otro "internalista". Según ellos, el primero propone que

existe en primer lugar una experiencia subjetiva (digamos, la de un recién nacido), y que luego se da un desarrollo cada vez más diferenciado del yo, de modo que la autoconciencia nace como resultado de interacciones tanto sociales como lingüísticas. (…) desde este punto de vista internalista, es posible ontogenéticamente un cierto pensamiento incluso ya antes de adquirir el lenguaje. (…) En cambio, de acuerdo con el punto de vista opuesto, el externalista, no tiene sentido hablar de respuestas o estados internos subjetivos *hasta que* se ha adquirido el lenguaje. El lenguaje se adquiere a través de interacciones interpersonales que son sociales. Cuando hay suficiente lenguaje, emergen las bases conceptuales del yo. Y solo cuando tiene lugar esta emergencia se puede considerar que hay un individuo consciente y, sobre todo, autoconsciente. En el marco de esta manera de ver las cosas la subjetividad previa es algo indeterminado, y no tiene sentido preguntarse qué clase de cosa es X, si es un bebé prelingüístico o un murciélago[158].

Una vez presentadas estas dos "posiciones", los autores concluyen con toda naturalidad que ambas son extremas y parciales, y que la verdad debe de estar más o menos a medio camino entre ellas, o ser una mezcla de ambas. No parecen saber que, aunque algunos autores de artículos en publicaciones reputadas hayan definido efectivamente tales "posiciones", estas no son sino especulaciones muy simplistas, con remotos precedentes en la historia. En la filosofía y en la psicología actuales no se les prestaría la menor atención, ya que carecen de utilidad para ambas.

Semejantes "posiciones" sobre la relación entre la subjetividad y el desenvolvimiento del yo, tal como las relatan Edelman y Tononi, resultan simplemente ininteligibles más allá de denotar alguna difusa ideología. El "yo" (en inglés comúnmente "the *self*") es una palabra carente de significado fuera de contexto, y con uno bastante indeterminable incluso en los contextos más eruditos e informados. Y lo mismo se aplica a "subjetividad", "experiencia", "autoconciencia", "pensamiento", "razón", etc. En el marco de las neurociencias el uso de este tipo de palabras requiere una exquisita cautela, y debería estar siempre acompañado de la advertencia explícita de que el suyo es un valor puramente intuitivo y cultural, y nunca se las debería mezclar con la presentación de verdadero conocimiento científico.

---

158. G.M. Edelman, G. Tononi, *A Universe of Consciousness*: 197-98.

2. Lenguaje, conciencia y cerebro

Las *ideologías lingüísticas* más extendidas en la actualidad relacionan el lenguaje con la "conciencia" (*consciousness*), por más que el hablar implica con toda evidencia muchos componentes inconscientes. Además del presunto "conocimiento implícito de sus reglas", como formulan los generativistas, en el hablar se implican todo tipo de acciones motoras y de procesos neurales no verbalizables.

En el marco de los estudios sobre la memoria es habitual definir la "memoria implícita" como la de los recuerdos que no se han verbalizado, y la "explícita" como verbal y consciente. De acuerdo con estas definiciones, cuando algo es consciente, es que puede ser dicho en palabras. Edelmann y Tononi, por ejemplo, mencionan de pasada la "conciencia del significado de las palabras", como si eso fuese la denominación de un hecho verificado. Pero cualquier filólogo, como cualquier psiquiatra, está familiarizado con el hecho de que el acto de hablar está saturado de presupuestos e implicaciones no conscientes.

En los textos de las neurociencias, tanto científicos como de divulgación, "lenguaje" y "conciencia" aparecen como términos no definidos ni definibles, aunque no exactamente como "términos primitivos". Todo el mundo parece sentirse capaz de identificar sus "correlatos" en la realidad, y los neurocientíficos en general también se fían de esto cuando hablan sobre el hablar. Pero la debilidad teórica de las especulaciones sobre este tipo de "objetos" se hace patente cuando uno se fija en pasajes como este: "Hacemos nuestra la convicción de que la conciencia no es un objeto sino un proceso, y que, vista desde este ángulo, es de hecho un objeto científico viable"[159].

Si el hecho de reconocer que la "conciencia", signifique esto lo que signifique, es un proceso basta para convertirlo en un objeto científico viable, entonces la *Fenomenología del espíritu* de Hegel es un tratado puramente científico. Pero claro, no es esto lo que pretenden esos autores, al menos cuando aseguran que "refleja pura arrogancia humana el hecho de que se hayan construido sistemas filosóficos enteros solo sobre la base de una fenomenología subjetiva, sobre la experiencia consciente de un individuo singular con inclinaciones filosóficas"[160].

Así que Hegel no era un científico, sino solo un tipo arrogante. Pero entonces, ¿qué decir de nuestros autores? Lo que ellos dicen: "Lo que nosotros intentamos es conectar una descripción de algo que está ahí fuera –el cerebro– con algo que está dentro, una experiencia, la nuestra individual, que nos viene como observadores conscientes"[161].

---

159. Edelmann-Tononi: 9.
160. Id.: 35.
161. Id.: 11.

Edelman y Tononi, como la mayoría de sus colegas, se ven, pues, obligados a buscar la segunda parte de su investigación exactamente en el punto en el que todos empezamos a pensar: en su experiencia consciente individual. Podrían, ciertamente, distinguir entre su propia aproximación y la de los filósofos, pero expresamente se abstienen de hacerlo: "En pocas palabras, lo que nosotros deseamos es *explicar* ese "pienso, luego existo" que Descartes proponía como primera evidencia indiscutible, sobre la que debería edificarse cualquier filosofía"[162].

Uno esperaría que un científico razonable no se centrase en querer explicar una posición filosófica de hace más de tres siglos, sino algo más actual, del mismo modo que, con toda seguridad, no intentaría estudiar el cerebro con las herramientas del siglo XVII.

Pero es un hecho que ningún neurocientífico está en condiciones de explicar ninguna idea de Descartes, Hume, Kant o Hegel en su laboratorio. Lo que tienen que hacer, y hacen, es concentrarse en el cerebro y en lo que las herramientas actuales de la investigación permiten observar empíricamente en él. Querer conectar este trabajo con ideas filosóficas del pasado puede verse como un deporte suyo privado e inocuo fuera del laboratorio. Una investigación científica experimental sobre la conciencia es hoy por hoy imposible (probablemente acabará siendo posible de algún modo en el futuro), porque la neurociencia no está todavía en condiciones de "plantear las preguntas correctas"[163] a propósito de la *conciencia*, que sigue siendo una palabra de la cultura, con la que cada "usuario" o "hablante" evoca intuiciones diversas, y posiblemente incompatibles entre sí, y cuyos contenidos sabemos que son solo individuales y no directamente comunicables.

Y este es también el caso de las presuntas "propiedades" de la conciencia que postulan los autores citados, como materias y objetos que se trata de explicar: afirman que la conciencia es "unitaria, privada e integrativa". De estas tres, solo la última constituye una conclusión lógica de la investigación actual, e incluso esta es una variable, no una constante, como se infiere de formulaciones alternativas en ese mismo texto: "La conciencia no tolera brechas de coherencia", y "la conciencia aborrece los huecos y las discontinuidades"[164]. "Hay gente", informan, "con daños occipitales masivos que no ven nada, pero que no reconocen estar ciegos (síndrome de Anton)". ¿Pero qué pasa con "los otros"? Los seres conscientes generalmente tienden a la "coherencia" interna, pero ni lo logran siempre, ni todos muestran el mismo grado de tolerancia para con su carencia. Algunos muestran de hecho una tolerancia asombrosa para con su propia incoherencia.

---

162. *Ibid.*

163. Es una buena pregunta de ese tipo la de "we are trying to get inside – to know, as the philosopher Thomas Nagel felicitously phrased it – what it is like to be a bat"? (*ibid.:* 11).

164. Id.: 27.

En cuanto a la "unitariedad", o bien se trata de un concepto puramente metafísico, que podría coexistir con la actual investigación del cerebro igual que su contrario, o bien se la define en términos neurológicos para que pueda ser de alguna utilidad, lo que aún no es el caso.

Y, finalmente, no es posible calificar propiamente la conciencia como "privada" porque este término se opone usualmente al de "público", lo que en este contexto da poco sentido. Llamarla "individual" sería una opción mejor, pero tampoco es un término científico mientras no se lo defina justamente en términos científicos.

En las exposiciones sobre las neurociencias destinadas a "humanistas" el lenguaje suele ser un capítulo tardío o final. En la obra de Edelman y Tononi solo le está dedicado uno de 17 capítulos, el 15. En la obra de Steven Pinker *How the Mind Works* no se le dedica ningún capítulo, y la primera mención que se hace de él aparece en la página 23 de la versión castellana. Bien es verdad que Pinker se remite para este tema a su obra anterior *The Language Instinct,* pero esta es casi pura especulación, aunque presentada como resultado de neurociencias. En el tratado *Principles of Neural Science* editado por Kandel, Jessel y Schwartz, solo la última edición incluye seis páginas (de sus casi 1200) sobre el lenguaje, y la mitad están dedicadas al problema clínico de las afasias, y lo han escrito Pinker y Damasio.

Y, sin embargo, existe cierto consenso general sobre la idea de que la "mente" tiene que ver con el lenguaje, con la categorización y el trato lingüístico entre las personas. En el campo de la gramática, la existencia de una estrecha conexión entre pensar y hablar es un tema recurrente desde la antigüedad.

Los estudios sobre la conciencia no pueden ignorar sus outputs lingüísticos. Es virtualmente imposible trazar una frontera clara entre el hablar y el pensar, así que no hay razón para no situarlos al mismo nivel. Tanto "lenguaje" como "conciencia" son palabras de la cultura, cargadas de un fuerte bagaje emocional. Abordar sus significados científicamente no solo implica problemas operacionales: implica sobre todo la necesidad de distinguir claramente entre un trabajo especulativo basado en la contemplación fenomenológica y un trabajo científico basado en decisiones reduccionistas a partir de los fenómenos.

Como demuestran claramente Edelman y Tononi, en el "plano consciente" el cerebro humano trabaja con *"global maps"*, con proyecciones globales y circuitos grandes que implican áreas diversas y a veces muy distantes entre sí. En el caso del lenguaje, los experimentos con técnicas de imagen muestran hasta qué punto es real esta conexión entre áreas cerebrales diversas y alejadas unas de otras. Sin embargo, no hacía falta recurrir a estas técnicas para darse cuenta de que "hablar" no es solo una actividad muscular regida por una única serie de órdenes o programas neuronales, sino que es probablemente el output más complejo del conjunto del organismo humano, o de cualquier organismo conocido. Al nivel de la fenomenología externa, basta con observar el comportamiento en el que consiste el hablar para advertir que en él no solo están implicados los órganos articulatorios (laringe, faringe, boca, nariz), sino todo el sistema respiratorio, el auditivo, el conjunto de los mecanismos que rigen las posturas o las expresiones faciales, incluido el control de la mirada. La introspección permite añadir a todo esto el conjunto de los mecanismos de memoria y aprendizaje, las emociones, sentimientos y estados de ánimo, así como la totalidad de las asociaciones que tienen lugar en el córtex prefrontal. Pocas cosas dentro del cerebro y del sistema nervioso quedan fuera del comportamiento lingüístico.

Dado que la "lingüística" se limita tradicionalmente al output puramente articulatorio o verbal, su abordaje no puede tomarse como punto de partida para el estudio neural del lenguaje. Porque conlleva demasiadas restricciones. Si queremos poner el lenguaje en relación con su base biológica, *tendríamos que retroceder a un estado hipotético de nuestra conciencia del lenguaje, previo a las primeras decisiones reduccionistas de los gramáticos.*

Lo que pasa es que un comienzo como ese no se ha dado nunca: solo hablamos del "lenguaje" desde que tenemos gramáticos. *Nuestra percepción de nuestro propio hablar está condicionada por nuestra cultura y su ideología gramatical.* Así que hay que empezar por "deconstruir" esta ideología cultural, si es que queremos convertir el lenguaje en una noción científicamente viable (aunque todavía no en un "objeto"). Y una tarea similar hace falta para la "conciencia": incluso en los contextos neurocientíficos, "conciencia" sigue siendo más o menos lo mismo que fuera de ellos, a saber, una señal lingüística para una intuición difusa.

Algunos "humanistas" ya habían realizado esas dos deconstrucciones hace mucho, pero el avance que suponían no fue apenas reconocido en su momento, porque resultaba muy difícil de entender e incorporar, y con el tiempo tampoco se remedió esto, sino más bien al contrario. Esos humanistas tienen nombre propio: Wilhelm von Humboldt para el lenguaje, Kant y Hegel para la conciencia. Su trabajo se realizó entre fines del XVIII y comienzos del XIX.

3. La base biológica del lenguaje: individualidad, temporalidad y dinámica del cerebro humano

3.1. La actividad neuronal que subyace al comportamiento verbal

La investigación actual sobre el sistema nervioso no solo de los seres humanos, sino a lo largo de la entera escala de la evolución biológica, contradice de plano la vieja ideología "identitaria" que pretende reconducir el comportamiento verbal a una determinada serie de pautas compartidas. Sabemos ahora de hecho que ese complejo centro de control de todas las funciones orgánicas que es el cerebro no trabaja por módulos distintos y claramente separados, aunque se distingan en él estratos diversos. Incluso las áreas cerebrales más inequívocamente relacionadas con modalidades concretas de comportamiento trabajan en una densa interconexión con otras.

Las modernas teorías sobre la conciencia siguen siendo, como decía, "modelos" tentativos y en buena parte especulativos. Todas parten del hecho cierto de que nuestro sistema nervioso exhibe un grado de conectividad desconocido en ningún otro ser vivo. Y lo que hace del cerebro humano la estructura más compleja del universo que conocemos no es tanto la elevada diferenciación histológica de las estructuras celulares, ni la astronómica cantidad de neuronas, sino más bien la *complejidad emergente generada por su extraordinaria conectividad.* A su vez, el lenguaje es el producto más complejo de la "conciencia". Como "objeto" analítico se lo debería abordar por lo tanto desde el punto de vista de la *complejidad biológica* de lo que quiera que sea la conciencia.

Con el fin de integrar el conocimiento actual sobre el cerebro en una teoría crítica del lenguaje, me propongo focalizar ahora algunos aspectos biológicos de la conciencia humana que me parecen pertinentes para este propósito. Me basaré para ello en la cuarta edición de los *Principles of Neural Sciences* de Kandel, Jessell y Schwartz.

Hay por una parte el camino que lleva desde cada una de las señales neurales simples de los órganos de los sentidos hasta el córtex asociativo. Este camino es "convergente", La gigantesca pluralidad de las señales singulares va siendo filtrada a través de centros de *relé,* mediante un juego sutil de neuronas excitatorias e inhibitorias. Las señales más débiles e infrecuentes van siendo descartadas, y las más fuertes y frecuentes se ven reforzadas. De este modo, la multiplicidad de origen de las señales va siendo *progresivamente simplificada.*

A partir de una cierta zona, específica para las señales de cada sentido, esas señales ya simplificadas y reforzadas son conectadas *entre sí.* Diversas señales visuales, por ejemplo, son coordinadas hasta obtener una imagen o representación visual coherente en el cerebro. Estas imágenes o representaciones (ambos términos son metafóricos) se coordinan a su vez *con señales procedentes de otros sentidos y con las llamadas señales proprioceptivas* (las que emite el propio organismo sobre su estado en cada momento). Finalmente, todo esto va siendo asociado con recuerdos tanto del sentido focalizado en cada caso como de otros campos sensoriales, así como con recuerdos de unos y otros ya procesados, tanto conscientes como inconscientes.

Este procesamiento asociativo de las señales sensoriales suscita una continua realimentación en relación con la posición y postura del cuerpo en su conjunto, en la medida en que pueden ser relevantes para la percepción inicial de sus objetos, así como a partir de señales sobre la posición y movimientos de los propios miembros, de estados internos del sistema nervioso y de todo tipo de parámetros biológicos: tensión arterial, balance hormonal, etc. *La información sobre la "posición y perspectiva" del individuo en relación con lo que percibe, y con cómo lo percibe, es así constantemente integrada en la propia percepción.*

De este modo nuestro cerebro va construyendo sus imágenes sensoriales, y procesándolas, como *representaciones endógenas*. No son meros reflejos de lo que hay ahí fuera, sino que son el resultado de nuestra interacción corporal con ello. Como dice Antonio Damasio, algo provocativamente, "la mente va del cuerpo" ("*mind is about the body*")[165].

Ahora bien, todos estos procesos no arrojan productos que se *almacenen* de algún modo en algún sitio. Nada es realmente almacenado. Todo lo que sentimos, recordamos, decimos o pensamos es el resultado *momentáneo* del acceso a la conciencia de algunos procesos singulares, de entre un *"panta rhei"* neural constante e inmensamente diferenciado, consistente en billones de sinapsis en curso. Nadie sabe cómo los procesos que se vuelven conscientes, y de los que *nos damos cuenta*, emergen a nuestra conciencia a partir de semejante masa de eventos neurales.

Las neuronas de cada área y estrato del cerebro básicamente proyectan a las mismas otras áreas y estratos en todos los individuos, y este sustrato de proyecciones compartidas es algo heredado. Pero más allá de estas proyecciones locales constantes, las señales viajan en cada individuo a través de aquellos extensos circuitos neurales llamados "*global maps*", que pueden diferir ampliamente de individuo a individuo, y lo hacen de hecho.

A esto se añade que las diversas entradas de señales procedentes de las experiencias individuales refuerzan unos circuitos y no otros, y esos refuerzos acaban por dar lugar a nuevas terminales sinápticas en los axones de las neuronas presinápticas. Las experiencias individuales y su procesamiento también individual dejan huellas anatómicas individuales que condicionan los circuitos de cada persona, lo que implica que *el cableado de cada uno está a su vez cambiando de continuo. Esta continuada activación y refuerzo de determinados circuitos sinápticos a lo largo de caminos más o menos extensos es, al parecer, la única "cosa" que "queda" o que "está ahí".*

Cada vez que hablamos tiene lugar una actividad global compleja de nuestro organismo. Implica a muchas partes de nuestro cuerpo y es controlada por nuestro cerebro. Una de esas partes es el *flujo vocal, que se rige sobre todo por las pautas previas de hablar, escuchar y procesar.* Repetimos fragmentos más o menos largos de discursos ya dichos o escuchados, pero, a partir de una cierta extensión, nuestro discurso ya no es mera repetición de partes de otros, sino una *combinación más o*

---

165. A. Damasio, *Self Comes to Mind. Constructing the Conscious Brain*, 2010. V. también G.M. Edelmann and G. Tononi, *A Universe of Consciousness*, y E.R. Kandel, J.H. Schwartz y Th. M. Jessel (eds.), *Principles of Neural Sciences*, así como *In Search of Memory* de E. Kandel.

menos nueva u original de fragmentos repetidos. Lo que al final se nos muestra como una actividad motora fónica es el resultado de una coordinación de muchos tipos de recuerdos: verbales, motores, sensoriales, cognitivos, así como de recuerdos de todo tipo de experiencias y expectativas. Es también resultado de disposiciones genéticas y epigenéticas que, a su vez, están constantemente adaptándose a nuevas circunstancias, y por lo tanto cambiando bajo una constante realimentación de su control. Los circuitos por lo que viajan las señales en estos procesos son nuevamente del orden de billones.

Estos procesos son, entre otras cosas, *degenerativos* y *redundantes.*

Degenerativos: la mayor parte de lo que hacemos o experimentamos se desvanece de la memoria y se olvida.

Redundantes: Un mismo recuerdo, o un mismo comportamiento, es, en cada caso, el resultado de una cantidad incontable de circuitos neurales de función más o menos análoga o convergente. No son siempre los mismos, o más bien es imposible que sean los mismos de una ocasión a otra.

Cada vez que decimos algo de una cierta manera, y de acuerdo con unas ciertas pautas recordadas, no es que recuperemos esos recuerdos sacándolos de algún tipo de *almacén o fichero*: lo que hacemos es *producir* esos recuerdos para la ocasión. Y cada vez que producimos un recuerdo recorriendo de nuevo ciertos circuitos, mezclamos elementos viejos con otros nuevos. No recuperamos en nuestra conciencia algo pretérito, sino que *construimos su recuerdo en cada caso de acuerdo con lo que nuestro estado mental en ese momento nos permite hacer.*

Hablar en una cierta lengua, igual que cualquier otro comportamiento complejo y habitual, consiste en *seguir o volver a pasar por circuitos neurales más o menos habituales.* Y todo tipo de circunstancias tienen como consecuencia todo tipo de rodeos o atajos por otros posibles circuitos que, si se los refuerza lo suficiente, terminarían causando modificaciones sensibles del comportamiento. Cosa que ocurre de continuo. Los circuitos del niño pequeño que está empezando a aprender a hablar cambian sensiblemente de un día para otro, y más tarde se van estabilizando hasta que al final parece que ya no cambian más. Pero solo lo parece. Que la organización sintáctica del flujo verbal de alguien parezca constante no quiere decir que una cierta estructura definitiva se haya fijado en alguna parte de su cerebro. Nada se fija. Solo hay *manojos de circuitos en curso y provisionalmente coincidentes.*

Tanto los niños como los mayores estamos continuamente aprendiendo a hablar como lo hacemos, por entre la inextricable madeja de lo que seguimos aprendiendo todo el tiempo. Sabemos, por ejemplo, lo importante que es la química emocional para todo proceso de aprendizaje, y hasta qué punto influye en que se produzcan o no ciertas proteínas que determinan que un recuerdo instantáneo se convierta o no en un recuerdo de larga duración. Nuestra competencia de hablar está siendo continuamente formada y reformada según las emociones que suscitan o motivan el comportamiento lingüístico y sus consecuencias en cada caso, y que determinan en buena medida el grado de atención que prestamos a las cosas y nuestra capacidad de recordarlas.

A la vista de estas consideraciones, pretender extraer el componente verbal del hablar, diferenciándolo y separándolo de toda esta intrincada actividad corporal, como si fuese una función autónoma con perfiles nítidos, parece una decisión tan arbitraria como reduccionista. Y el caso es que la simple idea de que el componente verbal del hablar pueda constituir un plano autónomo se debe ante todo a nuestra familiaridad con el lenguaje escrito. Pero la escritura no es una simple fijación sensorial del comportamiento verbal. Es, por el contrario, *creación de un flujo verbal autónomo*. La escritura es un logro cultural, y es secundaria respecto del hablar (tan secundaria como las matemáticas), pero ha ejercido una enorme influencia en nuestra manera de imaginar nuestro propio hablar.

Si queremos estudiar esos procesos neuronales, *el reduccionismo es una necesidad metodológica ineludible*. Ahora bien, el reduccionismo tan solo permite al investigador identificar procesos y elementos básicos, y la complejidad real del trabajo de las neuronas en forma complejas de comportamiento, como es el hablar, no se puede aprehender sumando simplemente tales elementos singulares. *La complejidad emergente* exige abordajes de otro tipo, y en la actualidad estos consisten ante todo en construir *"modelos" más o menos sofisticados de las redes neuronales*. El problema, para la teoría del lenguaje, es que estos modelos dependen directamente del tipo de reducciones que se han hecho previamente con el fin de identificar los componentes elementales. Y lo que hacen es *reconstruir la complejidad a partir de la simplificación*. Aquí las decisiones reductivas adoptadas en el camino hacia los elementos más simples condicionan en gran medida la imagen de esa complejidad reconstruida.

El prejuicio más extendido en nuestro tiempo sobre la complejidad lingüística es creer que hablar es aplicar o ejercer alguna competencia, bien definida en sí misma, para combinar elementos simples en estructuras complejas previamente dadas. Es así como se convierte el lenguaje en objeto de investigación bajo la influencia de las ciencias experimentales.

Sin embargo, esta imagen del lenguaje pasa por alto el hecho cierto de que una parte importante de nuestra actividad mental consiste justamente en probar nuevos logros neurales. Ignora también que hablar y pensar, como logros de la inmensa complejidad y conectividad de la actividad neural, están lejos de ser *determinados* por pautas verbales cualesquiera. Las modernas investigaciones sobre los procesos de aprendizaje prestan la debida atención a este hecho. Nuestra mente está constantemente aprendiendo y desaprendiendo.

3.2. Las vías de la categorización

Los seres humanos, como en realidad todos los seres vivos, *estamos todo el tiempo "categorizando" las presuntas fuentes de nuestros inputs sensoriales*. La principal diferencia entre los seres humanos y los demás en la escala evolutiva es la complejidad única de nuestros procesos categorizadores.

Los seres humanos categorizamos básicamente de dos maneras, y quiero dejar claro que la distinción que voy a introducir aquí es *especulativa*, y está montada a partir de los datos biológicos que voy a exponer a continuación.

La modalidad primera y más instintiva de subsumir lo que nos llega desde fuera bajo categorías sensatas y familiares consiste en proseguir, en un nivel mental "superior", la senda neural que va desde los sensores de los órganos de los sentidos hasta el córtex prefrontal, pasando por los relés que *simplifican y refuerzan* las señales. Nuestra mente reduce a su vez la pluralidad y la parcial opacidad de las complejidades externas bajo *representaciones progresivamente unitarias* de nuestro entorno. Partiendo de las categorías más concretas, que son las que designan nuestros nombres más comunes, vamos abstrayendo cada vez más, formando designaciones que comprenden más cosas diversas bajo una nueva unidad, que poseerá menos rasgos de contenido para poder abarcar más cosas: "silla" es más concreto y determinado que "mueble", y este comprende además a otras cosas bajo un concepto "superior". Vamos expandiendo la *extensión* de nuestras categorías a expensas de su riqueza *intensional*.

De este modo vamos reduciendo progresivamente el conjunto de los objetos, tanto materiales como vivos, que encontramos en la vida; por ejemplo, recogiéndolos todos bajo solo unos pocos "reinos" naturales (mineral, vegetal, animal…). O hacemos clasificaciones que reducen la multiplicidad de los elementos que comprenden, reconduciéndola a una lista más o menos limitadas de "tipos": tipos de personalidad, de plantas y animales, de moléculas, de regímenes políticos, de palabras, razas, mensajes… Organizamos nuestro mundo en categorías y dicotomías cada vez más comprensivas, como animado/inanimado, orgánico/inorgánico, material/espiritual, consciente/inconsciente, etc. Y en la "cúspide" de todas estas reducciones de la complejidad exterior encontramos lo que parecen ser las categorías más básicas del pensamiento humano: *ser y no ser*, o *ser y nada*. Es el punto en el que podemos decirnos: ser o no ser, esa es la cuestión.

A este proceso se lo podría llamar "el efecto Parménides", puesto que su formulación más consecuente y extrema dentro de nuestra cultura se encuentra en él, aunque en India hay textos tempranos que también se expresan así. Se trata de *negar la relevancia ontológica de toda oposición concreta de conceptos (de propiedades de objetos diversos) y de subrayar, o contemplar exclusivamente, la unidad última de todo bajo la categoría suprema (y más vacía) del "ser".*

Por debajo de esta cúspide categorizadora, y a diferentes "alturas" de esta *pirá-mide abstractiva*, encontramos todas las formas de pensar que se basan en el "prin-cipio de identidad", de acuerdo con el cual es legítimo *ignorar lo que distingue a un exponente de otro dentro de un mismo tipo, y focalizar solo lo que comparten, justa-mente como exponentes de esa categoría.*

La mayor parte de la actividad científica responde a este patrón. Pero también otras formas de reducir la complejidad ignorando las diferencias entre individuos siguen este método. Entre las más peligrosas están las distinciones que implican una gran carga emocional, como la de amigo y enemigo, la del bien y el mal, la de "mío" y "tuyo". El sistema indio de las castas es un ejemplo extremo de categoriza-ción jerárquica de los seres humanos. Pero todas las formas de fascismo compar-ten esta ignorancia de las diferencias individuales, bajo la *identificación* psicológica y social con el grupo propio y la *hostilidad* contra los demás.

En cualquier caso, este camino mental de la categorización progresivamente abstractiva es el que tiene las mayores probabilidades de ser "compartido" por di-versos individuos, ya que se limita a proseguir la estructura común del procesa-miento neural de las señales sensoriales. Claro que muchas veces resulta difícil definir cosas e ideas *problemáticas*, lo que nos deja claro que no sabemos si "com-partimos" realmente los contenidos semánticos de nuestras categorías, y lo más probable es que no los compartamos más que en parte. Pero estamos interesados en *comportarnos como si los compartiésemos*, ya que solo *creerlo* nos proporciona la sensación de pertenecer a una comunidad y de estar "seguros" dentro de ella. Esta es la base de nuestra confianza en nuestras palabras, así como de la idea habitual de que "comunicación" es *compartir información.*

Existe, sin embargo, de hecho, una *vía alternativa de categorización* de nues-tras experiencias y objetos, enraizada también en nuestra biología.

Las señales sensoriales llegan hasta el córtex prefrontal o asociativo y se com-binan en él, como decía, con otras señales sensoriales y con todo tipo de recuerdos más o menos afines a ellas. Lo que se produce aquí es un procesamiento *no vertical ni reductivo* de esas señales. Es un procesamiento que más bien *enriquece* las sensa-ciones singulares y las pone en relación con cualquier cosa con la que nuestra acti-vidad mental inconsciente dé en relacionarlas[166]. En oposición a lo que he llamado

---

166. Recientes investigaciones de las redes neuronales proponen la existencia de una "red neu-ronal por defecto" (DMN: *default mode network*) que se activa cuando la mente está "en reposo", esto es, no ocupada en resolver problemas o planificar o ejecutar tareas. Se diría que es el correlato biológico de esa "orientación estética" que propongo, ya que es en estados como el duermevela cuando y donde nuestra mente establece relaciones imprevisibles, desde disparatadas hasta creativas. Los investigado-res hablan aquí de la "sede de la creatividad". V. por ejemplo Olaf Sporns e.a. "Organization, development and function of complex brain networks", en *TRENDS in Cognitive Sciences (2004)*.

la *pirámide abstractiva*, creo que tiene sentido llamar a este otro camino *"vía de la orientación estética"* (lo que nuevamente es una noción especulativa).

En esta vía nuestra actividad mental se entrega a sí misma al flujo de la multiplicidad inconsciente de asociaciones internas imprevisibles, y se abre a nuevas formas de percibir la experiencia que pueden ir más allá de las categorías meramente abstractivas. Naturalmente tenemos a nuestra disposición todos los logros categorizadores previos de nuestra comunidad lingüística y sus designaciones idiomáticas, pero aquí nuestro cerebro no se limita a ellas: en contraste con los conceptos abstractivos que ya están dados, *abre espacios de libertad mental y de nuevas perspectivas,* de nuevos puntos de vista, que pueden arrojar formulaciones lingüísticas innovadoras y nuevas ideas.

La categorización humana opera simultáneamente por estas dos vías, porque nuestro cerebro funciona así. Y depende de cada uno atribuir el mismo peso a ambas o inclinarse más o menos a priorizar una de ellas. Ambas son productivas y ambas entrañan riesgos.

El riesgo de priorizar por completo la vía de la categorización abstractiva es caer en la rigidez mental. Las pirámides abstractivas presuponen una realidad estática y constante. Hasta cierto punto todo ser vivo se mueve dentro de un entorno relativamente estable, lo que hace de las categorizaciones estáticas y jerárquicas herramientas funcionales, útiles para la supervivencia. Pero solo hasta cierto punto. Solo la vía de la orientación estética permite a los organismos desarrollar *adaptaciones innovadoras*, y esto es necesario cada vez que nuestro entorno se vuelve inestable, inesperado o indeseable. Solo la capacidad de adaptación plástica garantiza la supervivencia en condiciones complejas. Y nuestros cerebros humanos hacen mucho más que esto: nuestra capacidad de orientación estética nos permite *inventar el mundo en el que vivimos y configurarlo de acuerdo con nuestras necesidades y nuestra fantasía.*

Nuestra competencia lingüística, *en el sentido más complejo de la expresión*, nos permite no depender en exclusiva de la vía abstractiva de categorización. Y nos permite *categorizar de un modo creativo*, naturalmente diverso de individuo a individuo, ya que depende del bagaje de experiencias previas que podemos asociar en cada caso con las nuevas. El código lingüístico compartido solo nos proporciona indicios de esa complejidad individual. *A este nivel el entender se convierte básicamente en un problema y un desafío.* La comunicación ya no es aquí transmisión de información, sino más bien *encuentro hermenéutico entre individuos que son opacos los unos para los otros.* El amor humano y el odio humano, los dos extremos de esta clase de comunicación, resultan ser, a despecho de la estructura hormonal compartida, tan individuales como las biografías, las emociones y las ideas.

3.3. El "instinto analítico"

La conciencia humana no solo categoriza: con sus categorías constituye "objetos". Establece así una distinción y una distancia entre ella misma y esos objetos. Los animales también lo hacen, pero, al parecer, no incluyen en el dominio de los objetos distintos de ellos cuanto sienten o perciben *en su propio interior*. Esta parece ser una característica exclusiva de los seres humanos. Nosotros convertimos también en "objetos" nuestros propios miembros, ideas, emociones y sentimientos; incluso "nuestra" conciencia; incluso "nuestro" hablar.

Esta distinción básica entre un "yo" y cuanto este percibe o siente es la expresión inmediata de nuestro *"instinto analítico"*, una modalidad de conciencia aparentemente exclusiva de los seres humanos, y *responsable de nuestra manera de habitar un mundo propio*. La conciencia humana organiza su entorno *distinguiéndolo de sí misma y dividiéndolo en partes*: analizando. Y luego *imaginamos nuestro mundo como compuesto por lo que nosotros hemos determinado que son sus partes.*

También nos analizamos *a nosotros mismos,* y suponemos que estamos compuestos por lo que nosotros mismos consideramos nuestros componentes. "El lenguaje" es uno de los resultados de esta actitud analítica. Lo concebimos como una parte de nosotros, pero distinta de "mí". Y ese conjunto del que es parte el lenguaje ya no es para nosotros "yo", sino "el ser humano", una *categoría* bajo la cual nos subsumimos a nosotros mismos, convirtiéndonos así en *exponentes de una categoría o tipo* (o de un "universal"). Distinguimos nuestro lenguaje de nosotros mismos: él ya no es "yo" sino "mi lenguaje", como si "yo" lo poseyese, del mismo modo que imaginamos que *poseemos* un cerebro y no que *somos* uno.

Es así como construimos *instintivamente* lo que Kant denominó el "sujeto trascendental", esa idea de un "yo" que acompaña a toda experiencia de conocimiento, y que suponemos distinto de cualquier contenido del conocimiento, incluso cuando este se ocupa de su propio sujeto, o de sí mismo. Este sujeto trascendental no es el ser humano real y singular, en cuanto que se enfrenta a la realidad externa o a la suya interior. Es una *construcción cognitiva* que todos hacemos, una presuposición cognitiva que subyace a toda experiencia. Es un acto primordial de dividir la realidad en dos: el dominio de los objetos y el de un *sujeto unitario presupuesto*, que es el que realiza las síntesis cognitivas.

Y no podemos evitar esta construcción, porque opera inconscientemente. Tenemos que presuponer que somos esos sujetos trascendentales de nuestro propio conocimiento, de nuestras experiencias, sentimientos y acciones. No podemos evitar dividirnos *a nosotros mismos* en un yo que conoce y un mundo que puede ser conocido.

Es así como concebimos nuestro hablar como parte de lo que puede ser conocido, del dominio de los objetos posibles. Y al hacerlo ignoramos el hecho cierto de que el lenguaje, como formuló en su día el pensador francés Condillac, es nuestro "primer método analítico"[167], la parte de nosotros mismos que realiza la primera categorización de la realidad, o que más bien *somos nosotros mismos en cuanto seres que analizamos y categorizamos la realidad*. Es mi propio proceso de llegar a ser lo que soy, identificando la realidad como mi entorno. Es *mi propia actividad mental de crear mi mundo y a mí mismo*.

Analizar no es en sí mismo algo virtuoso. Es como comer o como examinar las cosas: es una estrategia humana innata de supervivencia, que nuestra mente hace posible e inevitable. *Se convierte en beneficioso solo si lo guían propósitos conscientes y responsables*. Porque *un análisis meramente instintivo puede ser un desvarío*. En las ciencias humanas la actividad analítica solo se legitima determinando responsablemente objetivos y métodos. Distinciones analíticas espontáneas como la de cuerpo y alma, cuerpo y mente, blancos y negros, ciudad y campo, lengua y habla, o morfología y sintaxis, son tan arbitrarias como llamar al aguacate fruta o verdura. Son resultado de nuestra educación y habituación lingüísticas en el seno de la familia, en la escuela y en la sociedad.

3.4. El análisis lingüístico

El trabajo analítico sobre el lenguaje, en lingüística como en filosofía, *presupone acríticamente* que las palabras con las que categorizamos los hechos lingüísticos se corresponden con la realidad a la que pretenden referirse. Es así como cada escuela lingüística se construye su propia representación de lo que es el lenguaje. El lingüista analítico *presupone por lo tanto que lo que busca existe en la realidad*, y desde un punto de vista epistemológico esto es un círculo vicioso. Presupone que su término "lenguaje" identifica correctamente una cosa real. No solo esto: cree también que está en condiciones de analizar "adecuadamente" esa realidad, por más que lo que intenta analizar queda indeterminado por detrás de su denominación.

Ahora bien, desde el momento en que no sabemos cómo emerge u ocurre lo que llamamos *conciencia* (me refiero al hecho de que "nos damos cuenta" de las cosas, y nos damos cuenta de que nos damos cuenta); y dado que todas las teorías sobre la conciencia, la mente y el yo no son sino modelos tentativos, representaciones creadas por la imaginación de los investigadores a partir de sus interpretaciones individuales de hechos empíricos, ¿qué posibilidad real tenemos de determinar *objetivamente* el "objeto" del análisis lingüístico?

---

167. E.B. de Condillac, *La grammaire:* 4 y ss.

El componente verbal del hablar resulta estar densamente conectado con el conjunto del organismo humano. El espíritu y los músculos van tan de la mano; las hormonas y los neurotransmisores, el tono y el sonido, hablar y callar, significado y gesto, palabra y frase, recuerdos y emociones, placer y temor, decir y hacer, acentos e intenciones, "yo" y "mío": todo esto está tan entrelazado que no se lo podría separar, ni siquiera al nivel puramente biológico (¿y en qué consistiría semejante nivel?).

Esta es la razón por la que nuestros esfuerzos por capturar y entender un presunto "lenguaje como tal" no pueden ser más que especulativos. *Ningún modelo positivo del correlato real de la palabra "lenguaje" puede pretender que posee una fundamentación biológica.* La investigación actual del cerebro *rechaza de plano cualquier pretensión de "objetividad" epistémica para ninguna categorización positiva del "lenguaje en sí".*

Nuestra actitud analítica respecto de nosotros mismos está condicionada por el conjunto de nuestra constitución biológica, aunque sigamos estando lejos de comprender cómo es ese condicionamiento. Fiarnos directamente de nuestros análisis sería caer en un "realismo de los conceptos" ingenuo.

Y sin embargo somos capaces de manejarnos con conceptos de un modo consciente y sensato: *somos capaces de analizar críticamente.* Y no porque poseamos una "competencia crítica" dentro de nuestro cerebro, sino porque, en el curso de la historia humana, gente inteligente y lúcida ha realizado ingentes esfuerzos por escapar de los ciegos condicionamientos instintivos de nuestras mentes, y ha comprendido que nuestra capacidad de autoconciencia nos permite ir más allá de los impulsos mentales inmediatos y examinarlos desde *una cierta distancia personal.* Lo que ocurre es que tales esfuerzos son el resultado de una considerable cultura personal, y solo están en la capacidad de *algunas personas mentalmente privilegiadas.* Ser un filósofo lúcido no requiere menos talento e inspiración que ser un buen poeta. No es una capacidad que esté al alcance de todos.

Entre los pensadores excepcionales de la cultura occidental hay al menos dos, Kant y Hegel, cuyas especulaciones teóricas representan *hitos en la conquista de la comprensión crítica de nuestras capacidades mentales que no cabe ignorar.* No tomar en consideración sus obras a la hora de pensar sobre el lenguaje sería y es un gran error. Y es el origen de la mayoría de las especulaciones insensatas sobre el lenguaje y su estudio, y ha conducido a los malentendidos más ominosos en la historia reciente de la teoría lingüística.

Leer a Kant y a Hegel es extremadamente difícil, no menos que leer tratados de matemáticas avanzadas. Requiere una laboriosa formación con buenos maestros. No es tampoco algo que quede al alcance de cualquiera. Eso sí, la tarea nos viene algo facilitada sobre todo gracias a toda una serie de publicaciones del gran especialista alemán Josef Simon sobre esta temática. Simon ha proseguido el trabajo pionero de su maestro Bruno Liebrucks en su gigantesca obra

Sprache und Bewusstsein[168], y *ha reinterpretado el núcleo de la filosofía de Kant y Hegel en términos de una teoría del lenguaje actualizada.* Se ha servido de los logros críticos de ambos pensadores para fundamentar su trabajo teórico sobre el lenguaje, y lo ha hecho en un lenguaje contemporáneo y más inteligible. Tampoco es fácil leerle a él, pero resulta mucho más accesible que los propios Kant y Hegel, y ofrece una buena aproximación a ellos para lingüistas actuales interesados en el trabajo especulativo. Con su ayuda resulta posible integrar en la especulación lingüística contemporánea lo que lograron Kant en su *Crítica de la razón pura* y Hegel en su *Ciencia de la lógica.*

Básicamente lo que Kant y Hegel han puesto a nuestra disposición es, en primer lugar, una crítica concienzuda a la fe ingenua en la validez ontológica de nuestros "conceptos", y en segundo lugar, una metodología sensata, la de la "lógica dialéctica", para verificar en concreto esa validez, en forma de crítica máximamente compleja a las conceptualizaciones históricas, más allá de las dicotomías simples de la lógica formal y de la metafísica tradicionales. Sus obras están llenas de observaciones certeras que resultan totalmente pertinentes para aproximarnos al complejo de lo que llamamos lenguaje humano.

Después de Kant, Hegel, Humboldt, Nietzsche, Mauthner y Simon, por no mencionar sino los hitos teóricos que juzgo más relevantes en la historia del pensamiento occidental sobre el lenguaje, el análisis lingüístico ya no puede seguir siendo lo que era. Gran parte del trabajo gramatical puede seguir haciéndose como hasta ahora, por supuesto, pero la evaluación de su aportación a una mejor comprensión de la capacidad lingüística de la humanidad tiene que modificarse. Un contexto hermenéutico más amplio y mucho más complejo nos obliga ahora a reorientar nuestra valoración de la verdadera trascendencia de esos análisis por referencia a ese "todo" negativo que "es verdad". Y un primer resultado de esta perspectiva más amplia es la *necesidad de reintroducir la subjetividad del analista como una variable relevante, o más bien un complejo de variables, en la evaluación de los análisis concretos.*

---

168. B. Liebrucks, *Sprache und Bewusstsein,* 1965 y ss.

Capítulo V

Una alternativa estética para una teoría "integral" del lenguaje

1. Reduccionismo y holismo en la aproximación teórica al lenguaje

Diversas disciplinas se ocupan actualmente del lenguaje. Además de la gramática tradicional y de las muchas escuelas lingüísticas que han nacido de ella, la ciencia y las tecnologías de la información, ahora sobre todo la inteligencia artificial; las ciencias cognitivas y de la conducta; la biología, la psicología, las ciencias sociales y de la educación; la antropología cultural: las terapias lingüísticas y foniátricas; las teorías generales de los sistemas; la filosofía analítica del lenguaje, la filosofía de la mente, etc., también se centran amplia y más o menos directamente en el lenguaje.

Algunas de estas disciplinas son instrumentales y orientadas hacia la práctica, y no pretenden construir ninguna teoría o modelo concluyente del lenguaje humano. Pero al menos la lingüística, la filosofía analítica del lenguaje, las ciencias biológicas de la conducta y la psicología cognitiva experimental sí que pretenden llegar a una *comprensión* mejor, incluso a *la* comprensión correcta, del lenguaje humano y de la humanidad. Pretenden también adquirir sobre el lenguaje un conocimiento filosóficamente relevante.

Todas ellas comparten la vieja fe en la posibilidad de convertir el lenguaje en una "cosa" observable, en un objeto científico entre otros, y de tener un acceso directo y objetivo al "lenguaje en sí"[169]. El resultado es con frecuencia, como hemos visto, una fuerte reducción de la perspectiva sobre la naturaleza hablante de los seres humanos[170].

---

169. En una publicación reciente N. Chomsky asegura que el lenguaje no es un sistema de comunicación, sino un "objeto biológico como el sistema digestivo o el visual". Chomsky, N., *What Kind of Creatures Are We?:* 15.

170. Raymond Tallis ha argumentado certera y apasionadamente contra este tipo de reducción en su libro *Aping Mankind. Neuromania, Darwinitis and the Misrepresentation of Humanity*, 2011.

Como decía más arriba, a diferencia de ellas lo que yo estoy intentando desarrollar es una perspectiva filosófica sobre el lenguaje en el sentido de un rechazo consciente de cualquier constitución reduccionista de un objeto lingüístico, destinada a garantizar un conocimiento objetivo.

Intento hablar sobre el hablar combinando las perspectivas de la filosofía crítica y las de los muchos tipos de trabajo lingüístico que hacen otros o que he hecho yo misma. Y quiero argumentar en favor de una orientación estética para el abordaje del lenguaje, y no solo para la lingüística sino para cualquier intento de convertir el "lenguaje" en materia de reflexión. Esta orientación es un medio más para contrarrestar el reduccionismo científico dominante y para abrir la perspectiva al conjunto del lenguaje en su individualidad fáctica y en su complejidad real. La experiencia de hablar resultará ser así una experiencia estética en sí misma.

Utilizo el término "estético", en primer lugar, en el sentido de la *Crítica de la razón pura* de Kant, donde designa la *reflexión sobre cómo nos afecta la realidad a través de nuestros sentidos y de la sensibilidad,* y sobre cómo *procesamos* esa afectación. Y en segundo lugar, le sigo también a él en su *Crítica de la fuerza de juzgar* (más conocida como *Crítica del juicio*), donde define la "naturaleza (*Beschaffenheit*) estética" de nuestra representación de los objetos como aquello que, dentro de la misma, *se refiere al sujeto de la representación, no a su objeto*[171].

En su crítica del juicio estético Kant construye una primera aproximación a lo que más tarde sería la estética moderna, y mi tratamiento del abordaje estético se guía básicamente por sus ideas[172].

Y, en tercer lugar, intento integrar en este abordaje sensorial del lenguaje otra connotación habitual de la estética: el momento de *placer*, de disfrute del "objeto", de sentido de la belleza (y de la falta de ella), y de búsqueda de una *experiencia emocional rica que mueva al individuo más allá de sus limitaciones habituales.*

Esta forma de aproximación intenta reforzar en las diversas ciencias lingüísticas un *marco teórico holístico*. Este marco permite una *evaluación* realista de las diversas decisiones reduccionistas por medio de las cuales se han ido constituyendo los sucesivos objetos de la investigación a lo largo de la historia. Y lo hace *desde el trasfondo de una perspectiva no reduccionista. Ayuda a justificar* esos objetos, tanto teórica como pragmáticamente, por referencia al "todo" que, según Hegel, es "lo que es verdad". Y finalmente intenta contribuir a dar forma a ese *espacio teórico para una crítica filosófica tanto del propio lenguaje como de la lingüística* que vengo delineando, y que es el campo de trabajo de la TCL, muy en la línea de ambas críticas por parte de Fritz Mauthner.

---

171. I. Kant, *Kritik der reinen Vernunft:* 105 ss, *Kritik der Urteilskraft:* 48.

172. He dedicado algunos trabajos aún inéditos sobre el uso de conceptos estéticos en la moderna teoría del arte.

No cabe duda de que tanto el reduccionismo como el holismo son en principio opciones igualmente legítimas para la lingüística. Pero como hemos visto en los capítulos anteriores, la legitimidad de las teorías deriva siempre de la de sus objetivos y de la responsabilidad sobre ellos.

Para montar esta argumentación volveré a empezar por dos principios humboldtianos:

— "Toda lengua traza un círculo en torno a sus hablantes que nadie puede abandonar si no es entrando en el de otra"[173]. De acuerdo con este principio, no existe ningún "metalenguaje" *superior o exterior* a las lenguas naturales, así que tampoco existe ningún dominio simbólico para la conciencia humana que le posibilite "exterioridad" alguna respecto del lenguaje.

— "Los actos reales de hablar son el primer y único objeto real de una verdadera ciencia del lenguaje". He llamado a este abordaje "*lingüística de la facticidad*"[174]. De acuerdo con ella entenderemos en lo que sigue el lenguaje primariamente[175] como *un suceder procesual en curso, que comprende y da forma a los propios sujetos que lo producen y lo observan.*

2. La aproximación estética

Si se quiere obtener un objeto científico, el tema deberá abordarse como algo *general*, no como un evento individual y singular. Por eso, cuando se aborda el lenguaje desde un punto de vista descriptivo y reduccionista, y se actúa conforme al método científico, el objeto se obtiene *abstrayendo de la realidad lingüística, tal como nos es dada cada vez, la totalidad concreta del hablar individual y su corporalidad integral.*

Esta es la razón por la que, en la tradición lingüística, el objeto de la ciencia del lenguaje ha venido siendo considerado como un producto puramente *espiritual (mental) y social*, diferente de la *individualidad material* tanto del hablante como del teórico, así como de su *actividad corporal* en cada caso. El lenguaje ha sido entendido como algo que se caracteriza por una *esencia inmaterial*: oposiciones fonológicas, pautas sintácticas, significados. De acuerdo con esta manera de proceder, la parte sensorial del lenguaje se agotaría en su funcionalidad colectiva o intersubjetiva, y no sería sino un *soporte, indiferente y reemplazable, de funciones "mentales".*

---

173. Wilhelm von Humboldt, *Über die Verschiedenheit des menschlichen Sprachbaues*: 60.
174. A. Agud, "Virtuelle und faktische Sprache".
175. W. v. Humboldt, Id.: 426 y ss.

En las últimas décadas la situación parecería haber cambiado profundamente: la llamada lingüística cognitiva pretende estar tomando en consideración el hecho crucial de que la mente y el lenguaje están *"embodied"* ("¿incorporados"? ¿"somatizados"? En fin, que son parte del cuerpo). Como consecuencia de esta nueva certeza, ha surgido una poderosa corriente de investigación experimental para correlacionar elementos o procesos "lingüísticos" y "corporales".

Esta nueva rama de la investigación es, sin embargo, *estrictamente reduccionista.* Los componentes lingüísticos que se toman en consideración aquí son en general frases, palabras, partes de palabras o fragmentos de textos aislados, generalmente presentados en forma escrita en una pantalla de ordenador. Se los trata como meros estímulos o factores que susciten reacciones corporales previamente determinadas (como apretar un botón o mover un joystick) y que se registran y miden en experimentos. Se miden también variables orgánicas como el pulso, la excitación, los movimientos sacádicos de los ojos, ondas cerebrales o la combustión de glucosa en áreas del cerebro.

Se supone que con esto se (re)introduce la naturaleza corporal de los sujetos lingüísticos en la investigación. Sin embargo, esos experimentos son en general *simulaciones extremadamente reducidas de elementos aislados de situaciones lingüísticas ficticias,* lo que convierte tanto esas situaciones como lo que pasa en ellas en un puro artificio. Los experimentos se hacen con unos cuantos sujetos y los resultados se procesan estadísticamente con el fin de obtener valores *promedio.* Esto implica ignorar sistemáticamente las variables individuales. Así que, aunque el objeto de la investigación haya sido expandido hacia los componentes no verbales del comportamiento lingüístico, no hay una verdadera corrección de la perspectiva teórica sobre el lenguaje.

Este tipo de investigación se basa en una considerable *distancia* entre el investigador y la facticidad corporal concreta del habla que estudia; entre el investigador y la cualidad temporal e histórica de los seres humanos (tanto del hablante objeto de la investigación como del propio investigador). Este adopta así la actitud que he llamado "metafísica", en la cual la conciencia humana se experimenta a sí misma como un "yo" fijo o constante que se supone que subyace a toda percepción y experiencia. Y como decía antes, tendemos a considerar todo lo que percibimos o experimentamos como algo externo a ese "yo", y creemos *poder aprehenderlo tal como es en sí mismo,* "objetivamente". Creemos en la objetividad de nuestros objetos, o más bien en nuestra capacidad de conocer la realidad tal como ella es en sí misma. Y esto se aplica tanto a la "realidad externa" como a cuanto experimentamos *en nuestro interior,* esto es, a toda posible autodeterminación positiva.

Por medio del lenguaje establecemos una *distancia* espiritual, mental o intelectual entre nosotros y todo lo que somos capaces de designar con palabras o entender como significado de estas. Tomamos todo ello *como nuestro objeto y no como a nosotros mismos*. Mi lenguaje, mi mente inconsciente, mis emociones y mis impulsos se convierten así en "objetos" que puedo analizar, distintos del "yo" que los analiza. Son "míos", no son "yo". Creo que están a mi disposición. Es una *estrategia psicológica innata*, por la que *nos* distanciamos de nuestros objetos y nos *estabilizamos* frente a ellos como *invariantes, como sujetos duraderos y libres*.

Pero, naturalmente, este "yo" diferente de sus componentes y atributos "objetivos" no es sino un sujeto *semánticamente vacío*, un sujeto *abstracto* que solo puede identificarse deícticamente. Y por eso mi "identidad" subjetiva, la concreta y real, se convierte, inevitablemente, en un *problema psicológico personal*, y no pocas veces en un problema agudo, ya que la estoy ignorando sistemáticamente. Muchas veces la gente intenta resolver este problema de su verdadera identidad individual *identificándose* con grupos, ideologías, creencias o movimientos políticos, esto es, acogiéndose a identidades no individuales que le garanticen a uno una cierta seguridad y estabilidad[176].

Y como es lógico, cada vez que convertimos el lenguaje en un objeto de investigación, nos distanciamos de él. Identificamos, categorizamos y clasificamos momentos de nuestro propio hablar *como desde fuera*, y nos esforzamos por construir una representación *conceptual* del lenguaje, como si este fuese *un elemento de la realidad "en sí mismo"*. Solo que, más o menos inconscientemente, *presuponemos al mismo tiempo que ese mismo lenguaje nos proporciona una capacidad fiable de designar lo que hay ahí fuera*. Como sujetos que nos creemos capaces de conocer lo de fuera, nos *fiamos* de ese lenguaje como de una *parte de nosotros mismos* (al igual que nos fiamos de nuestros sentidos o de nuestros músculos), pero le atribuimos a la vez también a él esa naturaleza *inmaterial* que nos distingue a nosotros de cualquier objeto externo, porque así retenemos su condición y su naturaleza subjetivas, como parte nuestra.

Así que, por una parte, construimos analíticamente el lenguaje como un objeto empírico externo más, mientras que, por la otra, confiamos en seguir permaneciendo dentro de él. Pretendemos aprehenderlo en conceptos, mientras, al mismo tiempo, confiamos en que él *nos* permita dominar el escenario, en nuestra condición de sujetos no conceptualizados ni conceptualizables, esto es, como individuos reales, no como meros exponentes de alguna categoría. Como cosa sensorial, esperamos del lenguaje que se deje convertir en objeto de nuestros estudios y análisis, pero queremos también poder seguir considerándolo como un momento esencialmente inmaterial de nuestra subjetividad, de nuestra capacidad de conocer y de nuestra individualidad irreducible. Y esto no funciona.

---

176. A. Agud, "Culturas identitarias, transculturalidad y crítica cultural".

Si queremos convertir nuestro hablar en materia de *reflexión*, como un momento de nuestra subjetividad, y estudiarlo desde este punto de vista, esto es, si pretendemos *justificar* nuestra lingüística como una disciplina más de las que se ocupan del lenguaje, porque suponemos que todas ellas nos ayudan a *comprendernos mejor a nosotros mismos al comprender mejor nuestro lenguaje*, tenemos que empezar por resolver este conflicto entre subjetividad y objetividad.

Pero para poder hacer esto *no podemos permitirnos dar nada por sentado*. Sabemos que el lenguaje es uno de los factores que condicionan más decisivamente el conocimiento humano, y por lo tanto el nuestro. Por eso no podemos dar por sentado anticipadamente ningún conocimiento o concepto previo, ni, en particular, ninguna verbalización previa que se refiera a nuestro hablar. Como decía más arriba, no podemos dar por sentado que nuestras palabras designan objetivamente los elementos de la realidad externa, y sobre todo debemos *desconfiar* de toda palabra, termino o expresión "metalingüística". Tenemos que empezar por *poner en cuestión nuestra propia capacidad de designar*, tanto las cosas de fuera como las de nuestro propio hablar.

Para poder cumplir esta tarea tenemos que *rastrear el origen de nuestras herramientas lingüísticas por entre la totalidad del hablar fáctico de los lingüistas singulares, con toda su complejidad estética y su inmediatez fáctica,* a lo largo de la historia. *Tenemos que renunciar a toda reducción operativa de la realidad de ese hablar.* Solo así conseguiremos llevar a cabo una reflexión crítica sobre nuestras presuposiciones teóricas en relación con el lenguaje.

Un primer paso en esta dirección sería acercarnos al hablar como a una práctica *corporal* de naturaleza singular, pero *sin distanciarnos de nuestra propia condición de hablantes*. Al contrario, tenemos que experimentar esta con la máxima atención, y a ser posible *disfrutarla* relajadamente. Pocas experiencias intelectuales proporcionan tanto placer como la de poder moverse por entre distintos idiomas, pensar desde ellos, comunicar por medio de ellos, sentirse a la vez nativo y extranjero en cualquiera de ellos. Esta actitud *hedonista* ha sido sin duda una de las mayores fuentes de motivación entre los estudiosos que se han consagrado a una exploración incansable de cada vez más lenguas y de sus historias, sobre todo en el terreno de la lingüística histórico-comparativa.

Y a diferencia de la actitud analítica, esta es *estética*. No está al servicio de *ningún interés práctico*, sino que se mueve por el impulso hedonista de *expandir y enriquecer el propio horizonte interno*. En Wilhelm von Humboldt esta motivación está en primer plano de su obra. Coseriu es también un claro ejemplo de lo mismo.

Cuando hablamos, *nos interpelamos los unos a los otros de un modo integral o global*, y suscitamos en el otro circuitos complejos de procesamiento cortical de las impresiones sensoriales que causamos en él o que recibimos de él (auditivas, visuales, táctiles, incluso olfativas). Este procesamiento puede tener muy variadas consecuencias en nuestro organismo. El conjunto constituye *una interpelación estética*. Reaccionamos al habla del otro de un modo global, tan global como nuestras reacciones al arte y, de hecho, a *cuanto dejamos que se nos acerque y se nos meta dentro*, en vez de convertirlo en objeto y distanciarnos de ello. El que interpela estéticamente a otro cuenta con la *irreducible diferencia del otro respecto de él*. El habla convencional y los modelos conceptuales pasan por alto esta característica esencial del hablar humano, lo que nuestro filósofo y poeta Antonio Machado llama "la esencial heterogeneidad del ser"[177].

Para poder explorar el complejo orgánico que ejecuta el hablar tenemos que partir de su condición estética, esto es, del hecho cierto de que, cada vez que entendemos lenguaje, estamos *procesando señales sensoriales producidas deliberadamente por una subjetividad distinta, y las estamos integrando en todo el complejo de nuestras propias sensaciones, sentimientos y representaciones*, que no podríamos objetivizar. Al hablar con otra persona intentamos provocar todo esto en ella. Y esto ocurre también en la experiencia del arte.

El hecho es que *la experiencia lingüística es tan inescrutable como la experiencia artística*. Todo ser humano habla y entiende desde un *abismo semántico*. Al hablar nos salimos al encuentro los unos a los otros por medio de nuestros órganos de los sentidos, con sonidos, gestos, posturas, miradas. Y damos por sentado que nuestro interlocutor reaccionará a todo esto como nosotros. Poderosas fuerzas instintivas nos empujan a adaptarnos a las expectativas usuales. Tejemos de ese modo una densa red de *pautas comunicativas sensoriales* entre nosotros y *confiamos* en ella, a pesar de que experimentamos de continuo que una verdadera comunicación, en el sentido de una verdadera coincidencia en las representaciones que subyacen a, o suscitan, las señales verbales, es más bien lo excepcional, si es que es sencillamente posible. Tejemos esa red a pesar de que sabemos desde hace mucho que con nuestras representaciones y pautas de comportamiento *reaccionamos* a nuestro entorno, pero *no lo aprehendemos en "conceptos adecuados".* Como explica Leibniz, los conceptos adecuados, en un sentido estricto, están más allá de la capacidad humana[178].

Esta es la razón por la que divergir de los demás *nos da miedo*, porque sentimos que, si lo hacemos, nos condenamos a un solipsismo cognitivo. Así que descartamos, o ignoramos, nuestra individualidad semántica, y la confinamos a un

---

177. Agud, A., *Los poemas del ser y el no ser*. Las principales obras filosóficas de Machado son *De un cancionero apócrifo*, *Los complementarios* y *Juan de Mairena*, cuyos títulos enmascaran deliberadamente su contenido filosófico. La filosofia de Machado, en buena parte como la de Nietzsche, está expuesta sobre todo en aforismos, pero el conjunto de su poesía se fundamenta en una creciente pasión filosófica. Trabajo ahora sobre este tema, y un primer estudio ha aparecido ya bajo el título "Un pensador maldito y un filósofo ignorado. Skepsis, poesía y verdad en Mauthner y Machado".

178. G.W. Leibniz, *Meditationes de cognitione, veritate et ideis* (1684).

dominio aparte que llamamos "arte". En cambio, al hablar, nos aferramos a la gran esperanza de que poseemos y retenemos el lenguaje como una herramienta *fiable* para entender las cosas, comunicar entre nosotros y organizar mentalmente nuestro entorno.

Sin embargo, si sobrevivimos como especie no es porque nuestras convenciones expresivas y comunicativas nos garanticen comunicación y objetividad, sino porque con frecuencia y al mismo tiempo *no lo hacen*; porque nuestros signos están *semánticamente abiertos*, son *determinados cada vez en un grado diferente*, y porque la *libertad* que experimentamos con el arte, como *indeterminación de sus significados*, constituye *nuestra determinación más esencial* como seres humanos, y rige de este modo también nuestro hablar cotidiano; porque, en fin, como seres hablantes no estamos realmente *determinados* por nada, por muy condicionados que estemos, y no lo estamos sobre todo por significados fijos de nuestras palabras: porque somos de hecho *"absolutos"*[179].

Esta es la razón por la que propongo diseñar una aproximación disciplinaria, más o menos científica, al lenguaje *desde una perspectiva no analítica, sino estética*. Intentaré explicar esto.

La perspectiva estética requiere, en primer lugar, una *actitud escéptica respecto de cualquier análisis reduccionista*. Como recordaba más arriba, Machado afirma que "no hacemos verdaderos progresos en filosofía porque no nos atrevemos a ser lo bastante escépticos", y por eso él nos urge a recurrir a la poesía, para que podamos *movernos en un campo de la conciencia que no pone barreras al escepticismo*.

A su vez, esta actitud escéptica nos obliga a *revisar críticamente* todos los condicionamientos generales previos, ya sean lógicos, biológicos, lingüísticos o culturales, de cualquiera de nuestras formas de convertirnos a nosotros mismos en objetos, y esto, como veíamos, requiere una reflexión crítica "trascendental-lógica" de la *historia* de nuestros "conceptos".

Existe en nuestra cultura occidental una larga tradición de epistemología cada vez más escéptica, y es importante, como decía más arriba, incorporarla a nuestra reflexión[180]. Comparar culturas también nos proporciona un valioso conocimiento de alternativas de pensamiento que vale la pena tomar en consideración. Y algunos aspectos de las actuales neurociencias demuestran, como veíamos, que son pertinentes para esta tarea.

---

179. Esta es la tesis central del libro de J. Simon *Wahrheit als Freiheit,* Berlin 1978.

180. Me sorprende la falta de conocimiento de esta historia en muchos teóricos contemporáneos del lenguaje (cognitivistas, teóricos de la *autopoiesis,* etc.), que una y otra vez intentan montar una epistemología espontánea, lo que en general deriva en prejuicios y errores que deberían haber sido superados hace tiempo.

Pero, en segundo lugar, necesitamos *contrastar* cada aspecto singular del comportamiento lingüístico, tomado como objeto de investigación, con una percepción lo más integral posible de lo que pasa al hablar, con una *experiencia* verdaderamente holística de nuestro propio hablar. Semejante percepción es estética y obliga a acercarse a ella *desde una teoría estética*. Esto significa, por una parte, abordar la *percepción humana* como algo *sujeto a condicionamientos culturales*, y por la otra, hacerlo desde el punto de vista de las *ciencias humanas" o "del espíritu".* Intentaré especificar estos requisitos.

Las ciencias naturales experimentales abordan la percepción humana a través de disciplinas como la anatomía, la histología y la neurofisiología, todas las cuales estudian aspectos y formas de la percepción *a lo largo de la totalidad de los seres vivos y en una perspectiva evolucionista.* A diferencia de ellas, el objeto de la estética, tal como yo la entiendo, lo constituye únicamente *la percepción específicamente humana, y solo en cuanto condicionada por la cultura humana.*

Veamos un ejemplo: puedo acercarme al tema del "paisaje" de un modo no estético, y esta es básicamente la perspectiva de la geografía[181]. La estética, por el contrario, toma el paisaje como materia de la *representación artística* y como una *experiencia condicionada por la cultura.* Solo desde este punto de vista tiene sentido hablar de paisajes bellos o feos, impresionantes o banales. En la historia occidental pintar paisajes ha acabado por asumir el papel de la vieja pintura de retratos, sustituyendo la representación directa de rostros por una caracterización indirecta de lo humano como "construcción de su propio paisaje", una idea expresada artísticamente por Magritte en su provocativo cuadro *"La condition humaine".* La construcción individual del paisaje en el arte impresionista y postimpresionista es una muestra elocuente de esta *forma puramente humana y cultural de la percepción estética de la realidad exterior.*

Eso sí, "cultura" no debería entenderse aquí como un cierto sistema positivo de socialización dentro de una cierta comunidad, mucho menos como una categoría clasificatoria. Tal como yo entiendo el término, se trata de un *"horizonte" más o menos (nunca del todo) compartido de nuestras percepciones y de sus procesamientos mentales y verbales, que se va sedimentando históricamente, y dentro del cual cada individuo se perfila a sí mismo diversamente.* "Horizonte" está dicho aquí en sentido kantiano[182].

---

181. *Cfr.* H.Küster, *Die Entdeckung der Landschaft,* 2012. Mi profesor de geografía en primero de carrera, Angel Cabo, la definía como "la ciencia del paisaje".

182. Kant, *Logik* (1800) *"…die Bestimmung des Horizonts unsrer Erkenntnisse, unter welchem die Angemessenheit der Größe der gesamten Erkenntnisse mit den Fähigkeiten und Zwecken des Subjekts zu verstehen ist"* (la determinación del horizonte de nuestros conocimientos, que ha de entenderse como la adecuación de la magnitud del conjunto de esos conocimientos a las capacidades y objetivos del sujeto). (VI,A).

El *objetivo* de una teoría de la percepción desde el punto de vista de las ciencias humanas, que es lo que demanda el abordaje estético, es también diferente del de las *ciencias naturales*. Como ya he venido explicando en capítulos anteriores, una teoría humanística *se propone ayudar a los seres humanos a mejorar como tales, a hacerse más humanos, desarrollando y educando la percepción cultural más refinada, diferenciada y compleja posible en cada caso*. Se obliga por lo mismo a una *ética humanística* como la que perfila Kant en su definición de la antropología: esta no se debe proponerse "describir" la humanidad sino ampliar y mejorar sus posibilidades[183]. Estamos hablando aquí de una *ética de la humanización*.

Y esto requiere a su vez reflexionar sobre nosotros mismos, como sujetos del conocimiento, *tomando en consideración los condicionamientos cognitivos* de nuestra relación con la realidad, con el fin de poder evaluar mejor esa misma relación[184]. Esto no solo es necesario para sobrevivir en nuestro entorno, o para prevenir las formas más extravagantes de demencia, sino también para evitar el tipo de autoengaños culturales que conducen a pseudociencias, a formas equivocadas o insensatas de educación, o a perversiones ideológicas.

Cuanto más vamos sabiendo sobre el procesamiento neural de la experiencia, más capaces vamos siendo de apreciar la *modalidad específicamente humana de percepción* y experiencia, así como de evitar errores fatales en nuestra relación con los objetos y con las cosas de fuera. Pero hay que recordar que hay cuestiones que son relevantes para la perspectiva humanística, pero que en el marco de las ciencias experimentales *ni siquiera se pueden plantear*, porque en ellas hay que dar por sentado lo que para nosotros es justamente el objeto de reflexión: dentro de las ciencias experimentales no se pueden cuestionar sus propios condicionantes lingüísticos y culturales.

2.1. La interacción lingüística desde un punto de vista estético

En el caso de la experiencia del arte, la producción y la recepción suelen considerarse como básicamente diferentes y separadas. Hablar, por el contrario, consiste en *afectarse y estimularse los unos a los otros* (y secundariamente también a uno mismo). Esencialmente hablamos a gente que también habla (y a nosotros mismos del mismo modo), y esperamos de los otros también reacciones lingüísticas. Esta es la razón por la que una estética del lenguaje ha de ser una teoría de la *afectación*

---

183. Kant, *Anthropologie*, Einleitung (1798), Vorrede.

184. Según Kant, la comprensión científica de la realidad no ha de dirigirse "*ad esse, sed ad melius esse*". I. Kant, K.d.r.V., B 759, nota al pie.

recíproca por medio del complejo nexo práctico de la estimulación e interacción sensoriales que llamamos "hablar".

Asumamos, para empezar, esa idea común de que este complejo tiene como *paradigma* una *situación de habla con al menos dos hablantes físicamente presentes y que interactúan*. Esta sería la base de todos los demás "derivados" lingüísticos: el pensamiento silencioso, la literatura de transmisión oral, la escritura, las tecnologías de la información, etc. Sin embargo, en nuestra cultura el lenguaje ha solido ser objeto de investigación sobre todo como *hablar solipsista*, como el de los textos escritos. Y en cambio, cada vez que se atiende a la "comunicación", los momentos que parecen propiamente lingüísticos pasan a segundo plano.

Las ideas más influyentes de nuestra "ideología gramatical" occidental se deben a este hecho de tomar como punto de partida más habitual los textos escritos. Y en formas más recientes de investigación, como la psicología experimental, el foco se pone sobre todo en el comportamiento monológico. Pueden introducirse en los experimentos más sujetos, como quien dice como "interlocutores *in vitro*", y que actúan en situaciones y con contenidos muy simples. El abordaje estético de la teoría del lenguaje rechaza este predominio metodológico del material escrito, de la competencia lingüística monológica y del reduccionismo unilateral de la investigación experimental.

En la actualidad el enfoque más común sobre el lenguaje es considerarlo como un "medio para la comunicación"[185], donde "comunicación" se trata como una constante. Desde este punto de vista, hablar es básicamente *transmitir información*. Quisiera subrayar, frente a esto, que la comunicación en este sentido está lejos de garantizarse en el hablar, ni siquiera dentro de un mismo idioma. Más aún, entiendo que la incomunicación y el malentendido son tan lingüísticos como su contrario. En el hablar, la comunicación es justamente el *problema*. No tiene sentido dar su realización por sentada, mucho menos utilizar este término como *definiens* del lenguaje.

El objeto de una lingüística de orientación estética que intento hacer plausible aquí es la *interacción humana más o menos comunicativa* que contiene *señales verbales* también *en proporción variable*.

Vuelvo a recurrir al termino "señales", eludiendo el de "signo", porque, de acuerdo con Josef Simon en su *Filosofía del signo*, quiero evitar cualquier "metafísica del signo", esto es, cualquier idea previa sobre lo que un signo *es* en sí mismo, o lo que *debería ser* para ajustarse a una determinada definición[186].

---

185. Más recientemente Chomsky argumenta también en contra de esta concepción y subraya el papel puramente cognitivo del lenguaje (*What Kind of Creatures Are We?*, 2016).

186. J. Simon, *Philosophie des Zeichens*, Berlin 1989.

En las situaciones de habla reales existe una clara continuidad ontológica, y un alto grado de condicionamiento recíproco, entre el comportamiento verbal y el no verbal. ¿Qué sentido tendría tomar ciertos momentos del hablar como "lenguaje" y otros como "contexto"? ¿Y de qué serviría discriminar entre ambos?[187]

Caracterizar la práctica lingüística como un *continuum de comportamiento*, verbal y no verbal, entre personas no implica buscar ahora una *categorización conductual alternativa* del hablar. Su verdadero objetivo es *expandir nuestra perspectiva sobre el lenguaje* más allá del código, más allá de la distinción todavía usual entre el lenguaje y su uso, así como más allá de la conversión del lenguaje en objeto, que consiste en verlo como una cadena de unidades acústicas o visuales dotadas de significado, así como en una "procesión" simultánea de significaciones mentales.

"Comportamiento" no debe entenderse aquí tampoco como una categoría clasificatoria, sino como una *estrategia* de nuestra imaginación que nos permita entender el hablar como una *actividad particular de ciertos seres vivos*. Aquí focalizamos el hecho de que, al hablar, interactuamos con *otros* seres humanos, con lo que nuestro comportamiento depende no solo de la complejidad variable de *nuestro* organismo singular y sus habilidades, sino *también de la de nuestra interacción social y sus actores*. Esta estrategia solo funciona si retenemos una noción de comportamiento plenamente compleja y no la reducimos a unos ciertos componentes o aspectos singulares, seleccionados para su estudio.

Por eso, y a diferencia de la pragmática lingüística usual, nosotros no intentamos construir una taxonomía de comportamientos lingüísticos. Desde un punto de vista *estético, el lenguaje como comportamiento práctico no es el objeto empírico de ninguna ciencia*, no es algo que yo pudiera distinguir de mí como de su observador. *Soy yo misma*, somos *nosotros*, hablantes y analistas y filósofos a la vez, en nuestros eternamente repetidos esfuerzos[188] por alcanzar, mediante pautas más o menos compartidas de actividad corporal, las muchas cosas que aspiramos a alcanzar los unos con los otros: conocimiento, cooperación, entretenimiento, agresión, manipulación, amor, explotación, engaño…

---

187. U. Lütdke, „Emotion und Sprache", 2012: 7: „… zeigt sich, dass man, um den Einfluss der Emotionen auf die kommunikativ- sprachliche Entwicklung zu verstehen, von einem Sprach-Kontinuum ausgehen muss, welches Körpersprache, ästhetische Sprache und Verbalsprache in einem engen, kohärenten Zusammenhang sieht und nicht eine kategoriale Abspaltung und damit Eigenständigkeit der Laut- und Schriftsprache vollzieht" (…resulta que, para poder entender la influencia de las emociones en el desarrollo comunicativo y lingüístico, hay que partir de un continuum lingüístico que comprenda lenguaje corporal, lenguaje estético y lenguaje verbal como un todo densamente conexo y coherente, en lugar de escindir categorialmente, y convertir en algo autónomo, el lenguaje sonoro y gráfico).

188. Evoco aquí la "definición" del lenguaje de Humboldt como „die sich ewig wiederholende Arbeit des Geistes, den artikulierten Laut zum Ausdruck des Gedanken fähig zu machen" (el trabajo eternamente repetido del espíritu para hacer al sonido articulado capaz de expresar la idea) *Kawiwerk* par. 12.

Esta manera de integrar el hablar en la vida de la especie hablante era también el objetivo del "segundo" Wittgenstein cuando propuso entender el hablar como "jugar a ciertos juegos" en el marco de una cierta "forma de vida"[189]. Lo que pasa es que los juegos lingüísticos de Wittgenstein poseen cierto carácter ritual. Por como habla de ellos, se trata para él de formas típicas o estereotipadas de intercambio lingüístico: saludarse, disculparse, o, más en nuestro contexto, pagar en la caja, incluso dar una conferencia[190]. Sin embargo, en la vida real no siempre nos movemos en juegos ya practicados y más o menos regulados. Hablar puede ser algo muy creativo tanto en los momentos verbales como no verbales, aunque también todo lo contrario. *La creatividad es también una variable.*

2.2. Constitución analítica y estética del objeto de la teoría lingüística y de los objetos de las ciencias del lenguaje

Como decía más arriba, pero desde una perspectiva ligeramente diferente, el abordaje científico del lenguaje[191] *necesitaba encontrar un objeto científico viable,* dentro de lo que es el complejo sensorial del hablar, algo que se pudiera analizar de un modo vinculante. Para obtenerlo los lingüistas se fijaron en el momento puramente verbal del hablar, y constituyeron con él un "objeto simbólico", algo *inmaterial* para lo cual la parte material debería ser poco más que un *soporte externo e intercambiable* del "significado" o de las funciones. Y, algo paradójicamente, el significado y las funciones se convirtieron así en algo que *depende únicamente de la parte sensorial de lo verbal,* esto es, de la fonética. Pero incluso dentro de esta parte material, el elemento puramente fónico tenía que entenderse como secundario, o como no propiamente lingüístico. Lo único que debía contar para el lenguaje en la parte material del hablar tenían que ser las *relaciones funcionales* entre los sonidos y los complejos de sonidos[192].

Esta *meticulosa desmaterialización y desensorialización del hablar* puso el concepto occidental del lenguaje en una esfera ontológica propia suya, la del "ser simbólico" o "semiosfera"[193]. Una lingüística teórico-descriptiva y modelizadora acabó así tratando de una especie de mundo platónico de significados, que se

---

189. L. Wittgenstein, *Philosophische Untersuchungen,* 1953, passim.

190. Los *"speech acts"* de J. Searle siguen también este modelo.

191. J. Simon, *Philosophie und linguistische Theorie,* De Gruyter, Berlin 1971.

192. Así decididamente De Saussure en el *Cours de Linguistique générale,* y tras él la mayoría de los estructuralistas tanto europeos como americanos.

193. Chr. Thies, *Einführung in die philosophische Anthropologie,* WB 2004, sobre todo el capítulo "Das *animal symbolicum* und die Kategorie des Sprechens": 94 y ss.

identificaban gracias a la superestilizada parte sensorial de los sonidos lingüísticos y sus paradigmas[194].

Esta estricta separación de la parte puramente mental (o espiritual) del hablar y el funcionamiento material del organismo, como parte de su comportamiento, no hace justicia a la realidad de nuestro hablar. Nos permite ciertamente distinguir entre la especie hablante y todas las demás especies animales, pero *opaca definitivamente todo lo que compartimos con ellas*. Y el resultado es que *esta diferencia se nos vuelve absoluta*. Y sin embargo, no dejamos de ser animales porque hablemos, ni siquiera al hablar. El punto de vista de Aristóteles, de acuerdo con el cual somos animales que hablan (*zoon logon ekhon*), es sin duda legítimo y dice algo verdadero.

En lo que hace al lenguaje, si queremos deshacer esa idea de una diferencia absoluta entre lo animal y lo humano, tenemos que hacer un gran esfuerzo de imaginación. Tenemos que hacernos capaces de considerar la parte mental y aparentemente inmaterial del hablar *como parte de nuestra actividad corporal*[195], de modo que podamos atender a la *continuidad sin solución de todos los procesos orgánicos que dan forma a nuestro hablar*.

En principio este era el programa de los teóricos del "lenguaje incorporado", igual que el del "modelo autopoiético" de Maturana, Varela y otros pensadores que proceden de la biología y de la teoría de los sistemas[196]. Pero hay una diferencia crucial entre ellos y este abordaje estético que propongo aquí.

La teoría de la *autopoiesis* no solo da por sentada la continuidad biológica entre las formas más primarias del comportamiento de la materia, tanto orgánica como inorgánica, el lenguaje humano y la autoconciencia. Esto hoy día no lo discutiría casi nadie. El problema es que, además, presupone esta misma continuidad para la representación teórica y la modelización del lenguaje y de la conciencia. Y este paso no es defendible por varias razones.

Esa teoría no se mueve en un dominio que nos permita entender "cosas" como la mente, la conciencia o el lenguaje. Todas estas "cosas", como ya hemos visto, son designadas e identificadas mediante *palabras ordinarias de nuestra cultura*, y se las maneja de un modo puramente fenomenológico. Así que no son en absoluto *objetos científicos*. La "observación *biológica* del observador" que reclama Maturana no es técnicamente posible, y parece que no va a serlo por mucho tiempo.

---

194. El "análisis de los conceptos" constructivista procede también de este modo, por ejemplo E. von Glasersfeld, *Der Radikale Konstruktivismus,* 1996.

195. Quisiera en este punto mencionar el antiguo sistema filosófico indio llamado "*sāṃkhya*", que parte de un dualismo estricto de lo material y lo espiritual, pero que incluye la mente y la subjetividad humanas en el "autodespliegue" de la materia.

196. V. e.g. H. Maturana, "Biology of Language: The Epistemology of Reality".

Esta es la razón por la que, en segundo lugar, cualquier modelo del lenguaje o de la conciencia, del pensar y del hablar, edificado a partir de juicios e intuiciones directas desde la biología, tiene que seguir siendo puramente *especulativo*. Este tipo de modelos no pueden cuestionar sus propios condicionamientos epistemológicos porque ni siquiera pueden advertir su condición especulativa.

Y en lo que se refiere a la mencionada masiva corriente actual de investigación de los fenómenos físicos y sociales asociados al hablar (acciones y reacciones sensorimotoras, emocionales e interactivas), quisiera únicamente señalar que las reducciones extremas del objeto de esos experimentos *los distancian irremediablemente, de un modo definitivo y no recuperable,* de la complejidad real del hablar. Resulta por lo tanto imposible evaluar la contribución de tales objetos a una posible comprensión integral del lenguaje. Este tipo de investigación sustituye *aspectos parciales* del hablar real por *objetos parciales artificiales*, y define y manipula estos según sus propios métodos. El resultado paradójico es que una investigación extremadamente concreta del objeto se conjuga con una extrema abstracción de su relación con la realidad del lenguaje. Volveremos sobre esto.

El punto de vista que intento presentar aquí, por una parte, es ajeno a las maneras tradicionales de imaginar el lenguaje como objeto, y por la otra, se mantiene escéptico respecto de la presunción de objetividad de los procedimientos reduccionistas modernos. Y se pone al servicio del objetivo humanístico de abordar nuestro hablar, en lo posible, como parte de nosotros mismos como seres hablantes *humanos*.

Esto implica acercase al lenguaje como a un *comportamiento corporal práctico, por medio del cual los seres humanos nos referimos a lo que nos rodea, a nosotros mismos y a los demás, de un modo intencional y estético*. Este comportamiento ha ido evolucionando hasta desarrollar una complejidad extrema, e implica, como hemos visto, a muchos, sino a todos, nuestros sistemas orgánicos[197].

Quisiera ahora precisar este punto de vista estético en contraste con otros abordajes usuales al lenguaje como materia de reflexión teórica, tanto dentro de la lingüística como en la filosofía analítica del lenguaje.

Para ello tendré que volver sobre mi anterior discusión de la lingüística tradicional, que focaliza ante todo la coordinación neural del "flujo puramente verbal". Frente a ella, quisiera subrayar de nuevo que *los movimientos musculares* en la zona y entorno de la boca que producen la articulación de los sonidos lingüísticos, según pautas discretas recordadas a partir de experiencias activas y pasivas previas, no son sino una parte de ese flujo verbal. Este recibe su forma también del control constante de la presión del aire sobre la laringe, ejercida por el diafragma

---

197. Si quisiéramos visualizar de algún modo esta manera de representarnos el lenguaje, valdría la pena imaginarlo como un *dance-theatre*.

y los músculos intercostales, así como por el control de las *vibraciones* de las cuerdas vocales. Este complejo modula *la intensidad y la altura de la voz*. Y todo un complejo neural y bioquímico se activa para generar gestos, posturas y otras variables del comportamiento interpersonal. El flujo verbal demuestra así que es un complejo proceso de control muscular guiado por pautas neurales. No se limita al control neural de los sonidos de un sistema morfo-fonológico. El *sentido* de lo que se dice en cada caso resulta de la combinación de todas estas actividades mecánicas, *cada una de las cuales puede tener un impacto diverso en la determinación de ese sentido en cada caso.*

El flujo verbal tiene lugar en asociación con esas otras acciones corporales, que incluso pueden llegar a sustituirlo. En el curso de una conversación la respuesta a una pregunta consiste muchas veces en una mera expresión facial o un gesto. Ambas cosas son significantes y significativas, ambas generan sentido y significado, como cualquier elemento verbal. Y claro está, *gestos, expresiones faciales y control de la mirada* no están menos guiados por pautas habituales que la articulación de palabras y frases. De hecho, en la actualidad se presta una gran atención a estos aspectos del hablar llamados "lenguaje corporal" o "comportamiento no verbal" (como si las palabras no fueran corporales), sobre todo en las ciencias del comportamiento y sus aplicaciones a la justicia, la investigación judicial y las estrategias de mercado.

El *sentido* y el *significado* de lo que se dice en cada caso es, pues, el resultado de la cooperación del flujo verbal con esas muchas otras actividades orgánicas. Y es importante recordar que la articulación fonética, el control de intensidad y altura del sonido y el conjunto de los gestos faciales y corporales, así como el conjunto de todos los procesos orgánicos en las neuronas y el balance de hormonas y neurotransmisores en las situaciones de habla, constituyen *un continuum de comportamiento expresivo*. Analizarlo en "componentes" separados solo es posible mediante decisiones externas. En el "hablar vivo", como lo llama Humboldt, forman *un todo compacto y unitario* que ejecuta, en cada caso, el programa expresivo del cerebro, o dicho más tradicionalmente, la intención semántica y expresiva. La modulación y el balance diferenciado de estas actividades y procesos tiene lugar mediante incontables *feedbacks* neurales.

Es, pues, evidente que la actividad de hablar, como actividad corporal integral, implica a la *totalidad del cuerpo*: no solo a las acciones musculares controladas por el sistema nervioso central, sino también todos los procesos orgánicos de química fina que producen hormonas y neurotransmisores, asociados tanto a las *emociones perceptibles* como a muchos otros *impulsos internos no conscientes* implicados en toda actividad humana, no solo en el hablar, y que las condicionan y determinan parcialmente.

Pero la *interacción entre gente que habla* implica también *otros* procesos neurales destinados a *evaluar e interpretar los rasgos posiblemente relevantes de los demás,* y a integrar esta información en el control del habla mediante nuevos *feedbacks*. Cuando hablamos con otros, nuestra manera de hacerlo depende ampliamente de lo que suele llamarse la "teoría del otro" o "de la mente ajena". Si, por ejemplo, nos encontramos con alguien totalmente desconocido, hacemos un juicio rápido y provisional sobre él y sobre cómo interpelarle. Luego, en el curso de la conversación si esta sigue adelante, vamos reajustando esa primera evaluación. El habla escrita también se orienta hasta cierto punto por nuestra manera de imaginar a nuestros interlocutores virtuales. Al traducir, esto puede desempeñar un papel relevante, y conviene que lo haga.

La cooperación entre la propia química emocional y la interpretación del interlocutor contribuye también a modular otros aspectos variables del discurso que son relevantes para su significado y sentido: *velocidad y "agógica" del habla, grado de implicación de la gestualidad corporal, distancia física*, así como la *elección* de formas más o menos espontáneas o reflexivas de hablar, de una mayor o menor sinceridad perceptible, etc.

La fuente última del hablar, el oscuro trasfondo de la personalidad del que emerge una cierta intención de significar algo, es aún totalmente desconocida. Incluso la mera idea de que hablar es *ejecutar* alguna intención o *programa*, diferente de él y que le subyace o precede, podría ser en sí misma un error. Es una forma de pensar y preguntar que se asemeja mucho a viejas distinciones metafísicas usuales como la de potencia y acto, causa y efecto, o sujeto trascendental y objetos. Acaso deberíamos intentar olvidar estos hábitos metafísicos, *representarnos eficazmente a nosotros mismos como sujetos integrados y unitarios, y* evitar pasar por alto la verdadera complejidad del todo, que es lo que hacen las *dicotomías simplificadoras*. De otro modo corremos el riesgo de plantearles a las ciencias experimentales preguntas equivocadas.

3. Una aproximación estética al concepto de la gramática

A diferencia del arte, hablar es algo mucho más *intensamente estructurado*. Se guía por una red mucho más densa de pautas habituales, hasta el punto de que nos hemos acostumbrado a atribuir todo el potencial semántico y comunicativo del hablar a su estructura gramatical y léxica compartida. El artista, en cambio, al menos tal como entendemos esta noción desde la idea romántica del genio, intenta siempre sorprendernos con realizaciones que vayan más allá de cualquier expectativa convencional, y es lo que esperamos de él.

A diferencia del artista moderno, un interlocutor lingüístico solo nos resulta inteligible y aceptable *si se atiene por entero a las convenciones compartidas*. La actividad de hablar *se nos muestra* como enteramente gobernada por reglas. Si alguien se desvía de las reglas normales, y el sentido de esa desviación no nos resulta evidente por el contexto o la situación, reaccionamos con incomprensión. Consideramos un discurso así como señal de falta de integración en la comunidad, o incluso como provocación. Y, nuevamente a diferencia del arte, *en el hablar la provocación es algo altamente indeseable.* El que en la conversación no se comporta como se esperaría de él, desagrada a los demás y suscita rechazo: la persona que rompe las reglas de la conversación es vista como forastera, como mentalmente dañada o como antisocial. Un hablar desviado respecto de las reglas puede ser también un recurso de comicidad extrema en la literatura y el teatro, de lo que es ejemplo espléndido la comedia "Los ladrones somos gente honrada" de Jardiel Poncela.

Eso sí, en las situaciones de habla reales ocurren multitud de desviaciones respecto de lo gramaticalmente correcto, pero sobre todo respecto de la gramática *verbal.* Y a esto no se le da importancia. Es curioso, sin embargo, que la gente se atiene mucho más estrictamente *a la gramática de los componentes no verbales del hablar.* Cuando no se tiene ninguna intención expresa de provocar o desagradar, la gente nos comportamos casi totalmente de acuerdo con las pautas convencionales de intensidad y altura de los sonidos, de la distancia física respecto del interlocutor, de las expresiones faciales y de los gestos corporales. Uno puede no terminar una frase empezada, alterar el plan sintáctico inicial según habla, hacer un uso raro de ciertas palabras, o fallar a las reglas de la concordancia, y eso no suele molestar. En cambio, un volumen de voz inapropiado, una expresión facial o una gestualidad inconvenientes, se toman totalmente en serio, porque todo el mundo sabe, aunque no sea consciente de ello, que esas cosas contribuyen sustancialmente al sentido de lo que se dice. Y se puede cometer un fallo inocente en la elección de una palabra, pero nadie falla inocentemente en su elección de la cara que pone, de su manera de mirar o de sus gestos. Y pienso que estos hechos nos permiten acercarnos a la idea misma de la gramática desde otro ángulo.

En la secuencia de la lingüística chomskiana los gramáticos generativos tuvieron que construir la gramática como una secuencia ordenada de reglas, ya que, de acuerdo con su manera de pensar, el cerebro controlaría el habla como un ordenador: con un programa[198]. Sin embargo, desde que sabemos que el cerebro humano no trabaja como un ordenador de los de ahora[199], imaginar el habla en analogía con el software computacional pierde toda plausibilidad.

---

198. Así por ejemplo Steven Pinker, *The Language Instinct* (1994) y *How the Mind Works* (1997), así como en multitud de actividades de los lingüistas en las universidades.

199. Con las "redes neuronales" artificiales los diseñadores informáticos intentan incrementar la productividad de sus diseños imitando el modo como se supone que funcionan los cerebros animales y humanos. Pero no parece que esta investigación aporte gran cosa al conocimiento del lenguaje humano.

Ahora bien, las descripciones puramente fenomenológicas del comportamiento lingüístico, las que lo someten a categorizaciones y conceptualizaciones del flujo verbal, o sea, las gramáticas de siempre, no pueden entenderse tampoco como *la* aproximación adecuada el lenguaje humano, ya que también ellas construyen sus objetos mediante reducciones unilaterales. Son herramientas *útiles*, incluso indispensables, *para ciertos propósitos*, pero no son "teoría del lenguaje", como pretendía Chomsky.

Desde nuestra perspectiva estética intentaremos entender la *estructuración* de la parte puramente verbal del hablar como solo una parte o aspecto de la estructuración global del hablar práctico o real.

3.1. Adquisición y reconfiguración de la capacidad de hablar

Hablar no es el rendimiento de ninguna competencia definitiva y totalmente estructurada. Más bien resulta de *series o complejos de pautas de comportamiento* que *van estructurándose en medida variable*, pautas que adoptamos de otros a través de una *imitación y adaptación* constantes, y que *seguimos reconfigurando incesante e inconscientemente a lo largo de toda nuestra vida*.

Es sabido que normalmente la adopción y progresiva adaptación a esos hábitos y su activación productiva empiezan a ser observables en los niños hacia el final del segundo año, y que se desarrollan explosivamente durante el tercero. Pero como hemos visto, esto no se detiene nunca. Nuestras pautas de hablar se ven constantemente influidas por la *percepción* de los demás y por nuestra *interacción* con ellos, y se enriquecerán o empobrecerán, pero no dejan de modificarse. Dicho de otro modo, nosotros estamos cambiando continuamente, y nuestro hablar también.

Esta dinámica interna de la constante configuración y reconfiguración de nuestras pautas de hablar tiene que *integrarse en nuestra manera de entender la gramática real*, como advirtieron claramente tanto Humboldt como Hermann Paul[200]. Este hecho constituye no solo la única razón y explicación del cambio lingüístico, sino también la única clave real para entender la actividad sincrónica de hablar (donde "sincrónico" no deja de ser la misma falsa idea que ha sido siempre en la lingüística estructural, ya que todo lenguaje es algo que ocurre en el tiempo. Hablar es esencial y constitutivamente una actividad temporal. Esta es la razón por la que solo la perspectiva "diacrónica" es ontológicamente correcta).

Los niños pequeños están estructurando de continuo su comportamiento, tanto el imitado como sus juegos espontáneos, como mostraron tan bellamente

---

200. V. 3.8.

Piaget y su escuela[201]. Están siempre iniciando pequeñas acciones y creando pautas para ellas, y las repiten hasta que se aburren y prefieren empezar algo nuevo. Y con el hablar es lo mismo.

Los niños pequeños imitan pronto y bien los gestos y las expresiones faciales de los mayores y su modulación de la voz, pero el flujo verbal es para ellos al principio tan fascinante como inalcanzable. Y tenemos que imaginar su frenética actividad mental inconsciente al analizar el input verbal de los mayores para poder armar sus propias expresiones: quieren absolutamente hacerse entender, registran y entrenan su progresiva capacidad de controlar sus órganos articulatorios y de producir sonidos lingüísticos y series de ellos, identifican cada vez más segmentos recurrentes en el habla de los mayores (palabras y sintagmas), pero al principio lo más que logran son una o dos sílabas, y tan confusas y balbuceantes que los mayores no les entienden en absoluto. Para los niños es una auténtica batalla la de hacerse verbalmente inteligibles, y gritan y lloran y patalean porque no lo consiguen.

Esta experiencia con ellos muestra con toda claridad que ellos incorporan al mismo tiempo sonidos, palabras, líneas melódicas, dinámicas, gestos y actitudes corporales y faciales, morfología y sintaxis. Cuantos más segmentos verbales logran dominar, más complejas se van volviendo su morfología y su sintaxis.

A nivel neural se puede imaginar este desarrollo como el resultado, en cada caso, de un *procesamiento incesante de señales en el córtex asociativo*. Y no hay motivo para aislar de ese complejo conductual las señales de la activación de los músculos bucales. La articulación fina de los sonidos idiomáticos se logra a lo largo de un dilatado proceso de adquisición, que no siempre concluye con pleno éxito. La estructuración de los gestos parece que se aprende más deprisa. La configuración de pautas morfológicas más desarrolladas parece necesitar mucho más tiempo, prácticamente hasta alcanzar la edad adulta, y el vocabulario y las estrategias sintácticas se van incrementando a lo largo de la vida, y nunca dejan de reconfigurarse y de evolucionar, bien en sentido de una progresiva complejidad, bien degenerando hacia modos de expresión cada vez más primitivos y menos diferenciados.

3.2. Disponibilidad individual de los medios expresivos

De acuerdo con todo esto, lo que nos capacita para hablar con otros no es una competencia fija ni un sistema consolidado de reglas y "semas" o "memes"[202], sino, como hemos visto, *un flujo en curso por innumerables circuitos neuronales*, activados

---

201. V. por ejemplo J. Piaget, *Introduction à l'épistémologie génétique* (1950).
202. V. Steven Pinker, *op. cit.* con bibliografía.

con mayor o menor frecuencia, redundantes y degenerativos, siguiendo pautas que se están modificando de continuo.

Desde el momento en que la vida en sociedad nos anima constantemente a ajustarnos a formas establecidas o convencionales de interacción lingüística (no solo verbal), ciertos haces de circuitos se ven reforzados con frecuencia, mientras que otros se van debilitando en nuestros cerebros. Aquí el factor decisivo es la *experiencia personal de cada individuo*, ya que es ella la que refuerza o debilita los circuitos. Y como hemos visto, cada individuo desarrolla su *propia anatomía neuronal*: los axones generan o retraen sus terminales sinápticas dependiendo de la frecuencia de activación de los circuitos correspondientes. La disponibilidad real de las estrategias de hablar de cada individuo depende de estos procesos en cada momento.

Sabemos, finalmente, que no hay dos cerebros iguales[203]. También la lingüística tiene que hacerse a la idea de que no puede haber dos hablantes con la misma capacidad de hablar, ni cuantitativa ni cualitativamente. Las diferencias entre ellos podrán considerarse relevantes (como en Humboldt y Paul) o irrelevantes (como hace Steven Pinker[204]), pero resulta más realista imaginar la competencia de hablar como *haces de pautas individuales que cambian y evolucionan en la historia*, que como una gramática fija y compartida que a veces sufre algún tipo de incidencia que la hace cambiar.

3.3. Autoestructuración neural global: recombinación y análisis

La progresiva configuración de las pautas estructuradas de hablar en los seres humanos no es sino un caso más de la progresiva estructuración de todos los seres vivos, e incluso de la materia, lo que ahora se conoce como *autopoiesis*. Podemos imaginar esto como una continuidad que va desde la formación de remolinos altamente estructurados en el desagüe de una bañera, o desde la fijación de órbitas elípticas en los cuerpos celestes, pasando por las rutinas instintivas de las funciones fisiológicas o de los famosos reflejos condicionados, hasta la complejidad estructural de, pongamos, la prosa científica alemana. Esta última es el resultado de un continuado procesamiento neural de las experiencias corporales de interacciones, con o sin componentes verbales.

Este procesamiento parece consistir, sobre todo, en la activación de procesos imitativos o "especulares" en los circuitos neurales del llamado "receptor", que no es

---

203. Como destacan repetidamente G.M. Edelmann y G. Tononi en su *Universe of Consciousness: How Matter Becomes Imagination* (2000).

204. S. Pinker, *The Language Instinct*, 1994.

solo un oyente, sino alguien que ve, siente, interpreta e imita, con sus propias necesidades, aspiraciones, tendencias, emociones e intereses. Cuando "recibimos" el discurso de otro en una situación de conversación, nuestras neuronas en el córtex reaccionan amagando una imitación de lo que reconocemos como las experiencias del otro a través de lo que oímos[205]. El interlocutor activo y atento habla internamente al hilo de lo que oye, y *sigue* su discurso con sus propias representaciones, muchas veces acompañando o imitando lo que oye con el conjunto de su actividad corporal global: postura, mirada, expresiones faciales… *Señalizamos así nuestra comprensión con señales corporales, con o sin palabras, e influimos con ello en el hablar del otro.* Si, por ejemplo, damos una conferencia, un conferenciante sensible no deja de registrar constantemente las señales corporales de su audiencia y de intentar adaptarse a esas reacciones no verbales.

Toda situación de habla contribuye al aprendizaje del lenguaje a todos los niveles orgánicos. Aprender a hablar es un proceso que dura toda la vida, y que *implica al conjunto de la personalidad.* Cada vez que decimos algo, generamos, con ayuda de nuestros recuerdos, secuencias de señales de diversos tipos que alcanzan al interlocutor y *afectan* a sus sentidos. Algunas de estas secuencias se recuerdan luego como conjuntos, otras solo en parte. *Recombinamos segmentos de discursos de extensión variable* en cada caso. Frente a un interlocutor yo puedo actuar emitiendo una frase recordada entera (del tipo "¿qué cuesta esto?", "encantada de conocerle", "nos vemos", "a quien Dios se la dé"), o un fragmento de texto que me viene a la mente a partir de otras situaciones o textos, y que reproduzco con más o menos fidelidad; o combinando fragmentos de textos más o menos largos (de entre una y varias palabras); o construyendo un discurso propio y nuevo, con un gran esfuerzo de concentración, y como resultado de un pensar intensamente personal. Puedo también desplegar un cierto tipo y grado de actividad muscular y postural (que es lo que suele ocurrir), la que me parezca más apropiada para la ocasión. Puedo "hablarle" a otro con muchas, pocas o ningunas palabras. Fruncir el ceño o levantar los hombros puede bastar, y ser lo suficientemente significativo.

Lo que hay es, pues, *una actividad analítica constante* de nuestras neuronas corticales, que subyace a cada acto de habla[206], y que, a su vez, es probablemente *un subproducto de recombinaciones asociativas.* Recombinando segmentos recordados (que es lo primero que hace un niño en cuanto pasa de la frase monoverbal),

---

205. Aunque el papel preciso de las llamadas "neuronas espejo" en los seres humanos sigue siendo cosa controvertida, hoy día hay un amplio consenso sobre la importancia de los mecanismos de imitación de experiencias y emociones ajenas a la hora de desencadenar reacciones complejas en la comunicación lingüística. V. p. ej. J. Bauer, *Warum ich fühle, was du fühlst*, 2005.

206. Como ya hemos visto, mucho antes de los actuales resultados de la investigación sobre el cerebro, Hermann Paul había anticipado buena parte de esto en sus *Prinzipien der Sprachgeschichte*.

analizamos inconscientemente los discursos que percibimos en fragmentos, y la acumulación de esas recombinaciones arroja una *segmentación cada vez más fina de "unidades" de diversas amplitudes,* dependiendo de cómo se haya recombinado en cada caso. Esta actividad más o menos simultánea de recombinar y analizar constituye el núcleo del procesamiento neural de la recepción lingüística. Y esto no solo es así en la primera adquisición del lenguaje por los niños: son procesos que no dejan de ocurrir a lo largo de toda la vida[207, 208].

4. La verbalidad y su forma de referirse al mundo: significado y semántica

A medida que se fueron segmentando y recombinando gruñidos, bramidos, aullidos, gritos, berridos, susurros, sollozos, cantilenas y otros sonidos emitidos más o menos creativamente, la laringe humana se fue haciendo capaz de articular sonidos distintos, en pasos más o menos rápidos a lo largo de la evolución. Esto hizo posible un proceso de diferenciación progresiva, hasta alcanzarse formas diferenciadas de *señalización y expresión.* No cabe duda de que las comunidades humanas siguieron asociando segmentos fónicos con otras acciones y actitudes habituales, así como con las *figuras* que nuestros órganos de los sentidos van construyendo a partir de las sensaciones suscitadas por el entorno (humano y no humano). El córtex humano siguió procesando y asociando progresivamente esas figuras, unas con otras y con las señales acústicas y corporales de la gente. O dicho de otro modo: al principio, y en el plano filogenético, había probablemente acciones *unitarias* de gruñir, gritar, susurrar o balbucear *que daban sentido* en cada situación. Solo poco a poco la segmentación y recombinación de esas correlaciones entre señales y situaciones fue produciendo secuencias sonoras más refinadas, así como análisis y categorizaciones también más refinados de la realidad "exterior". Al menos los niños pequeños parecen comportarse así. Esas correlaciones se van *automatizando* masivamente, y es esto lo que da lugar a que nos parezca que "poseemos" significados, como propiedades reales de nuestras secuencias acústicas.

Cuanto más abstracta es la segmentación y categorización de la realidad, más importancia cobra el componente *puramente verbal* del hablar. Al final, inventamos y destruimos mundos enteros de representaciones solo con medios verbales. El hecho de que en todas partes se desarrollen tradiciones musicales complejas, así como las intensas emociones que provoca la música, podría entenderse como una

---

207. El trabajo analítico de reconducir el lenguaje y los estados mentales a componentes elementales y a sus combinaciones productivas ignora en buena parte esta actividad puramente individual.

208. La dificultad de la interpretación dramática se debe al hecho de que, al decir un texto ya escrito por otro, el que lo dice no recombina ni segmenta por sí mismo.

reacción orgánica global contra ese predominio cada vez más excluyente de la verbalidad en la expresión. Las arrolladoras emociones que suscita la música podrían tener que ver con la dolorosa experiencia de la insuficiencia y de la parcialidad del dominio de la pura verbalidad dentro de la expresión y la comunicación audibles. La estrecha asociación de música y danza refleja sin duda la inextricable unidad de corporalidad y lenguaje hablado[209].

Las palabras registradas en los diccionarios no son en realidad los ladrillos con los que se construye el hablar. Son *en cada caso resultado de la continua recombinación y segmentación del hablar en curso* dentro de las situaciones *fácticas* de habla. La gente de poca cultura muchas veces se siente insegura a la hora de poner cosas por escrito, sobre todo a la hora de separar las palabras, y hacen "falsas" segmentaciones (o más bien segmentaciones "privadas"). Del mismo modo, en el curso de la historia de las lenguas observamos frecuentes procesos de lexicalización y deslexicalización, que dan lugar a nuevas palabras o a la univerbación de anteriores sintagmas. Todo esto nos muestra lo fluidas que son las fronteras entre las palabras. Naturalmente la escritura enmascara este hecho y lo oculta por detrás de las convenciones gráficas, generalmente conservadoras. Y es que no hay primero palabras y luego expresiones, sino que la expresión precede a cualquier delimitación de sus unidades.

Así que no son las palabras y frases singulares las que se refieren por sí mismas a las cosas de la realidad, menos aún a sus componentes reales. Atribuirles un potencial de referencia "virtual", esto es, un "significado" idiomático que se "actualizaría" en virtud de estrategias específicas para acabar ejerciendo una "designación actual", como proponía Coseriu en su celebrado artículo "Determinación y entorno", entiendo que ignora esta dinámica real del "hacer sentido". Hablamos unos con otros de la manera que *para nosotros tiene más sentido hacerlo en cada caso*, sobre la base de nuestras experiencias de todo tipo *hasta justo este momento*. Y nuestro hablar verbal *reproduce segmentos más o menos largos y estructurados y los combina más o menos conscientemente cada vez*. Hay dos casos extremos. Por un lado, están las expresiones fijas relacionadas con situaciones rituales, como la de saludase o disculparse. Por el otro, están los discursos plenamente conscientes y atentos, que se arman para contenidos y contextos realmente nuevos, a partir de "piezas" breves o muy breves arrojadas por segmentaciones anteriores. En la poesía puede ocurrir que incluso fonemas singulares se conviertan en parte de la recombinación consciente[210].

---

209. A. Agud, "Musik und Sprache".

210. Un ejemplo extremo de recombinación consciente incluso de los elementos más simples del hablar es el poema de Goethe "Über allen Gipfeln", en el cual buena parte del contenido lírico reposa en el juego con la frecuencia relativa de las vocales alemanas.

Pues bien, allí donde un oyente siente que está escuchando una recombinación totalmente nueva y espontánea, otro más culto o experimentado puede oír un tópico o un cliché. Cada uno forma (no "usa") sus palabras cada vez, y su habilidad para formarlas productivamente depende de sus experiencias de todo tipo, de su psicología, personalidad y carácter, e incluso del hecho de que esté o no familiarizado con otras lenguas, clásicas o extranjeras, y sus literaturas, así como con la historia de su propio idioma.

Que uno *sienta* que está hablando o entendiendo correctamente es resultado de la *manera individual como cada uno domina y pondera las convenciones del hablar en su entorno*. Lo que para una persona es una expresión perfectamente aceptable, puede suscitar enfado y protesta en otra porque considera que vulnera expectativas suyas legítimas. Una conversación entre un nacionalista y un no nacionalista, entre un filósofo analítico y otro dialéctico, entre un adulto informático y una hija suya adolescente, puede estar saturada de conflictos provocados por la diferencia entre lo que cada uno considera expresiones aceptables e inaceptables. En las discusiones académicas esto es muy frecuente: uno piensa que ha dicho algo muy inteligente y a otro eso mismo le parece una majadería o un absurdo.

Sea ello como fuere, cuando uno *siente* que está entendiendo a otro, este sentimiento se debe a que ni el hablante ni el oyente (o ni el escritor ni el lector) advierten que las expresiones emitidas *no son conceptos definibles*, aunque las emitan y reciban *como si lo fuesen*. Y es que lo parecen. Pero es un hecho que no *entendemos, ni creemos entender, porque usemos o recibamos palabras como signos inequívocos de representaciones claras, sino porque no es así*.

Al hablar intentamos, como es lógico, acomodarnos a las pautas más comunes y aceptadas y a las convenciones designativas que *sentimos* como más habituales y consagradas. Pero para la comunicación (y para sus conflictos, para la incomunicación) el punto decisivo es justamente *la indeterminación semántica de las piezas del hablar usual*. En algún sentido hablar es como caminar por un bosque en la niebla, donde las figuras emergen con más o menos nitidez a medida que nos acercamos a ellas, y se desdibujan y desvanecen en la niebla de lo inconsciente a medida que seguimos caminando. La *determinación* del significado, su nitidez, *ocurre mientras* hablamos, y es tan efímera como la propia situación. Ni siquiera cuando citamos términos o dichos famosos podemos confiar en que posean un sentido históricamente establecido: el que cita introduce en la cita su propia interpretación y expectativas, y el que lo oye o lo lee, entiende lo que su estado personal en ese momento le permite, o más bien le fuerza, a entender. Un ejemplo significativo: ¿Qué podía entender cada uno en el ya citado lema de un congreso del Partido Nacionalista Vasco, "Ser para decidir" (Javier Arzallus)?

Como resultado de la segmentación visible de las unidades léxicas en la escritura (y no en todos los tipos de escritura, pero sí en los de la moderna cultura occidental), tendemos a atribuir un significado cierto a cada palabra. Y claro que sabemos desde hace mucho que el sentido de una palabra o expresión puede variar considerablemente, dependiendo del "contexto". Pero nos hemos habituado a considerar esta variabilidad como una especie de "accidente" del significado, como *meras diferencias en el "uso"* de las palabras. Seguimos creyendo que las palabras *existen* por sí mismas y *poseen* un significado que contrasta netamente con el de otras "dentro del sistema". Parecería incluso que una semántica estructural no sería posible si no es desde el supuesto de esa premisa.

Sin embargo, en tiempo recientes se va imponiendo una idea alternativa, la de que *los significados se construyen en el hablar fáctico: meaning making*[211]. La pregunta es ahora cómo ocurre eso. Y aquí vuelve a aparecer una disparidad entre el objetivo de la investigación y sus métodos reduccionistas.

Yo quisiera proponer la siguiente sugerencia al respecto.

Cuando nos referimos lingüísticamente a una realidad extralingüística (o que suponemos tal), los *momentos estructurados se generan en cada caso a partir de un trasfondo inconsciente difuso*. Mientras hablamos, nos articulamos a nosotros mismos de manera que nuestro discurso, cuando no es enteramente banal, vaya desarrollando un perfil más o menos nítido *frente a* los otros discursos (o presuposiciones, o sobreentendidos) *que en ese momento se trata de que contrasten con el propio. En cada momento creamos algunos perfiles y contrastes nuevos* frente a un trasfondo difuso, más o menos indeterminado, y lo hacemos por alguna razón. *Solo logramos ser precisos cuando focalizamos algo en cada situación de hablar*[212]. Y no es raro que creamos haber expresado ideas precisas y claras con palabras apropiadas, y que otro que venga desde una perspectiva diferente las sienta borrosas, equívocas o confusas.

Hay enormes diferencias entre individuos en cuanto a habilidad para armar un discurso estructurado. Esas diferencias suelen traducirse en juicios y actitudes de apreciación o desprecio sobre el estatus social e intelectual de la gente.

Pero es un hecho que solo logramos una buena estructuración de nuestro hablar, si es que logramos alguna, con *unas pocas* representaciones en cada caso, frente a un trasfondo difuso de asociaciones corticales; el resto de nuestras palabras no nos preocupa expresamente, y solemos repetir hábitos previos con ellas, y fiarnos de ellas. Y lo hacemos más o menos de acuerdo con estructuraciones anteriores.

---

211. La idea (no el término mismo) remonta a Viktor Frankl, *Man's search for meaning*, Beacon Press, Boston 1946, y ha sido adoptada sobre todo en psiquiatría y pedagogía, más exactamente en la teoría constructivista del aprendizaje. Bibliografía en V. Evans e.a., "The Cognitive Linguistics Enterprise: an Overview".

212. En esto la significación sigue el mismo patrón que la visión: solo vemos nítidamente lo que enfocamos con la fóvea, y el resto de nuestro campo visual queda desde bastante hasta muy difuso, pero nuestra mente reconstruye la nitidez que falta y nos hace imaginar y creer que estamos viéndolo todo con la misma precisión.

Sin embargo, esto no es motivo para temer ninguna desestabilización teórica de la llamada "estructura lingüística".

Las convenciones expresivas se hacen estables porque *todo* organismo tiende a *estructurarse a sí mismo de un modo repetido y estable*. En el caso de los seres humanos, hay una fuerte presión social para permanecer de acuerdo con las pautas más estabilizadas: las desviaciones se castigan y estigmatizan como señales de desorden mental, bajo estatus o mala voluntad. Por eso ninguna persona normal estructuraría su hablar de un modo diferente del de los demás en situaciones ordinarias.

Una convención estabilizada funciona como una *referencia* constante para los hablantes. Ahora bien, las convenciones cambian con el tiempo porque la gente actúa una y otra vez conforme a motivaciones *nuevas,* más o menos conscientes, y siente la necesidad de estructurar su hablar de un modo algo diferente, sobre todo en la parte verbal, pero no solo. Nuevos gestos se imponen también a veces y se vuelven moda.

Y esto no solo ocurre en el hablar ordinario, sino también en el "hablar sobre el hablar", en los muchos presuntos "metadiscursos" de la lingüística analítica. *Su semántica no es menos difusa y variable que la de la práctica primaria de hablar a secas.*

El significado y la semántica son, pues, el resultado, en cada caso, de *una estrategia estructuradora más o menos convencional que implica al organismo entero.* Los hablantes tienen buenas razones para estructurarse convencionalmente cuando quieren decir algo. Pero hacerlo no evita malentendidos. Y además uno puede *fallar,* y los fallos son parte del hablar real en medida no inferior a la de los éxitos estructuradores más espectaculares. *La estructura lingüística no es constante*, y no se la puede aducir como *premisa* a la hora de estudiar el lenguaje.

5. ¿Es posible un trabajo analítico sobre el lenguaje desde una perspectiva estética, y tiene sentido hacerlo?

Por lo que me pregunto es por las condiciones de la posibilidad de estudiar el lenguaje de un modo académicamente aceptable (lo bastante sistemático y vinculante), que tome en consideración la perspectiva estética que he estado desarrollando y que la integre en el trabajo analítico. El problema es, claro está, que en principio *"analítico" y "estético" más bien se excluyen el uno al otro.*

Cualquiera puede acercarse al hablar fáctico e identificar, designar, enumerar y clasificar "componentes" suyos. Desde un punto de vista estético, sin embargo, esas identificaciones de momentos del hablar no son sino una cierta cantidad de *ocurrencias,* de intuiciones personales, ocasionales y más o menos perspicaces, del observador. Son decisiones tentativas y provisionales, y ocurren hasta cierto punto por casualidad. Como advertía Nietzsche, no controlamos qué ideas se nos ocurren, ni cuándo. Las categorizaciones lingüísticas dependen de la *biografía cultural del observador*, como cualquier teoría en el dominio de las ciencias de la cultura.

El abordaje estético, por el contrario, es holístico. *Intenta entender el todo*, lo que Hegel llamaría "la totalidad concreta"[213].

Voy a intentar ilustrar esa idea con un ejemplo. Una "obra de arte" es en sí misma una totalidad compacta de todos sus componentes y momentos. La actitud analítica la entendería en principio como alguna clase de acoplamiento de todos sus componentes y momentos. La actitud estética, por el contrario, tendería a interpretar sus presuntos o hipotéticos componentes a partir de la propia percepción individual del conjunto. Por eso, a diferencia de los objetos del análisis, *los de la consideración estética son justamente no analizables*. La estética rechaza de plano el dogma fundamental de la "teoría de constituyentes" del lenguaje y todas las que deriven de ella[214].

Lo que acostumbramos a llamar "lenguaje" es posiblemente la manifestación más inmediata de *las propiedades emergentes de nuestro cerebro*, que son resultado del incremento exponencial de su complejidad (de su diversidad histológica y de su conectividad funcional) desarrollada a lo largo de la evolución. Esta complejidad conforma el comportamiento lingüístico humano como una *totalidad orgánica compacta*, que no se entendería si se la analizase en "componentes" puramente hipotéticos como se hace muchas veces con la "obra de arte".

Y desde luego que tiene sentido *reflexionar sobre nuestra propia percepción de los diversos momentos y elementos que pueden estar por detrás del efecto* que ejercen en nosotros tanto las obras de arte como el lenguaje. De hecho, distinguimos dentro de este un flujo verbal y muchas otras cosas más. Pero no podemos considerarlas como *componentes efectivos* del lenguaje, porque aquí no se puede garantizar que nada se entiende "objetivamente". Eso sí, podemos llegar a buenas ideas sobre nuestra propia realidad compleja de "animales que hablan" si nos esforzamos por deshacer los nudos de ciertos aspectos de nuestra condición lingüística, con el fin de penetrar su opacidad y orientarnos dentro de ella.

Podemos, por ejemplo, hacernos preguntas sensatas sobre nuestra naturaleza hablante, y podemos intentar responder a ellas desde abordajes reduccionistas de los objetos de esas preguntas, pero esto solo será realmente productivo si *nos mantenemos conscientes* del hecho de que *no hay tales "objetos" fuera de nuestros*

---

213. "Jede Philosophie ist in sich vollendet und hat, wie ein echtes Kunstwerk, die Totalität in sich". ("Toda filosofía es algo completo en sí mismo, y como toda verdadera obra de arte, porta en sí la totalidad"), G. W. F. Hegel: *Differenz* : 12. Lo que afirma Hegel sobre la filosofía es también relevante para una crítica filosófica de la lingüística.

214. Esto se aplica a la mayor parte de las teorías que han aparecido en el contexto de la "filosofia de la mente" y las ciencias cognitivas. V. A. Agud, "The Last Sign? Aesthetics and Semantics in Recent Art Theory".

esfuerzos por penetrar nuestra propia complejidad mediante categorizaciones. Palabras, fonemas, frases, discursos, textos y contextos, verbos y nombres, competencia y ejecución: todo esto son *categorizaciones tentativas destinadas a proporcionarnos alguna orientación por entre nuestra complejidad lingüística.*

A diferencia de un análisis gramatical tradicional (y moderno), un análisis lingüístico enfocado desde la perspectiva estética *no aborda el lenguaje* construyendo y analizando un objeto particular desde una perspectiva también particular y aleatoria. Se acerca al lenguaje adoptando una *actitud de percepción sin limitaciones sobre cualquier aspecto o momento que pudiera advertirse en él.*

En la *traducción* este hecho se revela de la mayor importancia. La "reacción traductora" a un texto tiene que mantenerse atenta a los más sutiles momentos de su lectura, y es la reacción *personal* (Kant diría: subjetiva) a una afectación lo más compleja posible por el texto, por sus palabras y sus implicaciones de todo tipo. Ha de tomar en consideración todas las asociaciones posibles con todas las dimensiones posibles del significado, y esto solo se puede hacer si el traductor logra reconstruir hasta cierto punto la personalidad del autor, sus motivaciones e intereses. En la conversación viva estamos haciendo esto de continuo, de modo más o menos inconsciente. En la traducción es importante integrar en la reacción traductora el conjunto de nuestra propia afectación estética por todas esas dimensiones, muchas de las cuales van más allá de la pura verbalidad del texto.

Al retener una actitud lo más abierta posible a cualquier dimensión significativa, el analista estético define, o diseña, en cada caso algún propósito analítico propio, de acuerdo con las cuestiones que *son o se han vuelto importantes e interesantes para él ahora mismo*, por la razón que sea. Selecciona entonces como objeto de investigación lo que piensa que puede ser útil para su propósito.

Al hacer esto se mantiene *comprometido* con una percepción suya lo más amplia posible del conjunto del hablar, así como con el objetivo humanístico de estudiar el lenguaje para *mejorar la humanidad.*

Se mantiene también consciente de que lo que selecciona como su objeto *lo ha construido él*, y lo que tiene que demostrar no es que eso "exista", sino que *responde a una decisión razonable* de cara a su propósito personal y a su compromiso estético (holismo y humanismo).

Teniendo en cuenta todo esto, puede proceder a focalizar procesos, textos o elementos del habla, con el fin de identificar y analizar los que le parezcan *relevantes para sus propósitos.* Otros sujetos podrían no estar de acuerdo con sus decisiones, ya que nadie está en condiciones de darse cuenta de la totalidad de sus propias motivaciones, ni de predecir todas las consecuencias de sus opciones.

El interés y el objetivo *personales del lingüista singular* condicionan por supuesto, en cada caso, una cierta perspectiva, desde la cual cada uno focaliza el lenguaje de la manera que le parece más productiva y apropiada. El lingüista *sabe que ha elegido esa perspectiva en función de su objetivo*, y sabe que el objeto que ha constituido *responde a esa construcción individual*, no a una percepción incondicionada y libre de toda restricción. Pero es importante mantenerse capaz de *reconducir* perspectiva y objeto a una *percepción original y no restringida del todo*, para no dejarse inducir a error por la parcialidad de la perspectiva de partida que se ha adoptado.

5.1. El camino individual a la totalidad del hablar fáctico

Como advertía al principio, el *todo* en el que consiste el hablar fáctico no es *ningún objeto* de la conciencia, sino un *límite, un concepto-frontera*. Es un concepto *negativo* que *no identifica un objeto*. Es en realidad una especie de abreviatura del hecho de que *el hablar fáctico no puede ser determinado desde ningún concepto positivo*, entre otras razones porque todo concepto procede de él o es formado en él. Esta es la razón por la que esta noción-frontera del hablar fáctico es *tanto negativa como crítica*: desde ella cada uno puede *reconocer* el tipo de restricción que su perspectiva individual le impone sobre los fenómenos lingüísticos en cada caso, y al mismo tiempo esto le permite comprender que es capaz de *ir más allá de cualquiera de esas restricciones*, cada vez que lo necesite o le convenga.

Eso sí, *para poder desarrollar esta capacidad el lingüista tiene que confrontarse expresa y críticamente con la mayor cantidad posible de otros discursos sobre lo que se ha entendido como lenguaje a lo largo de la historia. Esta es la única vía* de acceso a la totalidad negativa. Insisto: toda teoría del lenguaje y todo abordaje analítico en relación con él debe entenderse a sí mismo como *parte de la historia del estudio del lenguaje,* y por lo tanto tiene que desarrollarse en el diálogo y la confrontación con las posiciones anteriores o divergentes. Solo así tendrán sus palabras alguna posibilidad de adquirir *un perfil inteligible*.

La actitud estética afronta *la complejidad real de lo que ocurre al hablar y su plena individualidad*. Se nutre sobre todo *del deseo y el placer de disfrutar esa complejidad*. Por ejemplo: para un lingüista es una buena opción ocuparse de la poesía, ya que en ella se hace particularmente evidente esa complejidad del hablar, así como la imposibilidad de reconducir la expresión poética a ningún otro concepto determinado[215].

---

215. Entiendo que la opción de Antonio Machado de expresar ideas filosóficas en el medio poético se basa en su rechazo a la ficción usual de que la prosa científica enuncia cosas objetivas y correctas. A. Agud, "Antonio Machado: una epistemología crítica en verso y prosa" (2021).

Por el contrario, la tendencia actualmente dominante entre los lingüistas es a ocuparse de los textos más banales (publicidad, tebeos, diarios, discursos políticos, grabaciones de conversaciones entre grupos), sobre todo en el marco de los "estudios culturales". Esta tendencia alberga el riesgo de "proyectar" la simpleza de esos textos sobre la propia investigación y sobre la manera como el lingüista se representa el lenguaje. Y debería uno preguntarse a sí mismo si el reduccionismo de la psicolingüística actual no será un grave error, ya que sus reducciones ignoran y por lo tanto *ocultan la complejidad psicológica (y social) del hablar humano.*

En su dimensión *crítica* el punto de vista estético consiste ante todo en *cuestionar el predominio metodológico de la "pirámide abstractiva"* que he mencionado más arriba.

En su dimensión *positiva o afirmativa,* el punto de vista estético consiste en *entregarse y abandonarse a la actividad asociativa inconsciente de nuestro córtex prefrontal y de la "red neural por defecto", en un espíritu lúdico de disfrutar cuantas sorpresas nos puedan deparar.* Esas asociaciones, como hemos visto, si se las deja libres, se expanden en todas las direcciones. Conectan entre sí todas las experiencias posibles y pueden dar lugar a todo tipo de perspectivas y percepciones inesperadas. Es el lugar de la creatividad individual y el verdadero núcleo de la libertad humana, en el sentido de no estar *determinado* por ningún hábito categorizador ni por ningún "concepto".

Voy a poner un buen ejemplo. En su obra *"El mono gramático"*, que se ocupa ampliamente del lenguaje, el poeta mejicano Octavio Paz, dice: "Cuando el lenguaje alcanza el punto de incandescencia, se revela como un cuerpo ininteligible". Esta afirmación dice algo sobre el lenguaje que va más allá de la mayoría, o tal vez de todas, las *definiciones del lenguaje que aparecen en los estudios lingüísticos.* Pone de manifiesto un aspecto del hablar humano que nunca se habría percibido a través de abstracciones clasificatorias. Y le ofrece a la lingüística una perspectiva prometedora. Yo diría que aborda la condición corpórea del hablar desde un ángulo opuesto al de la investigación experimental del *"embodiment"* de este. Es un estupendo ejemplo de aproximación estética al lenguaje que sugiere posibilidades productivas de estudiarlo, incluso analíticamente. Ofrece una perspectiva inesperada desde la cual se pueden definir nuevos "objetos" para la investigación. Eso sí, para hacerlo hace falta que el lingüista adopte él mismo una actitud estética. Entiendo que esta es la vía que sigue también mi libro sobre los poemas del ser y el no ser.

Las asociaciones neurales que tienen lugar en el córtex prefrontal son, claro está, en su mayoría inconscientes, y siguen siéndolo mientras no activemos una *actitud* apropiada, consistente ante todo en evitar la tiranía de la vía jerárquica y abstractiva. Esta podría ser una caracterización del punto de vista estético tanto a nivel orgánico como a nivel de la experiencia personal.

En la lingüística la actitud estética tiene que ver con el deseo de *experimentar placer en la diversidad de las lenguas, de los hablantes y de los textos,* así como con perseguir justamente ese placer. Implica *disfrutar* tanto de la *imposibilidad de reducir esa diversidad a determinaciones conceptuales* como de la *incertidumbre del entender.* Presupone que el *potencial de sentido de cada acto de habla fáctico,* ya sea conversación o texto, es algo *abierto,* y es consciente de los *cambios y variaciones en el tiempo*[216] que tienen lugar tanto en el interior de uno mismo como en el de cualquier posible interlocutor.

Ese disfrute conlleva un efectivo compromiso *práctico y ético* con la *búsqueda de lo diverso e individual.* Y esto implica, entre otras cosas, no poner la investigación lingüística al servicio de estrategias de mercado, que fuerzan al lingüista a focalizar sistemáticamente las *reacciones promedio,* con el fin de facilitar la venta de mercancías tanto materiales como ideológicas.

No hace falta decir que disfrute y placer pueden fácilmente convertirse en su contrario cuando los textos que uno aborda en actitud estética resultan ser repulsivos en cualquier sentido: estético, moral, intelectual o lo que sea. La estética, en el sentido en el que estoy usando ese término, no solo tiene que ver con belleza y placer. Y en este terreno discriminar entre bueno y malo es tan importante como en el terreno analítico.

El propósito de desarrollar un trabajo analítico vinculante sobre el lenguaje desde un punto de vista estético requiere en cualquier caso un *diseño plenamente consciente del objetivo pragmático de cada estudio,* que es la única manera de ser *responsable* del sentido del estudio. Y una vez establecido el objetivo, y legitimado en términos de humanismo, hay que proceder, ahora sí, a reducciones que permitan focalizar objetos concretos.

Y naturalmente, las perspectivas sobre aspectos o momentos del lenguaje que surgen de una actitud estética abierta y sin restricciones no se combinan luego unas con otras hasta conseguir una "teoría de todo". No es posible. La teoría lingüística en este sentido no deja de ser una empresa individual. Arroja siempre certezas individuales y *posiblemente equivocadas.*

5.2. La crítica estética al reduccionismo de los métodos analíticos en lingüística, y la posibilidad de superarlo

Debido a la excesiva atención que la lingüística ha dedicado al flujo verbal, así como a la nueva focalización de otros aspectos del hablar básicamente a través de

---

216. Quisiera mencionar aquí el poema de Goethe "Eins und alles", del ciclo "Gott und die Welt", en el que expresa exactamente esta actitud en forma poética con gran precisión.

experimentos reduccionistas, la perspectiva analítica sobre el lenguaje ha quedado demasiado constreñida. Por el contrario, una percepción estética y holística del hablar, capaz de tomar en consideración al mismo tiempo y de manera integradora (en vez de sucesiva y analíticamente) tanto sus componentes verbales como todos los demás momentos corpóreos y emocionales, permite ampliar el horizonte y la perspectiva. Permite entender los elementos puramente verbales como valores solo relativos, así como *evaluar* de un modo más realista *el papel y la eficacia* de esos mismos momentos en el "hacer significado" y en la comunicación en cada caso.

En la lingüística y en la filosofía del lenguaje se suele dar por sentado que el lenguaje verbal es cosa inherente y totalmente estructurada. Y esa presuposición pasa de largo ante algunos hechos. En primer lugar, es verdad que todos tenemos una tendencia constante e instintiva hacia la estructuración de nuestro comportamiento, y que nos atenemos a ella inconscientemente. Pero no lo es menos que las nuevas experiencias nos empujan de continuo a ir más allá de las pautas consolidadas. Y finalmente, cualquiera puede fracasar a la hora de intentar organizar contenidos complejos, por falta de concentración, de recursos mentales o de estrategias eficaces de estructuración. Estas son las razones por las que *el grado de estructuración del hablar no es una constante sino una variable,* por mucho que la tendencia instintiva a la autoorganización sí sea una constante.

Y esta es también la razón por la que, cuando intentamos evaluar formas lingüísticas singulares de comportamiento (incluidos los textos escritos), tenemos que tomar en consideración esa variabilidad, y tratar de entender su relevancia para las estrategias expresivas de cada uno en cada caso. Un texto, o más bien un ser humano, puede *jugar deliberadamente* con grados diversos de estructuración. El intento, por ejemplo, de socializar con gente de nivel cultural claramente inferior nos puede mover a expresarnos de un modo deliberadamente poco estructurado, como gesto de cortesía. Y a la inversa, en contextos que reconocemos muy exigentes, la necesidad de "quedar bien" en ellos puede favorecer nuestras mejores estrategias, o ponernos nerviosos y hacernos fallar. En la traducción esta variabilidad se vuelve especialmente significativa, porque, dependiendo de la percepción que se tenga de la personalidad del autor, obliga al traductor a evaluar con mucho cuidado cuánto estructura a su vez, y cómo.

En el plano de las estructuras más compartidas (el de la gramática común de las lenguas históricas) tenemos que atender a la posibilidad de que *ciertos dominios de la expresión estén más o menos estructurados dentro de una comunidad lingüística.* Tomemos como ejemplo la lengua de la cultura tradicional de India, el sánscrito. En él aparecen muchas formas diversas de expresar el pasado en el sistema verbal, que seguramente tuvieron funciones bien diferenciadas en algún momento. Pero al final se las percibe como prácticamente sinónimas, no se advierten entre ellas diferencias semánticas relevantes, y se han convertido más bien en variantes estilísticas o métricas. A esto se suma la creciente tendencia a sustituir las formas personales del verbo por expresiones nominales. Esta característica de la lengua está en una significativa correlación con la manera de experimentar y percibir el tiempo en esa cultura, que tiene mucho de negacionismo, de esfuerzo por considerar la propia cultura como un eterno presente, y de negar cambios históricos importantes en ella. Esto es algo que la actitud estética ayuda a percibir y a valorar.

En el ámbito del *vocabulario*, que es donde la intención de referir los elementos del hablar a elementos de la "realidad extralingüística" está más en primer plano, la perspectiva del lingüista debe expandirse con el fin de aprehender esa referencia en todos sus aspectos, no solo en el designativo. El significado no se puede entender como una propiedad de elementos verbales significativos en sí mismos, sino como el *resultado singular, en cada caso, del comportamiento del organismo entero,* cuyo "contenido semántico" solo se puede determinar hasta cierto, o más bien incierto, punto. El hablante trabaja con los elementos que han resultado de su segmentación de las experiencias verbales previas (palabras, sintagmas, morfemas…), y en su hablar toma en consideración el conjunto de la situación, que incluye, por ejemplo, su manera de imaginar el trasfondo cultural y personal de su o sus interlocutores, sus prejuicios y su capacidad de entender, esto es, su "teoría del otro" o de la "mente ajena", que guía el propio hablar, o la decisión de no hacerlo, en cada caso.

A la hora de analizar textos reales hay que tener en cuenta muchas variables "pragmáticas", personales, contextuales, culturales, etc., si es que uno quiere aprehender la totalidad del hablar. En principio se ocupa de esto la llamada "pragmalingüística". Pero el acento es diferente. El objetivo de esta última es *expandir el objeto* de la investigación a las situaciones del hablar. Lo que yo propongo, en cambio, es *expandir la perspectiva del lingüista sobre el viejo objeto* del análisis del flujo verbal.

El tipo habitual de análisis generalizadores de los contextos pragmáticos tiende a dejar de lado la individualidad del hablar, ya que tiene que neutralizarla mediante categorizaciones y clasificaciones de situaciones y actos de habla. La referencia estética al todo, por el contrario, *no podría querer reducir nuevamente ese todo a la condición de objeto analítico*. Su tarea es más bien retener el *horizonte* del hablante (y del lingüista) como tal en cada caso, para poder juzgar cada objeto lingüístico concreto mejor y más realistamente por referencia a ese horizonte singular. Y no puede volver a convertir el horizonte en un nuevo objeto (del tipo "actos de habla", situaciones típicas de habla, clases y tipos de contextos, etc.), lo que volvería a introducir reducciones y llevaría a un regreso infinito.

En relación con un determinado texto, cada *receptor* puede sentir e interpretar a su manera sus conexiones con otras posibilidades expresivas, otras tradiciones textuales y otros textos, es decir, con su horizonte textual. Pensemos por ejemplo en el famoso monólogo de Hamlet "Ser o no ser": dependiendo de que uno lo lea e interprete desde la tradición del drama europeo clásico, o desde la tradición de poesía especulativa sobre el ser y el no ser en nuestra cultura, o en otras, su comprensión será muy diferente[217].

En las últimas décadas se han ido desarrollando diversas formas de *"lingüística del texto"*, presididas por el interés de rebasar la frontera habitual del análisis lingüístico, fijado ante todo a frases-ejemplo sin verdadero contexto.

Es, sin embargo, difícil imaginar una lingüística del texto diseñada sobre la base de conceptos previos y paradigmas metodológicos. Un texto es un *producto singular y único* de un individuo, y si lo analizamos en componentes que se dan también en otros textos, *estaremos neutralizando su determinación esencial de ser algo singular y único* (lo que es cierto incluso cuando un texto suena exactamente igual a otro, como ocurre en las citas). La complejidad ilimitada y única de cada texto fáctico parece una barrera insuperable para cualquier análisis científico.

Pues bien, el punto de vista estético *arranca justamente desde esa barrera*. Entiende el conjunto de la lingüística profesional como una ciencia reduccionista, y por lo tanto incapaz de aprehender el hablar en su totalidad y en su complejidad única en cada caso. Pero no tira la toalla. Más bien se compromete a *abrir una alternativa metodológica*: renunciar a re(con)ducir la individualidad a conceptos, y abordar los textos desde la cautela hermenéutica según la cual todo análisis y toda interpretación se basan en un *encuentro entre sujetos*, histórico y no determinado conceptualmente, *que hacen sentido a partir de su individualidad*.

Conocer esta otra perspectiva nos permite juzgar de un modo más adecuado sobre métodos y resultados, dependiendo del objetivo y la modalidad de la investigación en cada caso. En esto el trasfondo previo del intérprete, su historia y su personalidad, tienen un papel decisivo, y son tan individuales y tan indeterminados como los del autor de cada texto.

A diferencia del teórico literario, del crítico literario, del sociólogo de la literatura o del que comenta solo ocasionalmente un texto, el *lingüista del texto* de orientación estética se interesa específicamente, ante todo, por evaluar el papel de la parte puramente verbal del hablar *en el conjunto de la creación de sentido* en un texto o conversación real. Le importa conocer las *posibilidades de estructuración institucionalizadas en el idioma del texto*, y *la manera como cada hablante o escritor se maneja con ellas* para decir lo que quiere decir y expresar los contenidos que intenta expresar. Un lingüista estético aspira a *caracterizar* la manera como cada hablante o autor se articula a sí mismo, y en el caso de los textos escritos, cómo se las ha arreglado para *compensar la falta de los momentos del hablar real con sus propias estrategias de verbalización*. Ambas cosas solo pueden ser apreciadas por el observador desde su propia personalidad individual. El resultado puede ser una genuina

---

217. A. Agud, "Forma e ideas en la poesía filosófica sobre el ser y el no ser en diversas culturas y épocas", 2012.

admiración por la habilidad del autor, o todo lo contrario. En este tipo de análisis la *distinción entre textos mejores y peores* tiene, como decía, un papel esencial.

A diferencia del especialista en literatura, el lingüista de orientación estética atiende a todos los rasgos idiomáticos de un texto. Sin embargo, y a diferencia del lingüista analítico convencional, no puede limitarse a identificar, enumerar y clasificar esos rasgos singulares, ya que su objetivo es interpretarlos y juzgarlos *por referencia a la percepción estética del todo*.

Si una sola palabra, o un giro, o un morfema, incluso un sonido, resulta ser relevante y hasta decisivo para el sentido de un texto, esto solo se puede investigar si se contempla el texto como *un todo histórico concreto*. Una segmentación gramatical genérica, que tenga que valer para cualquier texto en un cierto idioma, no nos proporcionaría lo necesario para esa investigación. Aunque, claro está, esto no es ningún alegato contra las gramáticas idiomáticas, que son muy útiles para ciertos objetivos, uno de los cuales es proporcionar un vocabulario (meta)lingüístico que nos sirva de base para entendernos en las discusiones lingüísticas.

El lingüista del texto de orientación estética, esto es, el profesional que se interesa por comprender el lenguaje humano y que aspira a aprehenderlo en su totalidad real, debería en todo caso enfocar los objetos de investigación que selecciona bajo una *ética específicamente lingüística*. No puede permanecer indiferente a que un texto sea humano o inhumano, sincero o fraudulento, veraz o manipulador. El efecto social o individual que pretende tener un texto, o que tiene sin pretenderlo, es también parte de lo que ha de concernir a un estudio textual de orientación estética si quiere ser *integral*.

Tal estudio no puede confiar al azar o a modas académicas la selección de los textos que estudia. El lingüista del texto de orientación estética *explora en los textos las posibilidades y oportunidades de una humanización más profunda a través del lenguaje,* y *selecciona* sus textos por referencia a este criterio. El objetivo humanístico de mejorar la humanidad constituye su fuente de legitimación ética, y lo toma en consideración a la hora de elegir qué textos va a estudiar, y por qué y para qué. Estudia la condición lingüística de los seres humanos como su medio de hacerse más humanos, y se mantiene consciente del hecho de que el lenguaje puede usarse, y se usa con frecuencia, para todo lo contrario.

Entre otras cosas, debe *proporcionar a la sociedad criterios para la educación lingüística* de las nuevas generaciones en su fase escolar, y su actividad científica no debería dejar de lado este aspecto. Es su *tarea social*, como lo es la del historiador ayudar a no recaer en errores pasados. La lingüística no es una conversación más en el sentido de Rorty[218]. Tradicionalmente se ha puesto a sí misma al servicio

---

218. R. Rorty, *Philosophy and the Mirror of Nature*, Princeton Univ. Press 1979.

de la mejora de las habilidades expresivas de la gente, y no hay razón para sacrificar este viejo objetivo humanístico en aras del prejuicio cientificista de mantenernos "libres de valores". La ideología cientificista de los dos últimos siglos ha reprimido ampliamente esta cuestión de la legitimación de la investigación científica, pero en el dominio de las ciencias humanas son ineludibles, y quizá no solo en ellas.

Desde un punto de vista estético sigue teniendo sentido describir lenguas o partes o aspectos de lenguas, pero no es ya el mismo sentido que en el marco de la gramática analítica. Pues la orientación estética no organiza la presentación de "hechos" en pura semasiología ("qué significa tal o cual"), sino que parte de la *recepción personal* de textos reales en una cierta literatura idiomática, o de la experiencia personal de hablar una cierta lengua. Es esta recepción y experiencia lo que hay que estudiar y sobre lo que hay que reflexionar: necesitamos aquí una verdadera *estética de la recepción lingüística*.

Parte de esta tarea debería consistir en *observar las reacciones complejas de cada uno cuando es interpelado en una cierta lengua*[219]. Las lenguas extranjeras, o la propia en contraste con ellas, nos interpelan de un modo específico. Muestran un cierto "carácter". Wilhelm von Humboldt insistió mucho en esta idea del carácter de las lenguas, pero no logró explicarla de un modo convincente, ni convertirla en una clave metodológica viable[220]. Y sería realmente importante, porque *cada lengua alberga en sí la entera historia de las estrategias de autoarticulación lingüística de una cierta comunidad en un momento*. Los lingüistas históricos suelen decir que las lenguas siempre guardan huellas de su propio pasado. Pero es mucho más que eso. Todo el que aprende a hablar en una lengua hereda con ella una manera bastante definida de abordar su propia expresión y de organizar su mundo. *Entra así en una historia particular de intentos humanos de conocer y comunicar* que constituye un verdadero *horizonte de comprensión*, y que es tanto una limitación como un punto de partida para nuevos intentos.

Cada lengua es un *resultado histórico de humanización*, y la percepción estética de una lengua es la *reacción global e integral de un individuo a una cierta vía o manera de articular el flujo verbal al hablar*, una vía que se ha ido configurando y perfilando al hilo de la historia de las experiencias de una cierta comunidad. También en esto la experiencia de la traducción y del plurilingüismo es una clave importante para percibir estos hechos. Mi experiencia al pensar y escribir este libro primero en inglés y luego en español me ha permitido sentir del modo más vivo hasta qué punto cada una de esas lenguas me ha llevado a pensar y expresarme desde una tradición distinta, desde valores y actitudes diversos, que sin

---

219. Esto se aparta, obviamente, del modelo usual de la estética de la recepción. Explicaré esto enseguida.

220. W.v. Humboldt, "*Kawiwerk*", par. 12 y sobre todo par. 31.

duda podrían observarse y describirse como una cierta "gramática caracteriológica" de cada lengua.

No es fácil distinguir la propia reacción a una lengua de las reacciones a los textos singulares y a las situaciones de habla, así como a sus contenidos e implicaciones emocionales. En cualquier caso, la reacción de un individuo (por ejemplo, del propio lingüista) a la peculiaridad singular de una lengua solo puede observarse y estudiarse observando *sus* reacciones a textos y conversaciones *reales*.

Desde un punto de vista estético la descripción de la gramática de una lengua deberá focalizar *el tipo de coherencia interna de sus estrategias verbales*, el tipo de unidad formal que una lengua confiere a sus textos, y que se refleja en ese carácter inconfundible al que reaccionamos específicamente. En mi experiencia docente como profesora de sánscrito no me cabe duda de que he focalizado la información lingüística para los alumnos desde mi percepción individual de lo que distingue a esa lengua de las otras lenguas indoeuropeas que conozco, y que he puesto de relieve ante ellos, en mi narrativa, lo que a mí me sorprende y me interpela más señaladamente en ella, singularmente su extraño desequilibrio entre el desarrollo decreciente de lo verbal y el explosivo de lo nominal.

Otro ejemplo: en el alemán culto, como sabemos, el verbo o partícula semánticamente más decisiva aparece casi siempre al final de la frase. Esto hace que el elemento semántico central de la frase demore su aparición, cosa que hay que compensar de algún modo. Hablamos linealmente, y en general vamos dando forma a nuestra expresión a medida que la vamos construyendo en el tiempo. En alemán, sin embargo, la parte de la oración que reviste la máxima importancia en la organización de la expresión salta, por así decirlo, fuera de esa linealidad[221], y tanto el hablante como el oyente tienen que adivinar o anticipar al menos algunos de sus rasgos para poder estructurar, o percibir la estructura de, los demás elementos, para ir entendiendo su sentido antes de que aparezca la clave del conjunto. En la traducción simultánea esto se convierte en un problema realmente agudo.

Esta peculiaridad del alemán provoca en el hablante, oyente o lector una *tensión interior* entre los momentos ya experimentados y los anticipados, y la frase alemana implica una especie de *crescendo de tensión*. La unidad de sentido resultante se experimenta también como resultado de un verdadero trabajo mental. Que los alemanes se apañen con esto en su vida diaria es un misterio para los no alemanes. Aunque bien es verdad que, en tiempos recientes, se observa en el alemán coloquial un progresivo abandono de este rasgo, porque los hablantes procuran evitar las subordinadas, o porque, como en el caso de las oraciones con *weil*, simplemente han cambiado la norma y sitúan el verbo como en una oración principal.

---

221. Como recordaba antes, los gramáticos franceses del siglo XVIII solían calificar el alemán de "lengua transpositiva", como opuesta a las "lenguas naturales" como el francés.

En cualquier caso, cuando el traductor tiene que reproducir esta manera de experimentar el tiempo interior del hablar en una lengua de organización diferente, como el inglés o el español, tiene que trabajar conscientemente con su propia experiencia del tiempo lingüístico, e inventarse sus propias estrategias para manejarse con este tipo de *tensión expresiva*.

Un lingüista de orientación estética se interesa por las *estrategias individuales coherentes* de estructurar la expresión dentro de una cierta lengua histórica. Intenta acercarse a la manera como, desde ellas, el sujeto individual va componiendo su hablar. Y se interesa también por lo que distingue a unas y otras lenguas y a sus diversas fases históricas. Para él "gramática" es el *equipamiento morfológico de cada hablante en cada momento*, esto es, el conjunto de las estrategias de autoestructuración lingüística de las que dispone cada uno en cada momento.

"Describir" una lengua se convierte así en la *tarea individual, no determinada previamente,* de hallar, formalizar y comunicar el carácter individual de una lengua como una vía histórica singular de articularse los individuos a sí mismos para poder hablar. Tiene que surgir una cierta *imagen*, y esa imagen solo puede ser el contenido de una *narración*.

Pues bien, una gramática (el texto de una gramática) *es una narración así*. Por supuesto que es una muy peculiar. La mayoría de ellas carecen de todo encanto, sobre todo porque ni siquiera se las concibe como narraciones. No nos transmiten una imagen viva. Y esa imagen viva es justamente la que persigue el punto de vista estético. Y solo se la puede formar desde una *estrategia narrativa consciente*.

De hecho, no hay ninguna razón de peso por la que una lengua no debiera poder describirse de un modo tan elegante e interesante como una obra de arte, un paisaje impresionante o un acontecimiento conmovedor. Pero hay pocos modelos. Me gustaría mencionar aquí el hermoso librito de Pierre-Sylvain Filliozat sobre el sánscrito, una narrativa fascinante sobre ciertos rasgos llamativos de esa lengua[222]. Wilhelm von Humboldt ofrece también en ocasiones descripciones narrativamente interesantes de hechos lingüísticos, muy en consonancia con su propio holismo estético.

Una descripción lingüística de orientación estética no sería en principio una opción eficaz para aprender una lengua, aunque le facilitaría una buena motivación, ni seguramente serviría como obra de referencia para resolver problemas de comprensión de textos difíciles en una lengua extraña. Diversos objetivos requieren medios diversos, y para lo que sirve *la aproximación estética al lenguaje es para disfrutar de lo nuevo y diferente y para ampliar el propio horizonte de comprensión*. Pero esto tampoco excluye que sirva para otras cosas no menos importantes, ni lo

---

222. P.S. Filliozat, *Le Sanskrit* (1992).

hace incompatible con ellas. Una misma "gramática" podría presentar primero los rasgos más notables de las estrategias de verbalización en una lengua, o los que más llaman la atención del "narrador", por medio de una narración interesante y elegante, y ofrecer luego información bien organizada y sistemática sobre paradigmas morfológicos y pautas sintácticas. Y no me cabe duda de que la orientación estética puede ayudar a presentar esa misma información de un modo más orgánico y atractivo. Pienso, por ejemplo, en cómo se podría compaginar un acercamiento a las funciones y posibilidades de la composición nominal en diversas lenguas, con una presentación de la teoría india de esa misma composición, contrastada entonces con esa otra perspectiva.

Ahora bien, una de las ventajas principales del acercamiento estético al lenguaje es la de poder advertir la unilateralidad de los prejuicios más comunes sobre la descripción científica y lingüística, y romper así las "barreras psicológicas" que impiden que la lingüística sea una experiencia fascinante del *encuentro con lo diverso y del hallazgo de nuevas perspectivas sobre lo propio*. El abordaje estético pone en cuestión algunos de los principios científicos más consagrados en la lingüística, cosa tan laboriosa como difícil, pero que nos capacita para entender realmente el lenguaje como un momento orgánico del conjunto del comportamiento del organismo humano, y que arroja una nueva luz sobre los viejos tópicos de la teoría de la conciencia y del conocimiento.

6. Observación final

En las últimas décadas se ha estado produciendo un llamativo "giro estético" tanto en la filosofía como en otras ciencias humanas. Se trata de una reacción comprensible frente a la dominancia unilateral del cientificismo y del formalismo en la historia reciente de esas disciplinas.

Con estas reflexiones he intentado contribuir a la autoconciencia de una lingüística que no había creído que "la verdad sea el todo" y se había limitado a desgarrar analítica y decisionistamente el lenguaje humano. Con la ayuda de la filosofía crítica he intentado abrir un espacio teórico también a un abordaje hedonista y no solo instrumental de la lingüística. Mi libro *Los poemas del ser y el no ser y sus lenguajes en la historia* podría ser un ejemplo práctico de esta manera de orientar la investigación.

Desde esta perspectiva el análisis puede focalizar cualquier aspecto lingüístico que le haya llamado la atención al investigador. Este puede retener todos los indudables avances de la lingüística analítica convencional, pero no tiene por qué asumir las limitaciones de una ideología científica formalista y "libre de valores". Es libre de elegir el método que le parezca más productivo para su objetivo personal.

La orientación estética simplemente le proporciona un criterio para evaluar la relevancia real y la plausibilidad ontológica de cada análisis, cuestionando la relación entre su trabajo lingüístico concreto y el "todo", en el marco de una ética de la humanización. Y puede así disfrutar de la riqueza de lo humano y contribuir a que su propia experiencia estética sea consciente y responsable.

Capítulo VI

Algunas consideraciones epistemológicas sobre la investigación actual de las emociones en el lenguaje, desde la perspectiva de la teoría crítica de la lingüística

1. La emoción como objeto de investigación en la lingüística contemporánea: métodos y objetivos

La orientación estética que intento hacer plausible para una lingüística crítica hace ineludible dedicar alguna atención a una de las ramas más recientes y pujantes de la ampliación del "objeto lingüístico": la investigación del papel de la emoción y de las emociones en el hablar y en el lenguaje.

El *cluster* de investigación *"Languages of emotion"* en la *Freie Universität Berlin*, iniciado en 2007 y situado en su Facultad de Filosofía, formulaba su proyecto en la versión alemana (mucho más explícita que la inglesa) como sigue (traducción mía):

> La hipótesis de partida del *cluster* es que una parte significativa del comportamiento afectivo humano solo puede entenderse correctamente si se lo pone en conexión con habilidades específicamente humanas para el desarrollo del uso de signos y para la competencia simbólica. Desde esta hipótesis de partida intentamos relacionar entre sí las muchas y muy diversas líneas de la investigación de los afectos en las ciencias humanas y sociales, así como la investigación de la emoción en lingüística, psicología y neurociencias.

La página web alemana dice además:

> lo que sentimos, y cómo lo sentimos, está acuñado en su mayor parte por el lenguaje y las imágenes. Los sentimientos (*Gefühle)* favorecen u obstaculizan la adquisición del

lenguaje; y a la inversa, la competencia lingüística influye en la capacidad de comunicación emocional. (…) Nuestro uso de los signos, igual que nuestras disposiciones afectivas, se expande hacia el dominio de lo posible, de lo ficticio y de lo imaginado. Por eso el arte está predestinado a ser un objeto del *cluster*.

Estas formulaciones reflejan fielmente un estado de opinión muy extendido entre lingüistas actuales.

La lingüística actual asume, pues, que las emociones contribuyen decisivamente a dar forma a lo que decimos; que desempeñan un papel importante en el desarrollo de la capacidad lingüística del individuo; y que permiten ampliar la experiencia hacia lo no experimentado, superando así las condiciones puramente biológicas y físicas de la existencia humana.

Las emociones habían sido poco tenidas en cuenta en la teoría lingüística, y ahora hay un cierto acuerdo en hay que tomarlas en consideración para poder *hacer una teoría del lenguaje más realista*. La investigación sobre emociones se concibe así como un correctivo a la unilateralidad de una lingüística que se ha estado limitando a la función del signo y a la cognición. Se trata de que la lingüística pueda llegar a ser una teoría más plausible sobre el ser humano. Porque junto a las antropologías etnológica, filosófica y psicológica existe desde hace tiempo también una *antropología lingüística*, si bien los esfuerzos de la lingüística por contribuir a una buena teoría de lo humano no suelen entenderse a sí mismos como una antropología.

Los problemas epistemológicos de los que me he estado ocupando hasta ahora, los que tienen que ver con la falta de realidad ontológica de los significados lingüísticos y con sus consecuencias para la validez de los resultados de la investigación, se vuelven críticos a la hora de afrontar más o menos científicamente la "emoción" como objeto de estudio, como veremos en las secciones que siguen.

2. El trasfondo científico y académico de la investigación actual sobre las emociones

Empezaré por presentar de un modo muy sucinto lo que me parecen las corrientes científicas actuales más relevantes en la investigación de las emociones en la lingüística.

2.1. La filosofía alemana de la conciencia

La emergencia de una investigación de las emociones en la lingüística puede explicarse como una reacción a la larga travesía del desierto del formalismo lingüístico durante el siglo XX. En otras disciplinas el tema de las emociones había sido atendido desde hace tiempo, pero más o menos por la misma razón: como una reacción a las formas más secas de las ideologías racionalistas, como las que dominaron ampliamente el pensamiento teórico europeo desde la teología medieval hasta la Ilustración.

El progreso más significativo en la comprensión académica o científica de las emociones como parte de la personalidad humana es el realizado por la filosofía y por la psicología clínica. Pero es un hecho que la mayor parte de lo que ahora sabemos la mayoría sobre las emociones procede de la experiencia personal, de la reflexión teórica y de la literatura de ficción. Y estos dominios son objeto de la *hermenéutica individual* y no se han considerado científicos, por más que Kant, el gran teórico de la ciencia, ya había advertido sobre el valor epistemológico de la buena literatura para la antropología.

El filósofo alemán Jan Slaby, que ha iniciado una interesante línea de investigación bajo el título "neurociencias críticas", escribe, en un excelente artículo sobre la teoría de los afectos en Kant y Hume:

> Suponer que en la actualidad podemos determinar el "inventario de lo mental" mejor que los autores clásicos de la historia de la filosofía es solo una verdad a medias. Lo que nosotros registramos en nuestros mapas sobre el espíritu, las estructuras, habilidades y rasgos mentales que suponemos que existen, y nuestra manera de imaginar su funcionamiento y sus relaciones entre sí, son todavía en buena parte cuestiones abiertas. Y esto es así no a pesar de los enormes progresos de la investigación del cerebro y en las ciencias de la cognición, sino precisamente por causa de ellos: la enorme diversidad de abordajes, la variedad de procesos de reconocimiento técnico, la pluralidad de las disciplinas que pretenden contribuir a la comprensión del "complejo mente-cerebro", y los numerosos resultados que exhiben todos ellos, están conduciendo a una situación que encaja a la perfección con el dicho americano "cuanto más sabes, menos entiendes". Disponemos de conocimientos revolucionarios sobre los procesos cerebrales y sobre conexiones mentales de todo tipo, pero la integración de los numerosos hallazgos especializados en una imagen fundada y unitaria de lo que son el espíritu y la cognición, eso es algo que aún está por hacer[223].

---

223. Jan Slaby, "Sklaven der Leidenschaft? Überlegungen zu den Affektenlehren von Kant und Hume", en la edición *online*: 1.

La filosofía de la Edad Moderna realizó los mayores esfuerzos por refinar la autoconciencia humana a través de análisis y diferenciaciones cada vez más críticos de los conceptos. Kant, por ejemplo, entiende las emociones básicamente como distorsiones potenciales de un comportamiento racional:

> una inclinación (*Neigung*) que la razón de un sujeto no es capaz de dominar, o apenas, es una pasión. (§ 73, 251) (...) En cambio una sensación (*Gefühl*) de placer o disgusto que no permite al sujeto reflexionar sobre ella (que no permite a la razón decidir si entregarse a ella o rechazarla), es un afecto (*Affekt*). (...) La pasión presupone siempre una máxima del sujeto, la de actuar según el objetivo que le prescribe su inclinación. Está por lo tanto siempre vinculada a su razón (§ 80, 266).

Y poco después añade Kant:

> el "enfermo" –la persona a la que le sobreviene una pasión– no quiere dejarse curar, porque rehúsa el imperativo del único principio por el que esto podría suceder, el principio 'no por ceder a una inclinación dejar todas las demás en sombra o mandarlas a un rincón, sino intentar hacerla compatible con la suma de todas las inclinaciones' (§ 81, 266).

Según él, "la pasión renuncia a su libertad y halla su placer y satisfacción en la esclavitud" (§ 81, 267). (...) "Pero como la razón no deja de reclamar la libertad interior, el desgraciado gime bajo sus cadenas, pero no quiere liberarse de ellas: porque se han fundido ya con sus propios miembros" (§ 81, 267)[224].

Hoy en día no aceptaríamos esta "patologización" de las emociones, sentimientos, afectos y pasiones frente a la razón: no los trataríamos críticamente, sino que intentaríamos "describirlos". Pero Slaby precisa:

> Los estados que se corresponden con su descripción fenomenológica son algo que simplemente existe. Son estados motivacionales, cuyo rasgo más llamativo es una capacidad de guiar efectivamente la acción que contradice a toda reflexión sensata sobre lo que tendría sentido, tanto a largo plazo como en una situación particular. Decir que obstaculizan el uso de la razón y que bloquean la libertad interior es atinar de lleno con el núcleo de la cuestión[225].

Kant, como la mayoría de los filósofos, no describe las emociones singulares. Las trata colectivamente, en oposición a otras categorías. Esto se debe a que en

---

224. *Anthropologie in pragmatischer Hinsicht* (1798), citado según la Akademie-Ausgabe, vol. VII (Berlin 1907).

225. J. Slaby, *op. cit.:* 6.

general los filósofos se ocupan sobre todo del papel de las emociones en el conocimiento y en otros aspectos de la subjetividad humana y sus formas de constituir objetividad. Un tratamiento diferenciado de las diversas emociones conduciría a listados y clasificaciones que no serían relevantes en este contexto. Sí que lo son, obviamente, en las actuales investigaciones psicológicas sobre las emociones. El problema con estas es que, en su propio contexto, los aspectos filosóficos, en particular las presuposiciones epistemológicas de los diversos abordajes empíricos, quedan fuera del foco de la reflexión.

2.2. La psicología clásica

En la tradición de la psicología occidental, el artículo de William James's "What is an emotion" marca el punto de partida de la concepción psicológica de las emociones y de su estudio empírico. Su famosa tesis reza:

> nuestra manera natural de pensar sobre (…) las emociones es que la percepción mental de algún hecho excita la afectación mental que llamamos emoción, y que este último estado de la mente da lugar a expresiones corporales. Mi tesis es, por el contrario, que los cambios corporales siguen inmediatamente a la percepción del hecho excitante, y que la sensación que nos producen esos mismos cambios según ocurren es la emoción.

Este abordaje de James impulsó la investigación empírica de la emoción porque hacía depender esta de las respuestas corporales a los estímulos del entorno. En su artículo tiene también un papel importante Darwin: los organismos refinan sus respuestas corporales a lo largo de la evolución, de manera que fenómenos actuales como las emociones deben considerarse en todo caso como favorables para la supervivencia. Esta consideración puede conducir fácilmente a la renuncia a toda crítica, y el imperativo dominante de mantener la ciencia libre de valoraciones no hace sino reforzar esta tendencia.

También debemos a James la distinción estricta entre lo cognitivo y lo emocional, ahora ya enteramente consagrada, así como la conexión entre emoción y estética y la desconexión de esta última respecto de la cognición.

Por lo que yo sé, el psicoanálisis no llegó a formular ninguna teoría de las emociones en el sentido de una categoría analítica propia[226]. Naturalmente el psicoanálisis tiene que confrontarse de continuo con lo emocional, pero lo aborda desde un ángulo distinto, como parte de la tensión dramática entre el yo, el super-yo y el ello, en la cual,

---

226. Para una introducción general v. S. Freud, *Abriss der Psychoanalyse* (1938).

o más bien en calidad de la cual, se desarrolla la personalidad humana. Freud abrió un nuevo horizonte para la autocomprensión crítica de la humanidad occidental, y las emociones tienen un papel central tanto en esa idea como en la terapia. Contribuyó también significativamente a la teoría del lenguaje humano con su práctica de la interpretación de las manifestaciones y los sueños de los pacientes. Pero su tratamiento de las emociones está inextricablemente entrelazado con el conjunto de la teoría y la práctica del psicoanálisis, y no sería fácil usarlo para otros objetivos analíticos.

A esto se añade que las ideas de Freud están muy desacreditadas en la psiquiatría actual porque no están demostradas científicamente. Aparte de los famosos "lapsus freudianos" y del tratamiento de algunas patologías del lenguaje, sus concepciones no parecen tener la menor aplicación en la psicolingüística actual. Sin embargo, la manera como Freud imaginó la personalidad humana sigue teniendo un papel importante en nuestra cultura, y se ha demostrado certera en muchos aspectos. Esto hace tanto más sorprendente la falta de toda discusión de su posición en la psicolingüística. Creo que es una tarea que debería emprenderse urgentemente.

2.3. El actual contexto académico y científico

Durante las últimas décadas, ideas y resultados de otras ciencias han acabado entrando en la lingüística, sobre todo al hilo de la reacción de los cognitivistas al formalismo sintáctico de Chomsky.

La investigación sobre emociones se encuadra en este movimiento intelectual y solo se la puede entender adecuadamente en este contexto. Se mueve sobre todo en el campo de la psicología experimental, que se entiende a sí misma como una especie de disciplina auxiliar respecto de las neurociencias duras.

Estas ciencias se ocupan, en primer lugar, del comportamiento de los elementos químicos fundamentales (proteínas, lípidos, etc.), así como de procesos físicos como los potenciales de acción en el funcionamiento de las neuronas, o las proyecciones de señales entre estratos neuronales. Trabajan al nivel de las moléculas, las células y los tejidos nerviosos. En segundo lugar, y en un campo más amplio, estudian las relaciones entre los procesos neuronales y los demás procesos corporales, como, por ejemplo, el control neural de los movimientos musculares y de los sistemas vegetativos, así como el procesamiento neural de los inputs sensoriales y su traslación a outputs motores o de otro tipo. Y en un tercer círculo, las neurociencias estudian también las relaciones entre este control neural de procesos singulares y el conjunto del comportamiento del organismo.

Los dos primeros círculos pertenecen al reino de las ciencias naturales: su vocabulario designa inequívocamente sus objetos y su sintaxis es matemática. A diferencia de ellos, el tercer círculo es *parcialmente hermenéutico*: la investigación de las bases neurológicas del lenguaje, de la cognición y de las emociones conecta hechos de la ciencia natural con designaciones asociadas a interpretaciones culturales, como "lenguaje", "conciencia", "emoción", etc.

Este es el campo de trabajo de la psicología experimental, que por lo tanto tiene que moverse entre los dos extremos de la pura ciencia natural experimental y de abordajes propios de las "ciencias" humanas y culturales. Por una parte, los psicólogos experimentales estudian formas observables de comportamiento condicionadas por la biología, como las correspondencias entre la longitud de un cierto cromosoma, o de parte de él, y la inclinación, o no, a reacciones optimistas o empáticas. Por la otra, los psicolingüistas estudian reacciones humanas medibles a estímulos que clasifican como lingüísticos. Aquí la justificación de esta clasificación es resultado de una decisión hermenéutica que entra en el dominio de las "ciencias" humanas.

La investigación psicolingüística de las emociones intenta, no obstante, tomar en consideración otros contextos científicos. A veces pretende poder contribuir a terapias. En tales casos, el estudio se orienta ante todo hacia terapias conductistas, aunque a veces se integran también elementos de psicoterapia cognitiva o dinámica. La psicofarmacología actual ofrece también apoyos para determinar los objetos de la investigación emocional, sobre todo utilizando el efecto de drogas como criterio para clasificar las emociones: algunos sugieren que son básicas las emociones que resultan influidas o suscitadas de un modo medible por diversas sustancias.

¿Cómo aborda la lingüística actual la investigación científica de emociones relacionadas con el lenguaje? Básicamente de dos maneras: como *análisis textual* y como *identificación experimental de componentes emocionales de la conducta lingüística*.

Pero antes de entrar en estas dos modalidades, deberíamos aclarar algunas cuestiones teóricas.

3. ¿Qué son las emociones y cuántas hay?

La bibliografía sobre la investigación de las emociones se está incrementando exponencialmente desde los noventa, y no es mi intención informar sobre ella, ni siquiera aproximadamente. Solo quiero ilustrar con algunos ejemplos qué problemas teóricos se plantean dentro de esta investigación, que pueden afectar a una apreciación correcta del papel de las emociones en el lenguaje y su estudio.

En un artículo sobre *Brain and Emotion*, Anita Deak afirmaba que "emociones, sentimientos y afectos son estados subjetivos, así que no es tarea fácil cuantificarlos y examinarlos con métodos objetivos"[227]. Pero este es justamente el objetivo de la investigación experimental.

Al cabo de una fase más orientada hacia lo cognitivo, en la que los psicólogos consideraban las emociones como "la interacción de excitación afectiva y ponderación cognitiva"[228], Jaak Panksepp[229] introdujo la idea de las "neurociencias afectivas", que pronto se convirtió en una referencia común. Estas ciencias se ocupan del "papel de las emociones en el procesamiento de la información, de su base neural en los niveles tanto cortical como subcortical, de la percepción de los estímulos, emociones y recuerdos excitantes, del papel de las emociones en la toma de decisiones, de la detección de expresiones faciales emocionales o neutrales, así como de las diferencias individuales en la emocionalidad y su trasfondo biológico"[230]. Hacen experimentos y miden variables biológicas durante la ejecución de tareas realizadas por personas o animales de experimentación. Panksepp se hizo famoso por haber interpretado ciertos hallazgos como pruebas fiables de risa en ratas.

En el contexto de estas neurociencias afectivas vale la pena señalar que en ellas la emoción y las emociones no reciben definiciones claras, sino que simplemente se las *presupone* como fenómenos suficientemente conocidos.

Veamos un ejemplo.

En un artículo extenso y muy sistemático de Ulrike Lüdtke sobre "emoción y lenguaje: fundamentos teóricos para la práctica logopédica y de terapias lingüísticas"[231], no se dice una palabra sobre lo que es una emoción o sobre qué emociones existen. En la bibliografía sobre el tema esta no es ninguna excepción, sino más bien la regla[232].

En su famoso libro *Affective Neuroscience*[233], Panksepp habla también sobre las emociones, en su capítulo introductorio "*Conceptual background*", como si palabras como "emoción, sentimientos, estado de ánimo o afecto" fuesen designaciones fácilmente comprensibles de objetos bien identificados. Introduce expresiones como "sistemas cerebrales psico-comportamentales", "circuitos emocionales", "excitación

---

227. A. Deak, "Brain and Emotion: Cognitive Neuroscience of Emotions": 71.

228. S. Schachter, J. E. Singer (1962).

229. J. Panksepp, *Affective Neuroscience: The Foundations of Human and Animal Emotions*.

230. A. Deak, *ibid*.

231. „Emotion und Sprache: Theoretische Grundlagen für die logopädisch-sprachtherapeutische Praxis", *SAL-Bulletin* Nr. 143, März 2012.

232. En el libro *Sprache und Sprachwissenschaft: Eine kognitiv orientierte Einführung*, de Ralf Pörings y Ulrich Schmitz, que da por sentado que existen universales semánticos, y lo documentan con listas de conceptos presuntamente universales, las emociones solo se mencionan en un subcapítulo sobre semánticas específicas de culturas, como un ejemplo, sin decir una palabra sobre su concepto y posibles listas.

233. J. Panksepp, *Affective Neuroscience: The Foundations of Human and Animal Emotions*, New York 1998 (OUP).

emocional", "sensaciones emocionales", "sistemas emocionales", y las utiliza como verdaderos "términos primitivos" con correlatos reales no problemáticos. Dice:

> Caben pocas dudas de que los sistemas que discuto en este libro existen realmente en los cerebros animales y humanos: los que tienen que ver con soñar, anticipar, con el placer de comer, con el consumo de otras sustancias, con el miedo, la ira, el amor y el placer, el apego maternal, la tristeza, el juego y el disfrute, incluso los que representan al 'yo' como una entidad coherente dentro del cerebro. Las dudas que se nos deben suscitar tienen que ver con su naturaleza precisa en el cerebro[234].

Reconoce que "debido a la naturaleza provisional de nuestros conocimientos actuales, la síntesis que presento implica inevitablemente simplificaciones", sobre todo la de "que intento imponer un orden lineal excesivo sobre procesos ultracomplejos que son esencialmente 'caóticos' (en el sentido matemático de una dinámica no lineal)". Él dice soñar con un tiempo en el que "se podrán aplicar aquí los esquemas conceptuales de los abordajes dinámicos más sofisticados", ya que

> por el momento solo podemos usar esos conceptos dinámicos de modo vagamente metafórico". (…) me parece probable que otros animales posean también el tipo de sentimientos (*feelings*) internos que solemos calificar de emociones, por más que las consecuencias cognitivas de esos estados probablemente varíen mucho de unas especies a otras. Esta presunción, que me parece empíricamente asumible, me permite utilizar información procedente de cerebros más simples para arrojar luz sobre las fuentes fundamentales de las experiencias afectivas en los seres humanos,

ya que "estados afectivos básicos que se experimentan internamente poseen una importante función a la hora de determinar cómo genera el cerebro el comportamiento". Y aunque el cerebro humano es infinitamente más complejo que todos los demás, "muchos de los sistemas cerebrales más antiguos, y que han evolucionado hacia formas derivadas, compartidas por todos los mamíferos, siguen siendo fundamentales para las proclividades afectivas más hondamente experimentadas en la mente humana"[235]. El hecho cierto de que esa mayor complejidad resulta ser decisiva para las emociones *humanas* no parece estorbarle.

Pues bien, de acuerdo con Otto, Euler y Mandel (2000)[236],

> una definición presupone una investigación previa en profundidad de un cierto campo objetivo, pero en el caso de las emociones esto no se da, motivo por el cual en este

---

234. J. Panksepp, *op. cit.*: 4.
235. *Ibid.*
236. J.H. Otto, H.A. Euler, H. Mandl, *Emotionspsychologie,* 2000.

dominio nunca hay otra cosa que "definiciones de trabajo" (*Arbeitsdefinitionen*), basadas en el conocimiento alcanzado hasta entonces, y que sirven, a su vez, como base para nuevas investigaciones. Este tipo de definiciones de trabajo, llamadas también "aproximativas", representan un marco de comprensión que describe un cierto ámbito de investigación, pero carecen de toda forma definitiva.

El lingüista Norbert Fries propone algo similar e intenta aclarar al menos algunos conceptos básicos en su artículo "Sentimientos, emociones, miedo, temor, ira y cólera"[237]:

> Voy a llamar emociones a los sentimientos (*Gefühle*) codificados mediante signos (en el sentido de sensaciones psíquicas (*seelische*)). En este sentido, las emociones no son mecanismos conductuales innatos, sino entidades semióticas, arbitrarias. Como tales, implican procedimientos de identificación propios de los procesos semióticos: emociones específicas (miedo, asco, ira, etc.) se refieren, pues, a aspectos específicos de sentimientos (*Gefühle*), nuevamente en el sentido de sensaciones psíquicas.

Esta propuesta pone de manifiesto la raíz del problema de determinar el significado del término "emoción". Como ya hemos visto, "emoción" es una palabra de la cultura, no un término científico. Para poder usarla como termino científico, hay que tomar ciertas decisiones específicas de denominación, para las cuales no sería posible invocar razones concluyentes. "*Emotion*" es, tanto en inglés como en alemán, un préstamo lingüístico de las lenguas románicas, y se lo usa más o menos como sinónimo de otras palabras como *feeling, Gefühl, affect, mood, sensation*, dependiendo del contexto, de la propia cultura y de otros factores. La palabra "emoción" no es el nombre de ningún objeto científico. Se refiere vagamente a diversas intuiciones, dependiendo del idioma, el contexto cultural, la tradición científica y la "precomprensión" de cada uno.

Si una actividad investigadora aspira a ser considerada científica, tiene que identificar su objeto de manera inequívoca. En caso contrario, no sabríamos qué buscamos ni de qué estamos hablando.

Pues bien, con el fin de eludir el conflicto epistemológico que provoca *querer definir científicamente un objeto no científico*, la investigación lingüística sobre emociones *parte de listas de emociones presuntamente básicas y menos básicas*, lo que, obviamente, tiene que considerarse siempre provisional. Ortony y Tuner describen la situación como sigue:

> Mowrer (1960) propuso que los estados emocionales básicos son solo placer y dolor (*pleasure, pain*), y sus arranques y compensaciones tiene que ver con esperanza,

---

237. N. Fries, "Gefühle, Emotionen, Angst, Furcht, Wut und Zorn", 2004: 3.

temor, rechazo y alivio (*hope, fear, disappointment and relief*). Watson (1930) solo incluía una de estas emociones, el temor, en su lista de tres básicas: temor, amor y cólera (*fear, love, rage*). Más recientemente Panksepp (1982) propuso 4 emociones básicas: expectativa, temor, cólera y pánico (*expentancy, fear, rage, panic*); Kemper (1987) ha propuesto temor, ira, depresión y satisfacción (*fear, anger, depression, satisfaction*); y Oatley y Johnson-Laird (1987) basan su teoría en la primacía de felicidad, tristeza, ansiedad, ira y asco (*happiness, sadness, anxiety, anger, disgust*). En el extremo opuesto de la escala, Frijda (1986) identificaba 18 emociones básicas, que incluían arrogancia, humildad e indiferencia (*arrogance, humility, indifference*), así como otros ejemplos más comunes, como ira, temor, tristeza (*anger, fear, sorrow*); no obstante, en otra ocasión (comunicación personal, septiembre 1986) propuso solo 6 emociones básicas, y en un artículo (Frijda 1987) pareció argüir en favor de solo dos. Entre estos extremos hay muchos teóricos que proponen números diversos de emociones. Tomkins (1984), por ejemplo, creía que hay 9, e Izard (1977) proponía 10[238]. (Añado los términos originales para que quede clara la inevitable vaguedad de unas traducciones carentes de contexto).

A partir de los noventa algunos equipos de investigación se han centrado en definir lo que han llamado "*emotional clusters*", identificados en parte mediante experimentos lingüísticos: se trata de preguntar a mucha gente sobre palabras y asociaciones de palabras de contenido emocional[239]. Naturalmente las conclusiones dependen del vocabulario de los hablantes nativos. En este contexto se han aplicado con frecuencia el *abordaje de la semántica de prototipos y la tesis de una estructura* jerárquica de las emociones.

Existe una larga tradición de clasificar las emociones de acuerdo con ciertas dimensiones o parámetros. Wilhelm Wundt ya había propuesto tres dimensiones o ejes básicos: tensión-relajación, placer-dolor, excitación-calma[240]. Desde entonces ha habido muchas propuestas de articular la geografía de las emociones humanas en dimensiones o grupos asociativos más o menos estructurados. Hoy día se usan mucho dos de estas dimensiones: el grado de excitación (*arousal*) y el tipo de valencia (*valence*), esta última especificada como positivo-grato y negativo-ingrato, (*positive-pleasant, negative-unpleasant*).

En la bibliografía sobre emociones hay muchas propuestas de clasificarlas. Pero, aunque se las cita, no se les presta demasiada atención en la práctica, porque no contribuyen gran cosa a entender mejor nada y no harían más que complicar los experimentos. Generalmente son intuiciones de los autores basadas en sus

---

238. A. Ortony, T. J. Turner, "What's Basic About Basic Emotions": 315.

239. V. p. ej. O. Shaver, J. Schwartz, D. Kirson, G. O'Connor, "Emotion Knowledge: Further Exploration of a Prototype Approach".

240. W. Wundt, *Grundzüge der physiologischen Psychologie*, Engelmann, Leipzig 1874.

historias personales, en su cultura y su gusto personal, pero carecen de toda base especulativa o empírica fiable.

Los ya citados A. Ortony y T. J. Tuner[241] publicaron en 1990 un trabajo muy lúcido y sensato, criticando la idea misma de que existan "emociones básicas". El problema es que la radicalidad de su crítica suscitó a su vez nuevas polémicas. Su primera objeción es "la dificultad de saber qué podría considerarse como evidencia de que los diversos teóricos se refieren a las mismas emociones cuando usan términos distintos". Y "un segundo problema es que, para algunos teóricos, las (únicas) emociones básicas son emociones supraordenadas, como felicidad y tristeza, mientras que para otros son básicas las emociones más específicas y de rango más bajo en una estructura jerárquica"[242].

Un problema adicional es para ellos la cierta confusión que se advierte a la hora de considerar algo como biológica, psicológica o lógicamente "primitivo". Algo es *biológicamente* primitivo si pertenece a un estrato evolutivo más antiguo y está enraizado en estructuras biológicas básicas que podemos investigar. Algo sería *psicológicamente* primitivo si se refiriese a emociones que son parte de otras, nacidas a su vez de combinaciones entre las primeras. Y serían *lógicamente* primitivas las emociones que representan "conceptos de nivel básico", esto es, conceptos presupuestos por otros y que no presuponen a estos. Esto tendría que ver con una jerarquía de conceptos, así que no se relacionaría con las emociones mismas, sino solo con la manera de aprehenderlas conceptualmente en cada caso.

Pero el mayor problema seguiría siendo el de cómo identificar algo como una emoción. Dependiendo del criterio que use cada uno para definirlas, aceptaría o no como emociones la "sorpresa" o el "interés", por ejemplo, dependiendo de que previamente se haya decidido, o no, que toda emoción tiene, o está determinada por, la "valencia".

Ortony y Tuner habían declarado anteriormente que la evidencia neurológica empírica de Panksepp para proponer cuatro emociones básicas (expectativa, temor, pánico y cólera) no les parecía convincente. Panksepp reaccionó a esta crítica explicando que "no estaba hablando realmente de emociones individuales; que más bien estaba hablando de cuatro sistemas, que, según él, podrían cualificarse también como de exploración-curiosidad-búsqueda (de alimento)-expectativa-deseo, huida-cautela-ansiedad-temor-horror, ofensa-irritabilidad-ira-cólera-furia, y llanto-tristeza-dolor-lamento-pánico"[243].

Más tarde Panksepp escribió un nuevo artículo sobre este problema y reprochó a los dos autores haberse quedado en una discusión sobre las palabras, sin

---

241. A. Ortony, T.J. Tuner: "What's Basic About Basic Emotions?": 315-31.
242. Ortony-Tuner, *op. cit.*: 316.
243. J. Panksepp, *op. cit.*: 320.

entrar en el campo mucho más rico de las evidencias neurocientíficas. En sus palabras: "Parece que en el cerebro hay un número limitado de sistemas neurales ejecutivos que instigan y orquestan las varias facetas de una serie coherente de respuestas emotivas (fisiológicas, conductuales y psicológicas)"[244]. Añade luego que cree en la existencia de esos "sistemas emocionales básicos", que antes no eran accesibles a la investigación empírica pero que ahora sí lo son ya, y que en cualquier caso "toda taxonomía tiene que entenderse como abierta hasta que entendamos mejor el cerebro".

El autor muestra así que no ha entendido los argumentos de sus críticos. Su ácida crítica a cualquier argumento que no se refiera a hallazgos empíricos deja claro que no es capaz de entender la relevancia de las dudas epistemológicas respecto de la posibilidad de hacer afirmaciones sobre la realidad que no dependan de los conceptos y las designaciones de las que uno se sirve. Y, sin embargo, entre los propios biólogos se producen ya reflexiones y discusiones sobre ese tipo de problemas. Maturana es un nombre bien conocido en este contexto. Y en la filosofía yo recordaría de nuevo a Jan Slaby.

Visto que los investigadores no pueden exhibir criterios vinculantes para establecer el contenido de ninguna definición viable de lo que es una emoción, no tienen más remedio que contentarse con esas listas, basadas en puras decisiones personales, para identificar lo que pretenden estudiar. Y han de limitarse a dar por sentado que saben lo suficiente sobre las emociones.

4. Modalidades de la investigación de las emociones en el lenguaje

4.1. Investigación sobre emociones en textos

Este tipo de investigación consiste en estudiar "empíricamente" la verbalización de las emociones. Aquí "emoción" designa genéricamente todo lo que tiene que ver con sensaciones, sentimientos, estados de ánimo y de humor, o gusto. El lingüista intenta identificar el vocabulario emocional (o *lenguaje de los estados interiores*) en textos o diccionarios y analizarlo más o menos estructuralmente.

No hace falta insistir en que este tipo de investigación trabaja sobre un objeto que no puede determinar conceptualmente. Imaginemos por un momento a un lingüista que conoce bien el idioma de un texto e intenta seleccionar dentro de él las "palabras emocionales". ¿Cómo puede determinar que una cierta palabra es realmente "emocional"? Puede que en muchos casos la cosa sea bastante clara, pero

---

244. J. Panksepp, "A Critical Role for 'Affective Neuroscience' in Resolving What Is Basic About Basic Emotions", 555.

en otros no lo sería en absoluto. "Triste" es sin duda una palabra emocional, pero ¿lo son también "bello", "estúpido" o "raro"? ¿Es "emoción" una palabra emocional?

Dependiendo de cada texto singular, muchas palabras dentro de él pueden tener diversas connotaciones emocionales, o ninguna. En el nivel abstracto del "lexicón" no es posible identificar objetivamente las palabras emocionales. De hecho, en este nivel no se puede clasificar inequívocamente ninguna palabra en ninguna categoría, ya que los significados solo se producen u ocurren en el hablar fáctico, y a despecho de la relativa estabilidad de las designaciones, las expresiones que realmente tienen lugar pueden perfilarse y configurarse de modos muy diversos. ¡Si hasta una palabra aparentemente tan inequívoca como "agua", que en abstracto parece designar un elemento químico netamente diferenciado de los demás, en el hablar fáctico puede aparecer con connotaciones intensamente emocionales, estéticas o políticas, y ser por lo tanto parte de marcos conceptuales totalmente distintos! Si lo que se pretende es subsumir hechos lingüísticos bajo categorías cualesquiera, esto solo puede hacerse examinando y juzgando "partes de textos fácticos".

Pero incluso en textos concretos, una lectura superficial encaminada a enumerar las palabras emocionales consideraría "emocionales" menos palabras que una lectura concentradamente estética. En el famoso soneto de Miguel Hernández "*Me tiraste un limón*", la conjunción emocionalmente neutra "sin embargo" se reviste de una intensa emocionalidad porque aparece como la última palabra del primer cuarteto, rimando con "amargo". A ningún lingüista se le ocurriría atribuir a "sin embargo" un contenido emocional, si no es que está positivamente atento a aguzar su sensibilidad en una lectura presidida por la emoción estética. Las decisiones sobre el significado solo se pueden tomar por referencia a textos reales, no a ejemplos inventados, y no pueden depender solo del texto mismo, sino también y sobre todo del lector u oyente y de las circunstancias de la producción y recepción.

Los significados y las connotaciones dependen de la *disponibilidad* efectiva de vocabulario de cada hablante u oyente en cada situación. Por eso no es posible hacer una lista objetiva de las palabras emocionales de una lengua o de un texto. La emocionalidad no es algo inherente a las palabras mismas. Solo tiñe a las palabras en su contexto sintagmático y paradigmático en cada texto. El contexto paradigmático es distinto de un individuo a otro. Dependiendo al menos de la educación, de las circunstancias vitales, de la memoria y del registro en el que se habla, cada palabra dicha por cada hablante contrastará con ciertas otras, pero no con las mismas que en otro contexto o que en otro hablante. Por eso su significado se determina por sus propias oposiciones semánticas dentro del "sistema" interior de cada uno en cada momento. La palabra española "consternado", que normalmente designa una tristeza o incluso desesperación momentánea causada por un evento decepcionante, seguramente no está a disposición de muchos hablantes españoles (aunque muchos más la entenderían), y dependiendo de esa disponibilidad los hablantes designarán y categorizarán ciertos sentimientos de desagrado de una forma u otra.

Por otra parte, la verbalización de emociones solo se produce *en parte* por medio de unidades léxicas que parecen de suyo emocionales. Un texto puede ser muy emocional y contener pocas o ninguna "palabra emocional". Los textos de Kafka se pueden entender como altamente emocionales, a pesar de que las expresiones que contienen son en general emocionalmente muy sobrias. En un cierto sentido la destreza literaria consiste justamente en reflejar y provocar emociones sin nombrarlas expresamente. En la obra *Vakroktijivitam,* del teórico indio Kuntaka, leemos que la palabra "erótico" justamente no es capaz de producir la emoción erótica (*śṛngararasa*). *Este es el fundamento de la teoría estética india llamada vyañjana* ("sugerencia"): el afecto (*"rasa"*) que se trata de provocar debe suscitarse o expresarse solo indirectamente.

4.2. Investigación experimental de las reacciones emocionales al lenguaje

La segunda línea de investigación sobre emociones en el lenguaje intenta identificar y medir momentos emocionales del hablar, o de reacciones al lenguaje, mediante experimentos con personas. Lo que se estudia es, pues, el comportamiento de sujetos singulares. El objetivo es comprobar vinculantemente hipótesis científicas sobre componentes emocionales del comportamiento vinculado al lenguaje.

Para poder cumplir este objetivo el lingüista tiene que imaginar y diseñar experimentos en los que los sujetos experimentales deberán realizar tareas bien definidas en circunstancias estrictamente controladas. Todo lo que ocurra en el experimento tiene que ser y permanecer absolutamente inequívoco. Las circunstancias han de ser tan limitadas y claras que su influencia no requiera ulteriores interpretaciones. Los sujetos experimentales tienen que ser "gente corriente": sin condicionamientos previos esencialmente diversos, con el fin de evitar "distorsiones" excesivamente individuales.

La teoría que subyace es que, en el hablar real, elementos *corporales o mentales* no son del todo ajenos al hablar mismo, sino que ejercen sobre él una influencia real. A diferencia de la anterior lingüística estructural, aquí *el objeto investigado no está reducido.* Ahora bien, dentro del experimento el *procedimiento* tiene que ser *extremadamente reductivo*: solo se pueden examinar una o dos variables en cada caso, y solo cuentan reacciones motoras o mentales que se puedan medir con toda previsión.

Naturalmente lo que se mide tienen que ser *variables cuantificables*: tiempos de reacción, distancias o recorridos de movimientos, perfiles de imágenes cerebrales, gráficos. Todo lo que se trata de investigar tiene que poder reconducirse a este tipo de resultados. Un par de ejemplos: cuánto tiempo les dura a los sujetos el recuerdo de series de unidades lingüísticas (fonemas, sílabas, palabras, sintagmas…), teniendo en cuenta si se trata de elementos de la lengua materna del sujeto o no, si tienen significado o no, si son emocionales o neutrales, si se los presenta en orden o aleatoriamente, y finalmente comparar todo esto con circunstancias o distracciones, neutrales o con carga emocional. Se estudia cómo los tiempos de las reacciones motoras a estímulos lingüísticos (como empujar un joystick en una u otra dirección) acusan alteraciones causadas por connotaciones emocionales del estímulo, o por la presencia o ausencia de gente conocida o desconocida. O hasta qué punto se altera el pulso de alguien al leer un fragmento de texto muy emocional, o totalmente neutral, dependiendo del tipo de emoción que se supone que transmite el texto. O qué tipo e intensidad de ondas electromagnéticas se producen en el cerebro durante estimulaciones lingüísticas emocionales o neutras. O cuántas y cuáles áreas del cerebro se iluminan en las imágenes neurales durante la ejecución de tareas relacionadas con fragmentos lingüísticos emocionales o no.

Conviene que la investigación se haga sobre el mayor número posible de sujetos experimentales (digamos que no menos de 15), y los resultados se procesan estadísticamente con el fin de obtener *valores promedio*. Las diferencias individuales tienen que ignorarse. El objetivo es obtener valores promedio *que se puedan replicar*, o variaciones *estadísticamente relevantes*, dependiendo del grado de emocionalidad de los estímulos o de las circunstancias controladas del experimento. Aquí la estadística puede llegar a ser compleja, y buena parte del trabajo consiste en seleccionar o elaborar las herramientas estadísticas apropiadas.

Los "estímulos lingüísticos" a los que deben reaccionar los sujetos son normalmente fragmentos de "flujo verbal", segmentados de acuerdo con las categorías analíticas tradicionales de la gramática: fonemas, sílabas, palabras, sintagmas, frases simples o compuestas, parágrafos de textos. Con frecuencia el material de partida son palabras, presentadas igualmente conforme a clasificaciones tradicionales: concreto/abstracto, emocional/neutral, con o sin significado, de la propia lengua o de otra, etc. Estos estímulos se suelen presentar escritos en una pantalla de ordenador, en tiempos e intervalos estrictamente medidos. Las pausas también se miden y son parte de las circunstancias que se tienen en cuenta en el diseño. Pero incluso a pesar de todas estas reducciones de lo que puede ocurrir, hay más variables que pueden tener algún papel en el curso del experimento:

— La categoría gramatical, o de otra clase, del estímulo, su longitud, el tiempo de su presentación, el de las pausas entre estímulos, la tipografía, etc.

— El tipo de tarea, que puede estar diseñada por su relación directa con lo que se investiga o, por el contrario, como distracción para garantizar que la reacción que se estudia es totalmente espontánea; las diversas variaciones de las tareas previstas, como la extensión y duración de un movimiento espacial, las variables biológicas que se miden, etc.

— Circunstancias prefijadas: que el sujeto esté solo o acompañado, y por quién; la configuración del espacio físico (tamaño, mobiliario, iluminación, ruidos…).
— Circunstancias propias del experimento mismo: interferencias o distracciones previstas…
— Variables estándares de las personas: edad, sexo, nivel educativo, condiciones personales y biográficas…

Más de dos variables ya obligan a un procesamiento estadístico complejo, y a más variables, mayor sofisticación matemática se necesita. Pero en cuanto se toman en consideración más variables, los resultados pueden quedar limitados a muy pocos sujetos, lo que minora el valor de la estadística. Y los experimentos con mucha gente cuestan demasiado dinero, por lo que muchas veces se hacen con poca gente.

Es claro que en este tipo de investigación el componente lingüístico (estímulos y reacciones a los mismos) se introduce de un modo bastante convencional y poco crítico. De hecho, se da por sentado que todo lo que puede presentarse en forma verbal es parte real del lenguaje. ¿Pero tiene sentido considerar que una palabra o frase presentada de golpe en una pantalla es una situación de habla *emocionalmente relevante*?

Y en cuanto a las emociones mismas, se suscitan cuestiones análogas sobre los principios teóricos: ¿hasta qué punto es legítimo tomar parámetros medibles como los señalados como señales de una u otra emoción? ¿Desde qué base empírica se identifican y caracterizan esas emociones? Datos biológicos como el pulso, los movimientos sacádicos de los ojos, el consumo de glucosa en áreas cerebrales o los impulsos eléctricos que se comprueban en el cerebro, todo esto tiene que ver también con procesos biológicos que nadie relacionaría con seguridad con una u otra emoción. Incluso en la relación relativamente clara entre la liberación de adrenalina y el miedo, en cada caso singular habría que ver cómo experimenta el sujeto una situación de peligro, si con terror o como excitante. Sería muy difícil apreciar esta diferencia en ningún experimento en laboratorio.

5. La investigación de las emociones en el lenguaje desde el punto de vista de una epistemología crítica de la lingüística

Hay que volver sobre esto: las "emociones" no son cosas que estén "ahí fuera", en la "realidad". Son algo meramente designado por nuestras palabras, como tantas ideas que creemos "tener" por ser los presuntos significados de ciertas palabras. En las diversas lenguas la gente habla de emociones en determinados tipos de situaciones. En ellas esos discursos encajan bien, y dan sentido en ellas porque los interlocutores lo esperan, así que relacionan automáticamente esas palabras con representaciones más o menos difusas que también se *siente* que encajan con la situación. Fuera de *esas* situaciones efectivas de habla, la palabra "emoción" no se corresponde con ningún concepto que resista una mínima critica semántica. Es una palabra de una cultura, es parte de un vocabulario que nos parece que se traduce bien de una lengua moderna occidental a otra, aunque no siempre sin problemas terminológicos.

En cada lengua, e incluso en cada hablante, "emoción" y sus equivalentes más o menos exactos se oponen a otras palabras y obtienen su perfil de esas oposiciones. Que cada vez se hable más de emociones en las ciencias humanas y en la psicología ha acabado por conferir a la palabra una cierta *apariencia* terminológica. Sin embargo, cada investigador o grupo de investigación tiene que ponerse de acuerdo, al menos, en alguna definición operacional[245], y tales definiciones son resultado de una decisión personal o de grupo. El estudioso alemán Norbert Fries, ya citado, propone entender bajo "emoción" un "sentimiento codificado lingüísticamente". Esta propuesta puede aceptarse por razones prácticas o estratégicas, pero no es posible establecer concluyentemente su adecuación. Es una cuestión de gusto personal, o de consideraciones pragmáticas en el mundo académico.

Por todo ello *no tiene sentido querer afirmar qué emociones existen realmente, ni empírica ni especulativamente.* Las emociones no pueden examinarse como objetos científicos ni experimentales, ya que no son ni parte de la realidad ni significados lingüísticos realmente identificables.

La pregunta es entonces cómo tanta gente sensible e inteligente está tan interesada en hacerlo. Y creo que la respuesta solo puede hallarse en la historia de la lingüística.

Las emociones son parte de las cosas que se dejaron deliberadamente de lado en la representación del lenguaje que dominó la nueva ciencia lingüística desde fines del siglo XIX. El lenguaje, entendido como materia de una ciencia analítica, se imaginó espontáneamente como algún sistema o código de signos. Como

---

245. Decía el matemático y físico británico Lord Kelvin: "Lo que no se define no se puede medir. Lo que no se mide, no se puede mejorar. Lo que no se mejora, se degrada siempre".

resultado de esta actitud, la propia palabra "lenguaje", en sus variedades idiomáticas, experimentó un significativo cambio de sentido en la investigación.

Anteriormente, en el marco de la tradición filológica, el lenguaje se entendía más o menos como el soporte perceptible de la infinita riqueza de contenidos de la literatura mundial y del hablar de los seres humanos en todo el mundo. Ahora, en cambio, se ha convertido sobre todo en el sistema de designación y combinaciones de las clases y categorías en las que la conciencia humana organiza e institucionaliza las cosas del entorno en cada país. Y claro está, "ese" lenguaje no existe. Ha sido una construcción intelectual, al servicio de una reacción más bien inconsciente a las amenazas que para la estabilidad y seguridad personales representa la oceánica multiplicidad de formas, significados, hábitos y comportamientos de las lenguas (y culturas) del mundo. (Por ejemplo: los fascismos han alentado el rechazo al aprendizaje de lenguas extranjeras, al menos en España y Alemania).

Y es un hecho que en el siglo XX las sociedades han experimentado conflictos y cambios extremadamente violentos, sobre todo en la primera mitad del siglo, que han contribuido a que se busque y se persiga con ahínco alguna seguridad material y mental. La extraordinaria expansión del conocimiento de lenguas y culturas diferentes, junto con la dificultad cada vez mayor de dominar ese inmenso caudal de datos, pudo ayudar a que se formase una conciencia cada vez mayor de la necesidad de estabilidad, y de contar con un entorno controlable. De Saussure decía que "le language est trop multiforme et hétéroclite: on ne saurait pas comment débrouiller son unité"[246]. La gente de ahora parece necesitar esa unidad no menos que los racionalistas de los siglos XVII y XVIII.

Como ya hemos comentado, los teóricos de entonces fueron dejando de lado todo lo que les pareció dispensable dentro de la complejidad indeterminable e inextricable del lenguaje, con el fin de obtener un objeto viable, "la langue". La "facticidad" se descartó y se relegó a la llamada "parole" (en Chomsky performance). Con ello la langue o la competence se convirtió en un constructo virtual. Los contenidos semánticos se consideraron poco relevantes porque la corriente dominante se centraba en los rasgos puramente "formales" (signifique esto lo que signifique). Saussure llegó a declarar que en la langue solo hay oposiciones formales, sin términos positivos.

Una de las consecuencias de esta ignorancia inicial de los contenidos semánticos fue que tampoco se prestó atención a las representaciones mentales articuladas mediante el lenguaje. No obstante, hubo que reintroducirlas pronto para evitar la indeterminación más absoluta. Y por supuesto, el elemento de la motivación quedó totalmente fuera de foco.

---

246. F. De Saussure, *Cours de linguistique générale*, Ch. III, 1.

Este proceder abstractivo recuerda intensamente al viejo hábito aristotélico, y luego también fenomenológico, de dejar de lado todo lo que parece "accidental" o "contingente" y retener solo lo que parece la "esencia" o la "substancia" (recuérdense tan solo las reducciones "eidética" y "trascendental" de Husserl). Todos los rasgos y elementos que pertenecen a la complejidad real del hablar, pero que no encajan en ese sistema *esencial* de signos y de reglas para enlazarlos y combinarlos, se atribuyen entonces a la "mera ejecución". La *individualidad real del hablar,* la determinación real de lo que se dice en cada caso, siempre individual y casi nunca predecible ni controlable conscientemente, queda así fuera del concepto científico del lenguaje.

Pues bien, durante el último tercio del siglo XX los lingüistas empezaron a querer compensar algunas de esas severas reducciones de la idea de lo lingüístico. No solo se volvió importante la semántica, sino que se empezaron a focalizar muchos momentos pragmáticos del hablar. Ahora bien, que las emociones ganaran de pronto tanta importancia en la investigación lingüística es algo que pide ser explicado. Y aquí solo puedo conjeturar.

Está por supuesto, la "ley del péndulo": esa palabra tan difusa y equívoca que es "emoción" parece al menos designar claramente lo contrario de la anterior idea de un sistema lingüístico puramente formal, un código indiferente al espacio y al tiempo, a la subjetividad y a lo sensorial. La introducción de las emociones en la lingüística tendría así algo de *"wishful thinking"*: se esperaría de las emociones que sanen la profunda frustración humana causada por la abstracción y unilateralidad extremas de esa *langue* o *competence* tan formal. Muchos lingüistas en Europa ya habían ido cambiando de objeto por este motivo. En el intento de hacer algo *más cercano a la vida,* fueron encaminando un giro en parte hacia la pragmática y en parte estético. Muchos se pasaron a la sociolingüística y a otras formas de la llamada "lingüística aplicada", otros se pasaron a la crítica literaria y a la teoría de la literatura, a una difusa semiología o semiótica o a diversas formas de lingüística del texto o del discurso.

Que en el contexto de la lingüística norteamericana se acuñara el slogan *"language is embodied"* arrastró consigo un giro aparentemente radical en la investigación lingüística, el de la "lingüística cognitiva", en el que he preferido no entrar, por ser un campo inmenso cuya crítica ya he esbozado en la primera parte. En el Reino Unido el formalismo nunca fue tan extremo como en el continente europeo. Allí se empezó pronto a cultivar la conciencia pragmática de que hay que devolver el lenguaje a las situaciones fácticas de su uso, que contribuyen significativamente a determinar los contenidos lingüísticos.

Pues bien, con el tema de las emociones podía *parecer* que nos situábamos en el polo opuesto al de la anterior concepción del lenguaje. Esta apariencia fue sentida de un modo tan intenso que los lingüistas se sintieron eximidos de la necesidad de reflexionar en profundidad sobre la epistemología del nuevo enfoque.

Hasta cierto punto ha sido un proceso paralelo al de comienzos del siglo XX: entonces tampoco había parecido necesario apuntalar epistemológicamente el nuevo formalismo.

La investigación de las emociones en el lenguaje es así en parte resultado de un ansia cultural por recuperar el calor de la vida, tras la larga travesía del desierto de la lingüística puramente formalista.

Recientes desarrollos de la psicología y de la filosofía analítica han contribuido también a hacer plausible esta investigación, ya que la llamada "inteligencia emocional" ha ocupado finalmente el primer plano de esas disciplinas. También las neurociencias han descubierto, en el plano biológico, que los procesos cognitivos en el cerebro están densamente entrelazados con el complejo juego de neurotransmisores y hormonas que subyace a los sentimientos, a los estados de ánimo y a los cambios de humor. Ya en el plano fenomenológico la simple observación había permitido hacer inferencias correctas sobre esa interacción. Por ejemplo, en la educación, los pedagogos hicieron mucho buen trabajo sobre la necesidad de integrar la *motivación emocional* en los procesos de aprendizaje.

También ha desempeñado un papel decisivo en la consagración institucional de la investigación emocional la muy dinámica investigación socio-psicológica actual sobre comportamientos emocionales, destinada a manipular las emociones de los posibles compradores de todo tipo de mercancías. De hecho, la principal razón por la que este tipo de investigación experimental de las emociones se ha extendido tanto, y está recibiendo tanta financiación, es que, a despecho de su debilidad conceptual, arroja resultados útiles y valiosos para la mercadotecnia. Las técnicas de mercado están muy concentradas en la manipulación de los sentimientos y emociones de los consumidores.

Pero es que también en la política el éxito en vender mercancías ideológicas es un factor importante para el acceso al poder, y los gobiernos y los partidos políticos se muestran por eso profundamente interesados en esta investigación *puramente instrumental* de las emociones. Están saliendo ahora a la luz verdaderos escándalos sobre el mal uso político de la información sobre las emociones personales en las redes sociales.

Esas herramientas de manipulación emocional no precisan demasiada agudeza ni acierto epistemológicos, sino más bien al contrario. Los procesos de "*e-learning*" trabajan con frecuencia con groseras simplificaciones y dan por buenos importantes márgenes de error e incertidumbre. Lo que importa es que, en un porcentaje no tan alto de casos, los compradores compren efectivamente lo que se les sugiere. Resultados relativamente modestos poseen ya una gran trascendencia económica. En la mercadotecnia la manipulación emocional trabaja sobre todo con ese tipo de procesos de *e-learning*, ahora acogidos bajo la categoría más amplia de inteligencia artificial.

De acuerdo con los métodos que se aplican, la investigación experimental de las emociones en lingüística suele tener más que ver con el objetivo usual de la investigación científica (que es *dominar y manipular el entorno para mejorar las condiciones de supervivencia*), que con el objetivo humanístico de una *mejor autocomprensión de la humanidad y de lo humano*. Creo que es una distinción importante. En los departamentos académicos humanísticos se esperaría un mayor interés por este último objetivo, y en cualquier caso una conciencia clara de las implicaciones, tanto técnicas como éticas, de cada una de estas opciones de trabajo.

Pero lo importante es no confundirse sobre la verdadera relación de este tipo de investigación con la neurofisiología: *la investigación lingüística actual sobre emociones no está realmente conectada con las neurociencias y no va a estarlo por mucho tiempo*. La investigación biológica actual sobre el cerebro no puede aducirse para legitimar algo que no deja de ser un estudio puramente *fenomenológico*, tanto en psicología como en psicolingüística, solo que llevado a cabo con más tecnología de la observación y de la medición que antes. La investigación empírica de los sistemas nerviosos y de la neurofisiología de los seres vivos todavía se ocupa sobre todo de procesos químicos y eléctricos muy elementales y básicos entre células y estratos celulares. No hay todavía puente alguno que vincule este dominio con el estudio fenomenológico del comportamiento de conciencia, mente y lenguaje.

Insisto: "conciencia", "mente" y "lenguaje" *no son ni pueden ser designaciones de objetos científicos posibles*. Aunque se los use como si fuesen nombres de verdaderos conceptos, esto es, de ideas vinculantemente definibles a través de más ideas también vinculantemente definibles, etc., son palabras de nuestra *cultura* y solo pueden aspirar a una cierta validez cultural. Sin ir más lejos: *mind*, español "mente", es en inglés un préstamo románico que carece de un buen equivalente en alemán, donde se ha vulgarizado su traducción por *Geist*, lo que da lugar a fuertes malentendidos. Estas palabras requieren una seria reflexión epistemológica si queremos tomarlas en consideración como algo con sentido en la investigación científica.

Obviamente esto no significa que las emociones no existan, ni que nuestro hablar de ellas carezca de sentido o sea falso. Significa que el hablar coloquial y su sentido no se pueden transferir directamente a la investigación empírica conforme al método científico.

Cuando hablamos sobre emociones en situaciones reales, y no en un plano académico "meta-lingüístico", la palabra "emoción" designa ciertamente algo que tiene sentido, pero *lo hace justamente porque es una señal para una intuición difusa e indeterminada*. Para la clase de seres vivos que somos los humanos tiene muchas veces pleno sentido distinguir entre nuestro conocimiento de cosas y nuestros sentimientos, sensaciones o estados de ánimo. Muchas de estas distinciones lingüísticas, que no son iguales en todos los idiomas, son estrategias sensatas y útiles para la vida, pero no todas lo son igualmente. Y ninguna podría considerarse como "objetivamente adecuada". Como muchas veces demuestran ser útiles en la cultura, es habitual extraer de ellas conclusiones abstractas. La gente va inventando además cada vez más conceptos abstractos (como *valence*, *arousal* y muchos otros) sin verificar realmente su legitimidad, ya que parecen seguirse directamente de lo que se *siente* como justificado en la práctica y por lo tanto válido en la teoría.

Veamos un ejemplo. En todo tipo de situaciones distinguimos con frecuencia entre lo que nos parece importante y lo que nos parece irrelevante. De esta constelación, enteramente sensata, nació la distinción *metafísica* entre "sustancia" o "esencia" y "accidente" o "apariencia". Esta distinción ya no está vinculada a ninguna situación concreta que la justifique. Se ha convertido en una distinción formal, abstracta, separada de toda legitimidad pragmática. Y sin embargo subyace a todas las reducciones del hablar asumidas por los lingüistas para construir sus "objetos lingüísticos".

Otro ejemplo igual de relevante es el de la *causalidad*. La gente nos preguntamos por qué ocurre algo, o por qué algo es lo que es, o como es. La respuesta a este tipo de preguntas se llama "causa". Nadie podría determinar con exactitud cuál es la frontera entre la "causa" y lo causado por ella[247], pero en las situaciones concretas esto no tendría la menor importancia. Ahora bien, cuando este esquema se generaliza y se crea la categoría general de la "causalidad", esta pierde también su justificación pragmática, basada en las características de las situaciones concretas, y se convierte justamente en una "categoría". Como tal, debería examinarse su legitimidad teórica, ya que, como parte de una construcción teórica, no se podría tolerar en ella el grado de indeterminación que en cambio no es problemático en las situaciones concretas de la vida.

Hay muchos ejemplos elocuentes de esta progresiva emancipación de las categorías teóricas respecto de sus orígenes pragmáticos. En la historia de la gramática, la distinción, coloquial en griego clásico, entre *onoma y rhema* ("el nombre" y "lo dicho") acabó dando lugar a la dicotomía "metalingüística" de "nombre y verbo", que parecían categorías justificadas, pese a que no es posible definirlas con exactitud ni siquiera dentro de una sola lengua. Del mismo modo, la distancia y diferencia netas entre "sujetos" y "objetos", que parece corresponderse bien con lo que se percibe en situaciones concretas de la vida, se asume sin más en la reflexión "metalingüística". Pero esta trabaja *in vitro* o *in silico*, así que *carece del soporte pragmático que prestan a esta clase de distinciones las circunstancias reales del hablar. El sentido de lo que se dice surge en la constelación real de características de cada situación de*

---

247. Una crítica epistemológica a esta categoría aparentemente básica se encuentra en Hegel y Nietzsche, así como en filósofos analíticos que proponen la "continuidad ontológica de la realidad", las llamadas "series infinitas" de cosas y sucesos, a partir de las cuales nosotros categorizamos y construimos objetos discretos.

habla. Y desde el momento en que estas no existen en el laboratorio o en el escritorio, la teoría lingüística no puede limitarse a hacer suyas las presunciones de sentido propias de las situaciones fácticas y manipular desde ellas los "datos" lingüísticos. El significado no se puede utilizar en la teoría *como si* los factores que realmente actúan en el *"meaning making"* estuvieran dados también en la propia mesa de trabajo.

Lo que da sentido *in vivo*, en el hablar coloquial, sobre la base de decisiones lingüísticas sobre lo que uno dice, o cómo lo dice, es siempre la *plausibilidad pragmática de las designaciones y de las decisiones conceptuales en cada caso.* Pero sabemos, al menos desde Kant, que nuestra relación cognitiva con el mundo no depende solo de la constitución relativamente estable de nuestros órganos sensoriales y de su procesamiento neural, que es lo que nos permite contar con una correlación también relativamente constante entre nuestras sensaciones y lo que las suscita. Depende también de las más diversas motivaciones en cada caso y momento, las cuales son a su vez resultado del conjunto de la historia personal de cada uno. Lo primero se puede estudiar científicamente, lo segundo apenas, y no de la misma manera.

Las distinciones conceptuales que hacemos más allá de las situaciones prácticas y sus condicionamientos (en las que ellas pueden tener sentido, pero no necesariamente), constituyen el *imaginario* de una cultura y son parte de sus estrategias de supervivencia. *Pero no se las puede entender como mapas válidos de una "realidad" independiente de los sujetos*, porque no lo son. Un ejemplo: dependiendo de cada contexto, durante siglos se consideraron en Europa como las "facultades esenciales del alma humana", bien "memoria, entendimiento y voluntad", bien "conocimiento, voluntad y afectos". Estas listas no derivaban su sentido de su presunto objeto, ya que este más bien era constituido por ellas. Tenían sentido en virtud del complejo de precomprensiones, expectativas, esperanzas, necesidades, y, por supuesto, de las tradiciones de hablar de todo esto en los diversos contextos sociales en cada momento.

Imaginar el lenguaje como algo que concierne al conocimiento, pero no a la voluntad o al afecto, igual que si se imagina el lenguaje como comprendiendo las tres cosas, es un constructo cultural montado a partir de las piezas que arroja la perspectiva analítica dominante de una cultura dentro de su horizonte. Y esto se aplica también a las decisiones y presunciones básicas de la gramática y de la lingüística a lo largo de la historia, que han estado acuñando las representaciones del lenguaje que subyacen a su análisis en cada caso.

La actual investigación de las emociones en el lenguaje simplemente *da por sentado* que decisiones culturales previas inscritas en su vocabulario tienen sentido y garantizan objetividad. Comparten también el *convencimiento de que todo estudio realizado de acuerdo con el método científico arroja conocimiento válido sobre la realidad.* Y no es así. El método científico vive de la mensurabilidad, la replicabilidad y el procesamiento matemático. Por eso *este método solo puede aplicarse sensatamente a objetos que se correspondan con estas características.* El método científico no precedió a la investigación fáctica. Más bien surgió porque, en nuestra cultura, la física, la química y la biología ya habían demostrado que proporcionaban conocimiento útil en sus campos respectivos. Esto permitió ir refinando el método, no porque garantice el acceso a la verdad, sino porque sirve para lo que nuestra cultura espera de la ciencia.

A diferencia de esos campos del conocimiento, la investigación de objetos que tienen sentido para un mejor conocimiento de sí mismos de los seres humanos está muy lejos del horizonte de esas ciencias consagradas, sobre todo porque, para lograr su objetivo, *hay que cancelar la diferenciación instintiva entre sujeto y objeto:* el sujeto tiene que ser objeto, y el objeto sujeto.

Si se pretende aplicar a las ciencias humanas el criterio de la replicabilidad, tanto el sujeto como el objeto habrán de renunciar a su *individualidad* fáctica, siendo así que los pensadores críticos hace tiempo que se dieron cuenta de que esta es *lo que constituye la humanidad de los seres humanos*, algo que las neurociencias finalmente confirman de lleno.

La psicolingüística experimental tiene que *presuponer* que sus propias palabras son objetivamente adecuadas. Cuando el investigador pretende observar con exactitud el comportamiento de los sujetos experimentales con ocasión de estímulos emocionales y lingüísticos, tiene que dar por sentado que palabras como lenguaje, emoción y reacción son los nombres de conceptos definibles o de categorizaciones adecuadas de hechos reales. Si, por ejemplo, usa series de sílabas, tiene que presuponer que las sílabas existen y son positivamente identificables, aunque la silabificación puede ser variable y cambia, como puede advertirse muy bien en la historia de las lenguas eslavas, donde esos cambios tienen un papel importante. Y por supuesto que las sílabas existen, pero *solo dentro de un hablar con sentido sobre ellas,* o sobre cosas que nos sentimos cómodos llamándolas así. No existen fuera de estos discursos. En sánscrito el concepto relevante en este plano no es el de la sílaba, sino el del *akṣara,* el complejo de una o más consonantes con una vocalización específica, o el de una vocal aislada, que se representa gráficamente de un modo distinto al de la vocalización de una consonante, como en árabe.

Y lo mismo se aplica aún más claramente a las palabras. La búsqueda de correlatos neurales de palabras y reglas sintácticas ignora que "palabras" y "reglas sintácticas" no son hechos, sino constructos culturales de nuestra cultura. Por eso ese tipo de investigación solo suele arrojar resultados difusos o equívocos.

Esto no quiere decir que esas palabras sean "arbitrarias": en el hablar nada es arbitrario, y la idea de que los signos lo son solo tiene sentido desde la perspectiva de su *comparación con lo racionalmente necesario.* Cada palabra ha sido formada cada vez con suficiente motivación, igual que en el hablar actual; lo que no hay ni puede haber es una *causalidad vinculante*. Las motivaciones del hablar son tan diversas y cambiantes que no tiene sentido atribuir una relación con la realidad exterior (a la subjetividad) a ningún fragmento aislado del habla. Haber entendido esto es lo que Hegel llama "verdad absoluta".

La ciencia, con su método específico, da por sentada esa relación. En la vida, se trata de una ficción con una buena justificación pragmática. Pero obliga a introducir reducciones extremadamente radicales en el lenguaje para poder funcionar y mantener su legitimidad pragmática. La ciencia habla un lenguaje formado por palabras y designaciones arbitrarias y por reglas sintácticas inequívocas. No es *lenguaje humano, sino un derivado suyo*. No designa piezas o partes del mundo *humano*, sino de un mundo diferente, uno que no existe fuera de la ciencia y que es construido por esta, como ya advirtió en su momento insistentemente Antonio Machado.

Y nos gusta habitar ese mundo como si fuera el nuestro, porque parece proporcionarnos más seguridad que ningún otro. Y sabemos, claro está, que solo tiene ese efecto bajo condiciones muy restrictivas. Pero preferimos ignorar esto. Y fuera de él construimos mundos alternativos con otras palabras, pero esperando lo mismo de ellas, aunque por razones distintas. Por medio de palabras no tan evidentes, como Dios, alma, redención, inmortalidad, etc., buscamos seguridad bajo otras condiciones, y enraizamos nuestras esperanzas en el reino del misterio, lo ininteligible o lo irracional. Es una opción alternativa.

Contra toda razón nos empeñamos en creer que el lenguaje y el mundo de la ciencia poseen una validez absoluta y nos garantizan certidumbre en cualquier ámbito. Esta *mitología* es también el soporte de los esfuerzos de la investigación experimental de la conciencia, de la mente, del lenguaje y de las emociones.

6. El acceso estético a la *comprensión* de las emociones en el lenguaje

Quisiera terminar este capítulo pergeñando una posible alternativa a esta clase de investigación empírica de las emociones en el lenguaje.

Las emociones solo "existen" en el hablar, coloquial y con sentido, sobre ellas en las situaciones de la vida real, con toda su complejidad efectiva. Son fenómenos que categorizamos lingüísticamente, y que solo "tenemos" dentro de esas categorías, o en la experiencia frustrante de su inadecuación. Como referentes de decisiones lingüísticas, esas categorías o conceptos son difusos, o determinados diversamente, en cualquier caso semánticamente abiertos. En general nos resulta difícil verbalizar emociones, y muchas veces no lo logramos. Todo esto es parte de su "concepto".

El reduccionismo de la investigación científica experimental rompe todo puente posible entre el hablar coloquial sobre las emociones y cualquier estudio vinculante sobre ellas. Anula el complejo juego de los factores y circunstancias en el que únicamente tiene sentido hablar sobre las emociones de uno u otro modo. Así que una *alternativa racional* lo que tiene que hacer es *partir de esa complejidad real* y atenerse a ella, ya que *el objeto solo existe realmente dentro de ella*. Los experimentos científicos no parecen ser la herramienta apropiada para este objetivo.

Lo que sabemos de las emociones procede de nuestra experiencia personal y de la reflexión sobre ella; de nuestras relaciones familiares, amistosas y amorosas, así como de los conflictos personales con la gente que nos rodea, con la mala voluntad, la maldad, el fanatismo; de la buena literatura, que se ocupa intensamente de ellas; de observarnos a nosotros mismos cuando escuchamos o hacemos música, o leemos poesía, o contemplamos artes plásticas; y ciertamente también de la psicología clínica y de la psiquiatría, que tratan de sanar conflictos realmente dolorosos y necesitan reflexionar teóricamente sobre ellos y sobre la propia capacidad de tratar con ellos. Para poder abordar productivamente las emociones como objeto de reflexión, es importante no reducirlas a una sola perspectiva y mantener la mayor apertura mental y estética posible. De otro modo no será posible aprehender la verdadera complejidad de lo que tiene que ver con las emociones.

En esto, como decía, las mejores fuentes para una aproximación productiva son, en el plano disciplinar, la psicología clínica y la psiquiatría, y en el plano personal, la propia experiencia con situaciones altamente emocionales y con las formas más serias y complejas del arte.

El acceso más eficaz al lado corporal de la comunicación lingüística, que siempre estará coloreada por emociones, es *cultivar y observar el tipo de experiencias que implican al cuerpo del modo más complejo, y reflexionar sobre ellas*. Pienso en actividades como hacer música, cantar, bailar, dirigir un coro o una orquesta; las liturgias y los ritos; la enseñanza, el entrenamiento deportivo; los discursos públicos o el teatro: en situaciones, en suma, en las que se busca una comunicación emocionalmente eficaz con fuerte implicación de lo corporal, pese a las enormes dificultades técnicas y semióticas.

¿Debería una aproximación de este tipo pretender describir, categorizar o clasificar emociones? Para una actitud analítica este sería el resultado esperable de la investigación. Y existen ahora enormes cantidades de publicaciones que lo hacen, y que se ocupan de la propia gestión emocional de cada uno, lo que sin duda puede ayudar a la gente a desarrollar conceptos más diferenciados y afinados y a lograr una cierta comprensión de sus conflictos emocionales. Pero desde el momento en que todo análisis implica reducir perspectivas, no tiene más remedio que reducir también la complejidad del objeto. Y en el campo de las emociones la "objetividad" exige un verdadero *holismo estético*, así como una definición diferente del objetivo de la investigación. Esto en las ciencias humanas no es catastrófico, y se hace y se puede hacer, mientras que imitar en ellas a la ciencia natural siempre ha sido problemático y ha producido mucha pseudociencia.

El objetivo de un abordaje estético y holístico de las emociones tiene que entenderse como *hermenéutico,* como "comprender". Y a diferencia de los métodos científicos, la comprensión hermenéutica *no es ni replicable ni medible.* No se la puede reconducir a conexiones lógicamente inequívocas de palabras también inequívocas. Es una *experiencia subjetiva,* aunque como experiencia que es, funda un conocimiento *empírico.* Pero es siempre un *intento de verbalización de éxito incierto,* y lo que produce es *una narrativa que podrá parecer más o menos convincente en cada caso.*

Éxito y fracaso son aquí sentimientos subjetivos. Solo el intercambio lingüístico con otros nos permite ir más allá de los sentimientos y representaciones de cada uno. Y ese intercambio no puede tener como modelo más que una *coincidencia o acuerdo impredecible y siempre problemático.* Si Thomas Mann logró reflejar correctamente o no las emociones de sus personajes, esto será juzgado de forma diferente por cada lector. Esto es consustancial al concepto mismo de las emociones (si es que puede haber tal "concepto"). Las emociones solo se dan en la vida real, y los juicios sobre ellas no pueden ser inequívocos ni universalmente replicables. Solo pueden aspirar a *convencer a otros individuos,* pero que lo logren es incierto.

Y por descontado que seguirá teniendo sentido aproximarse a la expresión lingüística de emociones en textos y en conversaciones, y tratar de extraer conclusiones sobre *estrategias comunes de suscitar emociones hablando o escribiendo,* tal como cada lengua histórica permite hacerlo en cada momento. Identificar procedimientos habituales de suscitar emociones con medios lingüísticos seguirá siendo una tarea sensata.

Pero, como decía, solo una cultivada sensibilidad para con el sentido único de cada texto, y una aguda conciencia del estatus real de nuestras palabras y de sus significados, permitirá que la investigación llegue a resultados dotados de alguna validez "objetiva". La actitud *estética, holística y crítica* hacia el objeto y el sujeto de esta investigación seguirá siendo la única garantía de que percibimos la diferencia entre elecciones individualmente justificadas y simple arbitrariedad teórica.

Otra buena manera de acercarse a la emoción en el lenguaje sería comparar las estrategias lingüísticas para suscitar emociones en la prosa y en la poesía, en el lenguaje cotidiano banal y en los esfuerzos más intensos por mover a lectores y oyentes más allá de sus actitudes y prejuicios más asentados. Todo ello puede contribuir al objetivo general de mejorar la humanidad aprendiendo más sobre el conjunto de sus intentos y de sus logros, y de ampliar el propio horizonte comunicando con otros del modo más productivo y responsable posible.

Capítulo VII

Volver a los textos: algunas formas posibles de "investigar el estilo" en la TCL

La gramática que subyace a un hablar mejor o peor no es muy distinta, y lo cierto es que la diferencia queda ampliamente ignorada por detrás de las abstracciones habituales de la gramática sincrónica descriptiva. Solo es posible detectarla si se comparan diversos estilos de habla entre sí y con las pautas más generales y sistemáticas que definen un idioma en contraste con otros.

Naturalmente, reconducir esos estilos a "categorías" implicaría trazar fronteras donde no las hay, pero también es cierto que esto solo es un problema si se confunden esas "categorías" con "conceptos" en el viejo sentido de "entidades definibles". Estamos hablando aquí de categorías en un sentido diferente, tomado de Kant por la psicología cognitiva. "Categorías", en este contexto, no son sino *los esquemas mentales en los que organizamos nuestra experiencia, en un flujo constante de "categorización" y "recategorización".* Así que categorizar algo es epistemológicamente inocuo. Hacerlo es algo tan individual e histórico como el propio lenguaje.

La TCL propone un tipo de investigación que *compare* estilos de hablar, tanto en el plano de las obras literarias y las expresiones individuales como en el de las lenguas nacionales ("estilos idiomáticos"). Esta comparación arroja dos tipos de resultados.

En primer lugar, nos permite identificar las *tendencias características de los hábitos de hablar dentro de una lengua*, el tipo de opciones estructurales que llevan a una comunidad a usar de una forma u otra las posibilidades históricas que llamamos "gramática" (en Coseriu "el sistema"[248]).

Pero este uso no es la "norma" coseriana. Esta es el tipo de constricciones que se imponen en una comunidad y se hacen "moda". La norma es la suma de las *opciones concretas que se esperan* dentro de un grupo. En épocas anteriores el único

---

248. E. Coseriu, "Sistema, norma y habla", 1967.

grupo con relevancia social era el de las élites sociales y económicas, y son sus hábitos de hablar los que se convertían en el paradigma del hablar correcto. En las complejas sociedades actuales diversos tipos de grupos configuran otras tantas "identidades sociales", y sus hábitos de hablar soportan y en parte configuran esas identidades. Coexisten así diversas normas, cada una de las cuales ejerce una cierta presión sobre los individuos, y este es el precio que se paga por pertenecer a alguna parte dentro del todo social.

En segundo lugar, el "carácter" de una lengua en un cierto momento, su "estilo idiomático" más común, es, por el contrario, la *suma de las opciones que ofrecen las mejores posibilidades de hacer sentido (tanto convencional como no-convencionalmente) dentro de un cierto marco sistemático. Es, como el "sistema", un conjunto de posibilidades*, no una serie de constricciones. Y, como las "normas", *hace que el hablar suene natural y esperable.*

Sin embargo, a diferencia del "sistema" y de las "normas", constituye un *espacio dentro del cual es posible diferenciar entre mejor y peor lenguaje.* El "buen lenguaje" en inglés o en alemán se diferencia del "mal lenguaje" (no del lenguaje incorrecto) porque es el que muestra *el mejor uso plausible de las posibilidades del sistema en cada momento*, más allá de las constricciones de la norma que define una cierta identidad. No es, por ejemplo, "buen alemán" el abuso de la composición, derivación y nominalización que esta lengua permite y alienta, y que muchas veces enmascara, bajo una complejidad sintáctica innecesaria, razonamientos mucho menos convincentes de lo que parece. Y sé de lo que hablo, porque es un defecto que necesito corregir en mí misma con frecuencia.

El "estilo idiomático" es lo que tiene más sentido *enseñar* a las generaciones más jóvenes: ni lo usual en ciertos grupos, ni lo meramente posible y "no incorrecto" en una "nación", sino *lo que ayudaría a cada uno a expresar y dar forma a sus contenidos mentales del modo más fino y certero posible.* En parte es cuestión de "gusto", y aquí hay que tener en cuenta la dimensión estética del lenguaje.

La investigación empírica en este campo habría de ser diferente de casi todas las demás formas de investigación empírica, pero no dejaría de ser *empírica*, esto es, dictada por la *experiencia concreta* y expresada en un lenguaje *inteligible* para otros. Tratándose de investigar el lenguaje por medio del lenguaje, nunca podría garantizar que todos lo entienden del mismo modo. En lo que se refiere al lenguaje, la identidad de la comprensión sería un requisito sin sentido. Y es lo que pasa con la mayor parte de la lingüística del último siglo.

Este tipo de investigación tiene que desarrollar una *comprensión individual* de los textos y de sus características dentro de la percepción general de los elementos compartidos. Mostrar lo que hace a un texto realmente "bueno" no solo requiere conocer lo que descubre la lingüística histórica (donde "histórica" se refiera a la conciencia expresa del carácter histórico de todo lo lingüístico), sino también una apreciación personal basada en la cultura y en el gusto. Para poder hacer expresos los múltiples factores que hacen a un texto tan bueno como es, el investigador tiene que poder compararlo con otros tipos de textos: con textos del mismo género y claramente inferiores en estilo lingüístico, con textos afines en otros idiomas, con traducciones a otras lenguas o a aquella de la que son traducción a su vez, etc. Todo esto permite *identificar rasgos responsables de la buena calidad del estilo idiomático de un texto en un idioma*. Sin embargo, no hay *ningún método general* que garantice aquí resultados productivos y seguros. Combinar el estudio lingüístico con el criterio estético protege al estudio de pretender una validez intersubjetiva indiscutible, pero esta es la condición de buscar objetivos relevantes y no triviales. Como en la crítica literaria.

Mi reciente ensayo *Los poemas del ser y el no ser y sus lenguajes en la historia* (2017), que es simultáneamente crítica filosófica, literaria y lingüística, puede ilustrar bien lo que intento pergeñar aquí.

Capítulo VIII
Sobre lenguaje y no lenguaje

1. La "dialéctica" de lenguaje y no lenguaje

Las teorías lingüísticas suelen ocuparse del resultado *observable* del hablar. Intentan "describir", "explicar", o ambas cosas, lo que realmente ocurre cuando se habla. Y como la parte verbal del hablar es uno de sus componentes más conspicuos, si no compartes el idioma de tu interlocutor, no entiendes prácticamente nada (aunque tal vez algo sí). Por eso la teoría lingüística se ha centrado sobre todo en los idiomas, en las pautas de expresión verbal que caracterizan a un idioma y cuyo conocimiento nos permite entender a la gente que lo habla. Expresiones habituales como "hablo español", "habla inglés y francés", en las que inglés, francés o español son el complemento directo del por lo demás intransitivo "hablar"[249], también sugieren que en la comunicación verbal el idioma es el componente principal.

Teorías lingüísticas recientes, orientadas más hacia lo pragmático, como la "gramática funcional" o el "análisis del discurso", siguen apegadas a esa idea. Aunque abordan el lenguaje como medio de interacción práctica entre la gente, siguen haciendo sobre todo "investigación idiomática". Se concentran en el *output* verbal e intentan explicarlo o entenderlo en términos de rasgos idiomáticos.

Pero, como ya decía, en la interacción lingüística el producto verbal, las expresiones emitidas de acuerdo con las pautas de hablar de cada idioma, es el resultado de muchas decisiones que tienen lugar en el trasfondo del hablar, y que probablemente se rigen por sus propias "reglas" y "competencias". La "competencia comunicativa" implica competencia lingüística idiomática, pero también muchas otras habilidades, como saber cómo usar esa competencia y cómo decidir si hablar o callar.

---

249. En este caso, claro está, estas determinaciones podrían interpretarse también como adverbios.

Si la lingüística ha de servir al objetivo humanístico de entendernos mejor a nosotros mismos reflexionando sobre nuestra condición de seres que hablan, tendrá que *situar el lenguaje dentro del marco general de lo humano*, que incluye al menos aspectos comportamentales, neurales, intelectuales y emocionales, además de sociales y éticos. Hablar o no hablar, y decir una cosa en vez de otra, son resultado de decisiones que implican a muchos "sistemas". En cada momento determinado la gramática de nuestro idioma no es sino uno de ellos. Pero más allá de este hecho *positivo*, hablar en vez de callar, así como decir una cosa y no otra, son *formas de comportamiento que en parte resultan determinadas por lo que no se dice*. El lenguaje siempre ocurre *desde el trasfondo del no-lenguaje y depende también de él*.

Los seres humanos difieren de los otros animales sobre todo por el lenguaje, que es parte de nuestro equipamiento biológico, o como decía Herder, es un principio interior que empuja a la humanidad a desarrollar lenguaje[250]. Una vez alcanzado el pico evolutivo del hablar, los seres humanos actúan o dejan de hacerlo en un medio lingüístico. La mayor parte de la actividad (y pasividad) humanas está mediada o "coloreada" lingüísticamente, más o menos en el mismo sentido en el que podemos decir que, en los animales superiores o más complejos, la mayor parte de la actividad y pasividad están mediadas o coloreadas por emociones, instintos y cognición. Solo que todo lo que ocurre positivamente en el medio lingüístico *adquiere su perfil por el contraste con lo que no ocurre* y podría ocurrir. El no ser es la otra cara del ser. El no ser lingüístico es la suma de todas las posibilidades *descartadas* cada vez que tiene lugar un acto lingüístico positivo.

Quisiera abordar este aspecto del lenguaje nuevamente desde su fundamento biológico. Los sistemas neurales en el conjunto del reino animal trabajan con dos mecanismos básicos: el *excitatorio* y el *inhibitorio*. Hablar es también resultado de actividades excitatorias e inhibitorias de diversos sistemas neurales. La forma que damos a nuestro hablar implica en cada caso muchas decisiones más o menos conscientes sobre qué decir y cómo decirlo, y qué no decir y cómo no hablar. Todo evento lingüístico, como todo movimiento muscular, es el resultado de suscitar unas respuestas y reprimir otras.

En el campo de los estudios sobre el lenguaje, este hecho ya ha sido tenido en cuenta en parte en el primer estructuralismo, con su idea general de que el significado de una palabra viene determinado *por lo que esa palabra significa y otras no*, así como por haber sido seleccionada *de entre el conjunto de un paradigma virtual*. La teoría de las "oposiciones lingüísticas", a diferencia de la primera semántica

---

250. J.G. Herder, *Abhandlung über den Ursprung der Sprache* (1769). Herder identifica decididamente los orígenes filogenético y ontogenético del lenguaje y los aborda desde una consideración holística de la naturaleza humana. Incluso llega a decir que el ser humano es una "creación del lenguaje".

generativa, basada en matrices de rasgos, imagina el significado como resultado de una *mediación negativa*: cada palabra significa lo que otras no significan, en un neto contraste con ellas. Y claro está que las matrices generativas de rasgos semánticos implican también una selección positiva o negativa. Pero como solo operan después de generarse la estructura sintáctica, y como mera implementación de *dummy elements* o posiciones sintácticas finales, con opciones de elección ya limitadas, aquí el componente negativo ha tenido un papel solo secundario dentro de la representación mental del significado en la gramática generativa, en su "ideología semántica".

En otro plano, hablar implica también una interacción muy intrincada de *conciencia y su contrario, el "inconsciente"*. La nominalización terminológica del "inconsciente" se asocia, claro está, a la presunción metafísica de que hay "algo" en el cerebro cuyo nombre es "el inconsciente", y esto sería un error. No hay ninguna necesidad ni justificación para considerar conciencia e inconsciente como "partes" o subsistemas de nuestro sistema neural. Son nuevamente palabras de la cultura, y su contenido y legitimidad dependen que sean o no útiles dentro de una categorización responsable.

La forma concreta de una expresión lingüística fáctica depende, pues, de un *complejo juego de impulsos e inhibiciones* en todos estos niveles al mismo tiempo. Siempre que el "lenguaje" parece ser el componente central en la comunicación (lo que, obviamente, no es siempre el caso), la selección de sus "piezas" y "modalidad" está guiada no solo por la "voluntad consciente" (sea esto lo que sea), sino también por pautas automatizadas, y en una proporción variable. La voluntad específica de "decirle algo a alguien de una cierta manera" desencadena una larga cascada de procesos neurales que rigen ciertas actividades y *excluyen otras*.

El origen de esa voluntad es desconocido: seguimos sin saber cómo ni por qué se nos ocurre pensar o querer algo. "Nos pasa", y luego nos preguntamos si está o no de acuerdo con la manera como nos representamos "a nosotros mismos", y si, por lo tanto, valía o no la pena pensarlo o quererlo. Aquí la cuestión es justamente que "significa" "yo". Como preguntaba Tilman Borsche: "¿quién piensa cuando yo pienso? ¿quién habla cuando yo hablo?"[251].

En términos más técnicos: la cuestión es qué o quién "toma la decisión" de seleccionar unas alternativas y excluir otras dentro del complejo del conjunto de procesos neurales que están teniendo lugar continuamente en el cerebro. Y no solo "qué o quién" decide decir algo de una cierta manera y no de otra, sino también qué o quién decide hacer "consciente", elevar a un positivo "darse cuenta"[252], ciertos

---

251. Tilman Borsche, "Antrittsvorlesung" en el procedimiento de "habilitación" en la Universidad de Bonn, a la que asistí.

252. Traduzco por "darse cuenta" el inglés *awareness*.

procesos internos, dejando inconscientes todos los demás (y que son unos cuantos millones cada vez).

Cada vez que se me ocurre una idea, cada vez que recuerdo algo y lo pongo en relación con otras cosas, construyendo así una historia o un razonamiento más o menos coherente, eso "accede a la conciencia" de entre millones de otros procesos que no lo hacen.

Y cada vez que intentamos activamente recordar algo, o llegar a un buen concepto para resolver algún problema, *"rebuscamos" para dar con ello sin ningún método o instrucción conocidos*. Nos ponemos en alerta, como si estuviese en nuestra mano hacerlo emerger al "darnos cuenta" consciente. Y muchas veces lo logramos, pero otras no. En general logramos deshacer la normal inhibición de la memoria, que es la que nos libera de tener que recordarlo todo. "Elevamos a la conciencia" selectivamente lo que no estaba en ella y que, por eso mismo, no podía ser nombrado, razón por la cual *no teníamos ninguna "instrucción" para dar con ello.*

Un acto de habla es la selección de un comportamiento complejo que incluye expresiones verbales entre muchas otras cosas. Esta selección opera dentro de un abanico muy extenso de variación, y las *"decisiones conscientes" afectan a más o menos elementos del comportamiento del hablar* cada vez. Puede que solo elijamos conscientemente nuestras palabras, dejando que el resto de actividades nerviosas y físicas se produzcan automática y espontáneamente, de acuerdo con la selección verbal. O bien empezamos por seleccionar nuestra respuesta corporal y dejamos que la parte verbal emerja espontáneamente. También puede ocurrir que actuemos tan espontáneamente que no creamos haber seleccionado nada conscientemente, y que nuestro comportamiento con todos sus componentes, incluido el verbal, haya sido automático y "puramente instintivo". Y también podemos manipular estos diversos componentes con el fin de modificar el efecto de las palabras, bien reforzándolo, bien contradiciéndolo para desconcertar al interlocutor.

Todas estas posibilidades requieren habilidades comunicativas y cognitivas específicas, que hay que adquirir aprendiendo, y que con seguridad no todos llegarán a dominar del mismo modo, incluso habiendo compartido una educación similar.

El *grado de atención* que prestamos a nuestro hablar en cada caso tiene también su papel en el grado y modo de dar forma a sus diversos componentes, el mismo que tiene la atención en la transmisión de señales neurales por el sistema nervioso.

Hay además otro tipo de "situación" que conviene tener en cuenta, y que no es comunicativo ni tiene que ver con nada pragmático: es la *ininterrumpida actividad lingüística de todo ser humano en estado de vigilia mientras se está en silencio.* No hablar no significa estar lingüísticamente inactivo, sino todo lo contrario: *el silencio es un tiempo "concentradamente lingüístico"*[253]. Los lingüistas tienen difícil investigar el hablar silencioso porque no se lo puede observar fuera de uno mismo, e incluso en el interior de uno mismo *la mera intención de observarlo lo distorsiona.*

He intentado muchas veces fijarme en mi hablar interior cuando fluye espontáneamente; por ejemplo, conduciendo sola en viajes largos. En esos casos la mente flota y se mueve sin inhibiciones, no está sujeta a constricciones ni convenciones comunicativas. La atención intencional, más o menos consciente, está concentrada en la conducción, que en todo caso es una actividad muy automatizada y que solo requiere buenos reflejos y mantenerse alerta ante posibles problemas de tráfico y circulación. Pues bien, la mente "fluye" entonces lingüísticamente, dice palabras o sintagmas al azar, desarrolla escenas o diálogos o narraciones imaginarias, repite conversaciones o declaraciones pretéritas, salta de un tema a otro por asociaciones más o menos caóticas, "rumia" su hablar consigo misma, sin ninguna intención clara de decir algo. Aquí el lenguaje ocurre sin control ni constricciones, laxamente, y todo ello tiene algo de "paladearlo". Su grado de corrección gramatical es muy variable. Se diría que, más que comportarnos lingüísticamente, aquí "somos" o "existimos" lingüísticamente: fluimos en modo lingüístico, un modo bastante "degenerado" si se lo compara con el hablar externo. Nuestras neuronas dibujan sendas sinápticas a su aire, y parecen seleccionar por sí mismas lo que se nos hace consciente y lo que no. Las representaciones mentales van y vienen, laxamente asociadas a segmentos de habla que también parecen emerger a su aire. Toda la imaginería del "sistema lingüístico" y de las "series de reglas" parece suspendida, y los fragmentos que quedan son como retazos de significación meciéndose en el tiempo, dentro de nuestro espacio mental, y dando formas difusas a nuestros pensamientos[254].

Me parece importante integrar toda esta *realidad difusa* a la hora de oponer el lenguaje al no lenguaje. Se podría imaginar que estos estados son algo intermedio entre ambas cosas. Y una parte no trivial de las conversaciones intrascendentes comparte algunos de estos rasgos.

Otra experiencia límite del lenguaje es la *traducción simultánea.* Cuando el intérprete está plenamente concentrado en lo que oye por los auriculares, parte de su conciencia empieza a divagar fuera de la traducción y a pensar en otras cosas. He tenido esta experiencia varias veces, y he tenido también conciencia de que la estaba teniendo. En algún sentido esto es lo contrario de lo anterior: aquí la conciencia no disminuye, sino que se multiplica. Y una misma persona vive al mismo

---

253. Escuché esta expresión al lingüista español Francisco Marsá en un congreso hace muchos años, y me pareció muy lúcida y productiva.

254. Repito la observación de que todo esto parece ser lo que cualifica a la "red neuronal por defecto".

tiempo en al menos tres canales lingüísticos diferentes: la escucha al conferenciante, la propia traducción, y esa especie de "tercer estado" de escapar a la tensión del trabajo traductor y relajarse con pensamientos intrascendentes.

En este contexto me gustaría mencionar también el papel que desempeña en el comportamiento lingüístico, siempre idiomático, *la mayor o menor familiaridad del hablante con otras lenguas*. Los sujetos multilingües poseemos un *trasfondo adicional de no-lenguaje* cuando hablamos en una lengua. Este trasfondo interactúa muchas veces con el idioma en uso, bien como sensación de frustración, porque en la lengua actual no existe una palabra que sí hay en otras, bien como fuente de impulsos para intentar verbalizar en una lengua ideas y experiencias que le vienen a uno de otras. En este caso la interacción es muy intensa y contribuye sensiblemente al modo como uno da forma a su hablar o escribir. Escribir este libro en inglés me ha exigido una intensa adaptación psicológica del pensamiento, desarrollado sobre todo en alemán, a una lengua con un carácter muy distinto. Dar forma a mis ideas en inglés ha representado una cierta "migración mental", lo que implica tanto nuevas limitaciones para la expresión como nuevas posibilidades de articularse uno a sí mismo. Y esta versión española que estoy produciendo ahora me está haciendo agudamente consciente de aspectos del carácter de mi lengua que no habría percibido solo con la redacción inglesa.

El resultado de esta multilingualidad es el de una especie de batalla interior entre alternativas solo parcialmente conscientes, un equilibrio difícil entre las alternativas seleccionadas y las descartadas, que aquí son naturalmente más numerosas y complejas. La parte descartada es mucho mayor que la aceptada y contribuye decisivamente a perfilar esta.

El no-lenguaje que acompaña al hablar, así como estas experiencias de actividad lingüística no intencional y solo medio consciente, nos obligan nuevamente a ampliar nuestra perspectiva sobre el lenguaje y su estudio, más allá de las ideologías gramaticales, siempre "positivas" y restrictivas.

Lo que me importa señalar aquí es que, dentro de la teoría lingüística, *nuestra manera tradicional de imaginar el lenguaje como un flujo verbal positivo, altamente estructurado,* en la comunicación lograda, no nos deja prestar la debida atención a todos estos *márgenes* del hablar fáctico, y al *grado infinitamente variable de estructuración* del comportamiento lingüístico.

2. El lenguaje emerge del no-lenguaje

Veamos ahora este tema desde un punto de vista evolutivo.

Podríamos llamar "humanos", en el sentido moderno del término, a aquellos de nuestros ancestros que empezaron a hablar. Pero "hablar" no es lo mismo que "tener lenguaje". Esto último se refiere a la *habilidad para manejarse con el lenguaje y el no-lenguaje*, a la capacidad de disponer de la propia habilidad lingüística desde una cierta *distancia consciente*.

Probablemente la humanidad empezó por hablar, y solo más tarde empezó a "manipular" su capacidad de hablar de diversas maneras. El *testimonio disponible* más antiguo que poseemos de la primitiva actividad lingüística libre, ya muy reciente en realidad, es la vieja poesía oral: la épica homérica, la poesía litúrgica indo-irania, que parece remontar al menos hasta el comienzo del segundo milenio a.n.e. Ambas tradiciones desarrollaron una "técnica" lingüística muy artificiosa. Y es dentro de estas tradiciones donde *surge la noción del "lenguaje" como una realidad u objeto en sí, y donde se inicia la gramática*. Los primeros esfuerzos gramaticales, que se produjeron en la comunidad indo-irania, son intentos de *parar la evolución lingüística y de fijar un lenguaje* de tradiciones sagradas, con el fin de preservar la eficacia del culto. Fue, a su manera, una "estrategia de supervivencia"[255].

La invención de la escritura fue un tercer paso evolutivo[256]. Es cuando por primera vez la parte acústica articulada de la comunicación verbal fue *aislada* y recibió una simbolización material propia. Una palabra como "lenguaje" parece haber surgido en culturas ya letradas, y solo en etapas tardías. Pero no todas estas culturas produjeron una palabra como esa. *Hablar de "lenguaje" es tanto un hito evolutivo como una opción histórica*.

La idea misma de "lenguaje" como un componente más o menos autónomo de la comunicación humana es pues el resultado de *una opción* categorizadora de lo que pasa cuando se habla. Generalmente acusa una fuerte impronta de la "literacidad", esto es, de la familiaridad con una simbolización propia para el componente puramente "verbal" de la comunicación, a pesar de que la historia del pensamiento gramatical en las comunidades indo-iranias más tempranas demuestra que también una fuerte tradición de textos orales sin escritura puede favorecer una categorización fina de los elementos lingüísticos.

Los objetivos prácticos iniciales tanto de la gramática como de la escritura quedaron olvidados porque lo que se retuvo fue su subproducto "el lenguaje", como si fuese algo que existe por sí mismo. Como decía, hemos *creado el lenguaje* y lo hemos convertido directamente en un *objeto*. Y esto es un rendimiento "metafísico"

---

255. Mucho más tarde, pero en exactamente el mismo espíritu, el gran gramático indio clásico Patañjali afirmaba en su obra *Mahābhāṣya* que "ha de estudiarse la gramática para preservar los Vedas" (*rakṣitārtham vedānām adhyeyam vyākaraṇam*). Para la tradición gramatical indo-irania v. Alberto Cantera, "El análisis del lenguaje en la tradición oral indoirania" (2004).

256. No estoy de acuerdo con Sylvain Auroux en poner la escritura en el origen histórico de cualquier *"grammatisation"*. La historia lingüística indo-irania prueba lo contrario, ya que en ella la escritura aparece a partir de una mínima cierta distancia consciente y objetiva respecto del hablar. S. Sylvain Auroux, *La révolution technologique de la grammatisation*, Mardaga 1994.

de determinadas culturas, de hecho, de las de lenguas indoeuropeas, ya que la gramática árabe es adaptación de la griega.

Intentemos ahora retrotraernos a la fase en la que unos primeros seres humanos participaban en sus comunidades siguiendo las pautas que iban inventando, y que iban incorporando cada vez más elementos "verbales": al *paso, de un no-lenguaje que todavía no se oponía a un lenguaje, a la coexistencia de lenguaje y no-lenguaje como momentos interrelacionados de lo humano.*

Las "pautas" no necesitan ser "reglas". Ya hemos visto que en la naturaleza emergen espontáneamente pautas, tanto orgánicas como inorgánicas, que es lo que se llama "autoorganización"[257], y que todo nuestro universo posee esta "cualidad": la materia tiende a organizarse a sí misma según pautas "de comportamiento". En su mayor parte estas son consecuencia de algunas casualidades cósmicas que se produjeron con el Big Bang, y que son las responsables de la evolución hacia una "química interesante" en nuestro universo.

Existe una *continuidad sin solución en la evolución* desde el primer evento (primero para nosotros) hasta la poesía, la política y la tecnología modernas en nuestro planeta. Cada paso fue inducido por el anterior y condujo al siguiente. La materia se condensó en parte en los "cuerpos celestes", los cuales desarrollaron órbitas elípticas que naturalmente "siguieron". Algunos evolucionaron como nuestro planeta, y con el paso del tiempo esta progresiva autoorganización dio lugar al milagro de las moléculas orgánicas y de porciones autorreplicantes de materia. Mucho más tarde esta organización produjo células, etc.

Pues bien, el grado de organización integrada de una sola célula no es inferior al de nuestros "lenguajes". La organización cada vez más compleja del comportamiento colaborativo de animales y seres humanos no es sino la continuación de aquellos primeros logros gigantescos de la autoorganizacion o *autopoiesis,* que finalmente desembocaron en la "vida" (que es la cualidad de unidades que se *replican* y que *heredan* pautas de comportamiento). *La emergencia y estructuración de nuestros lenguajes es parte de esto.* Cuando seguimos (o modificamos) pautas lingüísticas, estamos *prosiguiendo la autoorganización en nuestro propio nivel evolutivo.* Actuamos de acuerdo con las pautas organizativas que hemos desarrollado, y que están cambiando de continuo, tanto en nosotros mismos como en nuestras comunidades de hablantes.

Naturalmente el cambio lingüístico solo tiene lugar dentro de cada cerebro humano singular. La llamada "naturaleza social" del lenguaje y de sus pautas es una metáfora. Solo hablan los individuos. Pero sus pautas de hablar, como todas sus demás pautas de comportamiento, se desarrollan en comunidad. La selección natural

---

257. H. Maturana y. F.J. Varela, *De máquinas y seres vivos: una teoría sobre la organización biológica,* 1973, edición revisada 1997.

opera *entre* individuos, y tiene que ver con su manera de interactuar. La evolución de las lenguas es un caso más de "selección natural", con la particularidad de que aquí solo está implicada la "naturaleza *humana*". Y desde el momento en que los seres humanos somos *"individuos"*, absolutamente diferentes unos de otros, la "selección lingüística" posee rasgos propios que seguramente no se dan en otros procesos selectivos de la naturaleza.

La individualidad humana se configura amplia, pero no únicamente, en virtud de su condición hablante. A su vez, el habla de cada individuo se configura en virtud del conjunto de su individualidad. Por eso tiene sentido decir que "cada individuo habla su propia lengua", lo que es tan verdad como decir que los miembros de una comunidad lingüística hablan una "lengua común". Es cuestión de grado de afinación de la categorización. Como advertía Paul, hablar de una "lengua común" es el resultado de abstraer de las peculiaridades de los individuos dentro de un grupo, y tiene pleno sentido hacerlo, pero solo para según qué objetivos.

Pautas que forman una "lengua" (inglés, español, etc.) son compartidas por individuos que tratan entre sí dentro de una cierta área geográfica o cultural. Son, por supuesto, *hábitos individuales de hablar*, y no dejan de ser parte de la comunicación (o incomunicación) individual, desarrolladas al tratar con los demás o con uno mismo, ya que los seres humanos hablamos con nosotros mismos como con los demás: podemos observarnos y hablarnos "como desde fuera". A medida que progresa el desarrollo cultural y simbólico de la gente, esto ocurre cada vez con más frecuencia, y es lo que llamamos "pensar". Se ha convertido en una parte importante de nuestra naturaleza.

Desde este punto de vista evolutivo, la individualidad y la historicidad del lenguaje se iluminan desde un nuevo ángulo. La parte verbal de la comunicación verbal se produce u ocurre a través de la circuitería cerebral, como todos los demás comportamientos o movimientos simultáneos, y todo ello junto forma el "todo" del evento comunicativo verbal. Cada persona en cada experiencia de comunicar se exterioriza a sí misma mediante una combinación propia de diversos comportamientos que siguen otras tantas sendas neurales, bien delineadas previamente a raíz de experiencias análogas, bien inauguradas esta vez, como innovación que puede devenir nueva pauta, o no.

La *historia lingüística es, pues, solo un caso especial de evolución orgánica.* Es el proceso por el que *los seres humanos creamos sin cesar pautas de comportamiento verbal mientras "hacemos las palabras" que nos parecen las adecuadas para cualquier propósito.* No las "usamos": las formamos cada vez. No aplicamos reglas: las hacemos, bien siguiendo pautas semejantes a otras anteriores, bien comportándonos de un modo diferente. A diferencia del resto de los organismos más desarrollados, los seres humanos hemos multiplicado nuestra complejidad neural hasta el punto de llegar a poder inventar nuestro comportamiento todo lo que queramos. Pero no tenemos que hacerlo. Somos "libres".

Pero, nuevamente, la libertad es cosa de grado: entre ciertos animales hay un cierto margen para tomar decisiones propias, para realizar opciones no del todo predeterminadas por el "instinto". Los llamamos "inteligentes". Entre los seres humanos, algunos apenas eligen alguna vez entre alternativas, y siguen ciegamente la primera que se les ocurre. Los llamamos "cortos", o "descontrolados". Y esto se aplica también al hablar. Hay gente alarmantemente predecible en cuanto a lo que dicen y cómo lo dicen. Se diría que están atados no solo a la gramática de su idioma, sino también a una gramática de amplias partes de su comportamiento. No parecen muy libres. *La libertad humana se correlaciona con un menor condicionamiento "gramatical" y con más planes y decisiones propias.*

Y esto nos conduce a una noción de "lenguaje" menos descriptiva y más *evaluativa*. Las personas más evolucionadas inventan sus pautas de comportamiento (incluidas las lingüísticas) en medida mayor que las menos evolucionadas. Tanto ellas como su hablar parecen más "creativos" que los de la mayoría. Y si introducimos este hecho en nuestra teoría del lenguaje, tendremos que considerar la "gramática" (en el sentido de series de reglas o de significados preestablecidos) como una "variable", no como una constante. Como la libertad. Cuanto más libre es una persona, menos condicionado está su hablar por pautas ya establecidas y compartidas.

Obviamente esto no puede querer decir que las personas más evolucionadas deban hablar de un modo menos gramatical. El grado de evolución de cada uno tiene que ver con su *capacidad de adaptarse* y con una *sana estimación de las ventajas e inconvenientes de "disentir"*. Y hablar de acuerdo con pautas compartidas tiene al menos dos grandes ventajas: se comunica con más eficacia, y se parece un miembro bien integrado de la comunidad, lo que inspira confianza. Por eso está en el propio interés no desperdiciar la propia creatividad donde hacerlo no reporta ventajas significativas, y concentrarse en lo que sí las reporta. La gramaticalidad pura es tanto una herramienta eficaz de comunicación como una manera de mantener un estatus. Pero no es ni una serie externa, "social", de instrucciones para hablar, ni un "programa neural": es *lo que parece que merece más la pena hacer en cada caso*.

La elección entre hablar o callar se produce, pues, en cada caso en el marco de una larga y compleja historia de selecciones entre otras opciones negadas, las cuales se desvanecen por detrás de los eventos de habla que tienen lugar positivamente, y de los rasgos de los que se han revestido. Y, sin embargo, cada evento de habla reproduce en un cierto sentido aquella situación originaria en la que gente que ya cooperaba entre sí eligió usar sonidos articulados para perfilar mejor sus acciones y mejorar las posibilidades de una cooperación productiva. El hecho de que con frecuencia hablemos de un modo muy automatizado, apenas eligiendo realmente entre hablar y callar, o entre decir una cosa y no otra, no contradice al otro hecho de que, cuanto más consciente y evolucionado sea nuestro comportamiento social, más decisivas serán nuestras elecciones entre expresiones positivas y opciones descartadas, entre lenguaje y no-lenguaje.

Observación final

No tendría mucho sentido añadir a este texto una conclusión, ya que los resultados de las reflexiones que contiene están presentes ya en esas mismas reflexiones. Lo sistemático no se refiere aquí a pasos que conducen a una conclusión final, lo que, en el dominio del lenguaje, nunca sería realmente concluyente. En su condición de aproximación a la naturaleza lingüística de los seres humanos "desde dentro", tenía que empezar por algún sitio, en mitad del vivir humano en curso, y proceder "de lo uno a lo otro", como formulan tanto Josef Simon en su *Filosofía del signo* como Antonio Machado en su *Juan de Mairena*[258]. Josef Simon, en su *Filosofía del signo,* refleja bien este hecho en su "observación final":

> Todo tratado podría seguir siendo explicado y aclarado. Se termina cuando se supone que está la *lo bastante claro* como para que se lo pueda entender, aunque no lo entiendan todos, ya que esto sería imposible. Por eso ningún tratado puede estar escrito para todos, y a aquellos para los que un tratado está tan claro que puede significarles "algo", la obra tiene que dejarles espacio para que la entiendan desde sí mismos. Por eso no necesita ni siquiera la apariencia de ser una obra "concluida". Ninguna cosa es perfecta, y es un consuelo saber –frente al concepto metafísico-ontológico de la cosa– que esto puede ser justamente lo bueno.

Simon aduce a continuación una cita de Hegel que viene muy al caso:

> La obra *es*, esto es, es para otras individualidades, y para ellas es una realidad ajena en cuyo lugar *ellas* han de poner la suya propia, para, con su hacer, darse a sí mismas la conciencia de *su* propia unidad con la realidad. Dicho de otro modo: *su interés* por esa obra, efecto de *su* naturaleza originaria, es distinto del *interés propio y peculiar* de la obra misma, la cual queda por eso convertida en otra diferente. La obra es así cosa pasajera en general, algo que se extingue por el juego y resistencia de otras fuerzas e intereses, y que muestra la realidad de la individualidad antes como efímera que como concluida[259].

---

258. J. Simon, *Philosophie des Zeichens:* 33; A. Machado, *Poesía y prosa:* 1998.
259. Hegel, *Phänomenologie des Geistes:* 291 y ss.

Y a esto añade Simon la siguiente apreciación:

> Mas también para Hegel *cada una* de esas otras individualidades *para sí* es, en *su propia* acepción, igualmente pasajera. La manera como la obra se extingue en su acepción por otros acaba por extinguirse también ella misma. Lo que se extingue es la *oposición* entre el estar concluido y el desvanecerse en la realidad[260].

O retornando desde este lenguaje algo críptico a la vida ordinaria: el camino por el que un libro hace transitar a sus lectores ha de convertirse en su propia senda, y será una senda seguramente distinta de la intención original del autor. En mi caso esta no era introducir mis propios contenidos en la conciencia de otros, sino estimularles, con mi contribución, a seguir desarrollando su propia conciencia lingüística. La intención original del autor, relativamente opaca incluso para él mismo, ha de desvanecerse, y el libro ha de morir para empezar a vivir en sus lectores… como un libro diferente. ¡Buena ruta, caminante!

---

260. J. Simon, *Philosophie des Zeichens:* 314.

Referencias bibliográficas

Abel, G., *Interpretationswelten,* Suhrkamp, Frankfurt a.M. 1993.

Adorno, Th. e.a., *Der Positivismusstreit in der deutschen Soziologie*, Luchterhand, Darmstadt 1978.

Agud, A., *Historia y teoría de los casos,* Gredos, Madrid 1981.

Agud, A., "El primer elemento de los compuestos indoeuropeos: su interpretación como residuo de una fase preflexional", *Navicula Tubingensis* (Homenaje a A. Tovar), Tübingen 1985: 7-13.

Agud, A., "La frase improbable. Contribución a una teoría de los ejemplos", *Stephanion* (Homenaje a C. Giner), Salamanca 1988: 17-22.

Agud, A., "Musik und Sprache", *Kodikas. Ars Semeiotika* 13 (1990): 211-225.

Agud, A., "Virtuelle und faktische Sprache: eine Linguistik der Faktizität als philosophische Disziplin", *Allgemeine Zeitschrift für Philosophie* 18 (1993), Hft. 3: 17-41.

Agud, A., "Ethik und Linguistik", in Simon - Stegmaier (eds.), *Zeichen und Interpretation IV*, Frankfurt a.M. 1996: 58-81.

Agud, A., "Las 'paradoja de la teoría y la experiencia científicas': Eugenio Coseriu y Josef Simon", *Homenaje póstumo a Eugenio Coseriu*, Universidad de Almería, Odisea 3 (2003): 27-41.

Agud, A., "The Last Sign? Asthetics and Semantics in Recent Art Theory", in H. V. Dehejia, M. Paranjape (eds.), *Saundarya: The Perception and Practice of Beauty in India*, New Delhi 2003: 216-228.

Agud, A., "Culturas identitarias, transculturalidad y crítica cultural", *El arca de Babel. Teoría y práctica artísticas en el escenario transcultural*, Madrid 2013: 9-29.

Agud, A., *Los poemas del ser y el no ser y sus lenguajes en la historia*, Ed. Abada, Madrid 2017.

Agud, A., "Un pensador maldito y un filósofo ignorado. Skepsis, poesía y verdad en Mauthner y Machado", en Graiae Camenae, *Homenaje a los profesores Andrés Pociña Pérez y Aurora López López*, Ed. Universidad de Granada, Granada 2021.

Agud, A., "Antonio Machado: una epistemología crítica en verso y prosa", *Intercostal literaria* 1 (2021).

Agud, A., "Forma e ideas en la poesía filosófica sobre el ser y el no ser en diversas culturas y épocas (India antigua y clásica, Grecia arcaica, Roma republicana, Inglaterra isabelina, Alemania clásica y España contemporánea)", *Contrastes*. Suplemento, N.º 17, 2012 (Ejemplar dedicado a: *Estética e interculturalidad : relaciones entre el arte y la vida.* Rosa María Fernández Gómez [ed. lit.], Luis Puelles Romero [ed. lit.], Eva Fernández del Campo [ed. lit.]: 13-34).

Agud, A., "Hegels dialektische Logik und die historische Selbstreflexion in der Sprachwissenschaft", *Nodus Publikationen,* Münster 2017.

Agud, A., "Coseriu y la filosofía", en *La historia de la lengua, la dialectología y el concepto de cambio lingüístico en el pensamiento de Eugenio Coseriu,* coord. por José María García Martín, Maryia Maiseyenka, Francisco Ruiz Fernández, Nuria Campos Carrasco, Benito Gutierrez Santaella, 2022: 121-150.

Agud, A., Rubio, F., *La ciencia del bráhman. Once Upanishad antiguas,* Ed. Trotta, Madrid 2000.

Anttila, R., *Historical and Comparative Linguistics,* John Benjamins Publishing Company, Amsterdam, Philadelphia 1989.

Arnauld, L., Lancelot, C., *Grammaire Générale et Raisonnée* (1660), Paris 1830.

Ast, F., *Grundlinien der Grammatik, Hermeneutik und Kritik,* Landshut 1808.

Auroux, S., *La révolution tecnologique de la grammatisation. Introduction à l'histoire des sciences du langage,* Archive ouverte en Sciences de l'Homme et de la Société. https://halshs.archives-ouvertes.fr

Auroux, S. e.a., *Histoire des idées linguistiques,* Pierre Mardaga Ed., Liège Bruxelles 1989.

Austin, J.L., *How to Do Things with Words* (1955), Oxford Clarendon Press 1962.

Barth, H., *Wahrheit und Ideologie* (1945), Suhrkamp, Frankfurt a.M. 1974, inglés *Truth and Ideology,* Berkeley 1976.

Bauer, J., *Warum ich fühle, was du fühlst: intuitive Kommunikation und das Geheimnis der Spiegelneuronen,* Hamburg, Hoffmann und Campe, 2005.

Bergner, Th., *Gefühle. Die Sprache des Selbst,* Schattauer, Stuttgart 2013.

Bertalanffy, L. v., "General System Theory - A Critical Review", *General Systems* 7 (1962): 1-20.

Boulding, K., *General Systems Theory – The Skeleton of the Science. Management Science,* 2(3) 1956: 197-208.

Buckley, W.F., *Modern Systems Research for the Behavioral Scientist,* Aldine Transaction 1968.

Buckley, W.F., *Sociology and Modern Systems Theory,* Prentice-Hall, New York, NY, 1966.

Bühler, K., *Sprachtheorie* (1934), Verlag Gustav Fischer, Jena 1934.

Cannon, W.B., *The Wisdom of the Body, Revised and Enlarged edition (first published 1939),* W.W. Norton & Co., Inc. , NY 1963. En A. Pettit (ed.), *A Charles Richet: ses amis, ses collègues, ses élèves,* Paris, Éditions Médicales 1926.

Cantera, A., "El análisis del lenguaje en la tradición oral indoirania", *Actas del V Congreso de Lingüística General,* León 2002, Arco Libros, Madrid 2004: 513-522.

Chomsky, N., *Current Issues in Linguistic Theory,* Mouton, The Hague 1964.

Chomsky, N., *What Kind of Creatures Are We?* Columbia Univ. Press, NY 2016.

Comte, A., *Cours de Philosophie positive* (1830-42), Nathan, Paris 1989.

Condillac, E.B. de, *La grammaire. Cours d'études pour l'instruction du Prince de Parme,* Paris 1798.

E. Conze, *Buddhist Thought in India: Three Phases of Buddhist Philosophy,* Routledge Library Editions 1962.

Coseriu, E., "Ferdinand de Saussure und Georg von der Gabelentz: Übereinstimmungen und Gemeinsamkeiten dargestellt an der langue-parole Dichotomie sowie der diachronischen und synchronischen Sprachbetrachtung", *Phonetica* 15 (1966): 32-41.

Coseriu, E., *Sincronía, diacronía e historia,* Montevideo 1958, reed. Tübingen 1969.

Coseriu, E., *Teoría del lenguaje y lingüística general,* Gredos, Madrid 1967.

Coseriu, E., "Determinación y entorno", *ibid.*

Damasio, A., *Self Comes to Mind. Constructing the Conscious Brain*, Pantheon Books, New York 2010.

Davidson, D., "Truth and Meaning", *Synthese* 17 (1967): 302-323.

Deak, A., "Brain and Emotion: Cognitive Neuroscience of Emotions", *Review of Psychology*, vol. 18, n.º 2, 2011: 71-80.

Delbrück, B., *Einleitung in das Studium der indogermanischen Sprachen* (1904), Georg Olms Verlag, Hildesheim 1976.

De Saussure, F., *Cours de Linguistique générale*, ed. By Ch. Bally and A. Sechehaye, Genève 1916.

P. Deussen, *Allgemeine Geschichte der Philosophie unter besonderer Berücksichtigung der Religionen* (1894 ff.): Band I, Teil 1: *Allgemeine Einleitung und Philosophie des Veda bis auf die Upanishad's* (1894); Band I, Teil 2: *Die Philosophie der Upanishad's* (1898); Band I, Teil 3: *Die nachvedische Philosophie der Inder* (1908); *Sechzig Upanishad's des Veda* (1897).

Edelmann, G.M., Tononi, G., *A Universe of Consciousness, How Matter Becomes Imagination*, Basic Books, New York 2000.

Evans, V., Bergen, B.K., Zinken, J., "The Cognitive Linguistics Enterprise: an Overview", in Evans, Vyvyan, Zinken, Jörg (eds.), *The Cognitive Linguistics Reader*, Equinox, London 2007.

Filliozat, P.S., *Le Sanskrit*, Paris 1992 (engl. version *The Sanskrit Language: An Overview - History and Structure, Linguistic and Philosophical Representations, Uses and Users.* New Delhi 2000).

Firth, J.R., *Speech*, Benn's Sixpenny Library, London 1930.

Fowler, R., Hodge, B., Kress, G., *Language and Control*, Routledge 1979.

Frankl, V., *Man's Search for Meaning*, Beacon Press, Boston 1946.

Fries, N., "Gefühle, Emotionen, Angst, Furcht, Wut und Zorn", in W. Börner & K. Vogel (eds.), *Emotion und Kognition im Fremdsprachenunterricht*, Tübingen 2004: 3.

Freud, S., *Abriss der Psychoanalyse* (1938), *Internationale Zeitschrift für Psychoanalyse und Imago, 1940.* English version *A General Introduction to Psychoanalysis*, Boni and Liveright Publishers, NY, 1920.

Gadamer, H.G., *Wahrheit und Methode*, J.C.B. Mohr, Tübingen 1960, esp. *Verdad y método*, Salamanca 1977, Trad. de Ana Agud y Rafael de Agapito.

Glasersfeld, E.v., *Der Radikale Konstruktivismus. Ideen, Ergebnisse, Probleme*, Suhrkamp, Frankfurt/Main 1996.

Goethe, J.W., "Eins und alles", ciclo "Gott und die Welt", en Goethe, J. W., *Werke I* (Jubiläumsausgabe), WB, Darmstadt 1998: 226.

Habermas, J., *Erkenntnis und Interesse*, Ed. Suhrkamp, Frankfurt a.M. 1968.

Habermas, J., *Theorie des kommunikativen Handelns* (Bd.1: *Handlungsrationalität und gesellschaftliche Rationalisierung*, Bd. 2: *Zur Kritik der funktionalistischen Vernunft*), Frankfurt am Main 1981.

P. Hacker, G.P. Baker, *Language, Sense and Nonsense, a critical investigation into modern theories of language*, Blackwell, 1984.

Hegel, G.W.F., *Phänomenologie des Geistes* (1807), Ed. Suhrkamp, Frankfurt a.M. 1970.

Hegel, G.W.F., *Wissenschaft der Logik* (1812-16), Ed. Suhrkamp, Frankfurt a.M. 1969.

Hegel, G.W.F., *Differenz des Fichte'schen und Schelling'schen System der Philosophie,* Meiner, Hamburgo 1962.

Gerhard Helbig, Joachim Buscha, *Deutsche Grammatik: Ein Handbuch für den Ausländerunterricht,* Langenscheidt, 17. ed. 1997.

Herder, J.G., *Abhandlung über den Ursprung der Sprache* (1769), Ed. Holzinger 2017.

Humboldt, W.v., "Über die Verschiedenheit des menschlichen Sprachbaues und ihren Einfluss auf die geistige Entwicklung der Menschheit" (*"Kawi-Werk"*) (1830-35), *Gesammelte Schriften,* Akademieausgabe VII, Berlin 1907.

James, W., "What is an Emotion?", *Mind,* vol. 9, 1884: 188-205.

Kabatek, J., Murguía, A., *"Die Sachen sagen, wie sie sind", Eugenio Coseriu im Gespräch,* Tübingen 1997.

Kandel, E., *In Search of Memory. The Emergence of a New Science of Mind,* Norton & Co., NY 2006.

Kandel, E.R., Jessell, Th.M., Schwartz, J.H. (eds.), *Principles of Neural Sciences.* 4.ª ed. 2000, McGraw Hill, NY 2000.

Kant, I., *Prolegomena zu einer jeden künftigen Metaphysik, die als Wissenschaft wird auftreten können,* Riga 1783.

Kant, I., *Anthropologie in pragmatischer Hinsicht,* Köenigsberg 1798,

Kant, I., *Logik. Ein Handbuch zu Vorlesungen* (ed. Jaesche), Königsberg 1800.

Kant, I., *Metaphysische Anfangsgründe der Naturwissenschaft,* 1786.

Kant, I., *Kritik der Urteilskraft* (1878), Ed. Reclam, Stuttgart 1966.

Katz, J., *The Philosophy of Language,* Harper&Row, NY 1966.

Kemp, J.A., *The Tekhne Grammatike of Dionysius Thrax.* English translation. In *Historiographia Linguistica* 13 (1986): 343-363.

Kuntaka, *Vakroktijivitam,* Choukhamba, Delhi 2013.

Küster, H., *Die Entdeckung der Landschaft. Einführung in eine neue Wissenschaft,* München 2012.

Labov, W., *Principles of Linguistic Change,* Oxford, Blackwell 1994 ss.

Leibniz, G.W., *Meditationes de cognitione, veritate et ideis.* Acta Eruditorum Lipsiensum, 1684.

Liebrucks, B., *Sprache und Bewusstsein,* 7 vols., Akademische Verlagsgesellschaft, Frankfurt a.M. 1965 ss.

López Serena, Araceli, "Eugenio Coseriu y Esa Itkonen: Lecciones de filosofía de la lingüística", *Energeia* 1 (2009): 1-49

Lüdtke, U., "Emotion und Sprache: Theoretische Grundlagen für die logopädisch-sprachtherapeutische Praxis", *SAL-Bulletin* N.º 143, Marzo 2012.

Luhmann, N., *Soziologische Aufklärung,* Westdeutscher Verlag, Opladen 1970.

Machado, A., *Obras completas,* edición crítica de Oreste Macri, Ed. Espasa-Calpe, Madrid 1988.

Maturana, H., "Biology of Language: The Epistemology of Reality", in George A. Miller, and Elizabeth Lenneberg (eds.), *Psychology and Biology of Language and Thought: Essays in Honor of Eric Lenneberg.* New York: Academic Press, 1978: 27-63.

Maturana, H., Varela, F.J., *De máquinas y seres vivos: una teoría sobre la organización biológica,* Ed. Universitaria, Santiago de Chile 1973, edición revisada 1997.

Mauthner, F., *Beiträge zu einer Kritik der Sprache (1901-2),* Gotta'sche Buchhandlung, Stuttgart-Berlin 1921.

Neurath, O., "Protokollsätze", in *Erkenntnis* 3, 1932: 33.

Ortony, A., Tuner, T.J., "What's Basic About Basic Emotions?", *Psychological Review* 1990, vol. 97, No. 3: 315-331.

Otto, J.H., Euler, H.A. & Mandl, H., *Emotionspsychologie. Ein Handbuch*, Beltz, Weinheim 2000.

Panksepp, J., *Affective Neuroscience: The Foundations of Human and Animal Emotions*, Oxford University Press, New York 1998.

Panksepp, J., "A Critical Role for 'Affective Neuroscience' en Resolving What Is Basic About Basic Emotions", *Psychological Review* 1992, vol. 99, No. 3: 554-560,

Patañjali, *Mahābhāṣya*, ed. F. Kielhorn 1884.

Paul, H., *Prinzipien der Sprachgeschichte*, Freiburg 1880, disponible ahora en edición facsímil en Niemeyer Verlag, Tübingen. Traducción inglesa como *Principles of the history of language*, por H.A. Strong, de la segunda edición, College Park: McGroth Publishing Company.

Paz, O., *El mono gramático*, Ed. Seix Barral, Barcelona 1974.

Piaget, J., *Introduction à l'épistémologie génétique*, PUF 1950.

Pinker, S., *The language instinct*, Harper Perennial Modern Classics, NY 1994.

Pinker, S., *How the Mind Works,* 1997.

Peirce, Ch.S., "How to Make our Ideas Clear", *Popular Science Monthly* 12 (1878).

Peirce, Ch.S., *The Founding of Pragmatism* (1906), en The Hound& Horn 3 (1929).

Piketty, Th., *Le capital dans le XXIe siècle,* Editions du Seuil, Paris 2013.

Pinborg, J., *Die Entwicklung der Sprachtheorie im Mittelalter,* Verlag Arne Frost, Kopenhague 1967.

Popper, K., *The Logic of Scientific Discovery*, Basic Books, NY 1959.

Popper, K., *The Open Society and its Enemies*, Routlegde, London 1945.

Pörings, R., Schmitz, U., *Sprache und Sprachwissenschaft: Eine kognitiv orientierte Einführung,* Narr, Tübingen 1999.

Quine, W.v.O., *Word and Object,* MIT Press 1960.

Rorty, R., *Philosophy and the Mirror of Nature*, Princeton Univ. Press 1979.

Rumpel, Th., *Die Kasuslehre,* Halle 1845.

Russell, B., "Introduction" a la primera edición del *Tractatus logico-philosophicus* de L. Wittgenstein.

Said, E., *Orientalism*, Pantheon Books, USA 1978.

Sardar, Z., *Introducing Cultural Studies,* Totem Books 1997.

Schachter, S., Singer, J.E., "Cognitive, Social, and Physiological Determinants of Emotional States", *Psychology Review*, 69 (1962): 379-399.

Searle, J., *Speech acts*, Cambridge Univ. Press 1969.

Shannon, E., Weaver, W., *The Mathematical Theory of Communication,* Univ. Of Illinois Press 1963.

Shaver, O., Schwartz, J., Kirson, D., O'Connor, G., "Emotion Knowledge: Further exploration of a Prototype Approach", *Journal of Personality and Social Psychology* 52 (1987): 1061-1086.

Simon, J., *Das Problem der Sprache bei Hegel*, Fromann-Holzboog, Stuttgart 1966.

Simon, J., "Grammatik und Wahrheit", *Nietzsche-Studien* 1 (1972): 1-26.

Simon, J., *Philosophie des Zeichens*, De Gruyter, Berlin 1989.

Simon, J., *Wahrheit als Freiheit*, De Gruyter, Berlin 1978.

Slaby, J., "Sklaven der Leidenschaft? Überlegungen zu den Affektenlehren von Kant und Hume", en A. Stephan, H. Walter (eds.), *Natur und Theorie der Emotion*, Mentis, Paderborn 2003: 283-308.

Sporns, O., e.a. "Organization, Development and Function of Complex Brain Networks", en *TRENDS in Cognitive Sciences* vol. 8 No. 9, September 2004.

Stegmaier, W., *Philosophie der Orientierung,* De Gruyter, Berlin 2008.

Tallis, R., *Aping Mankind. Neuromania, Darwinitis and the Misrepresentation of Humanity*, Ed. Acumen, Durham 2011.

Tarski, A., "The Semantic Conception of Truth", in *Philosophy and Phenomenological Research* 4 (1944).

Thies, Chr., *Einführung in die philosophische Anthropologie,* WB, Darmstadt 2004.

Tomás de Aquino, *De ente et essentia*" (1250-1256), Ed. R. Spiazzi in *Opuscula Philosophica,* Marietti, Roma 1954.

Wiener, N., *Cybernetics or Control and Communication in the Animal and the Machine,* MIT Press 1948.

Wittgenstein, L., *Philosophische Untersuchungen* (1936-46, publicado en 1953), Ed. Crítica de Joachim Schulte, Wissenschaftliche Buchgesellschaft, Frankfurt a.M. 2001.

Wittgenstein, L., *Tractatus logico-philosophicus*, original alemán *Logisch-philosophische Abhandlung* (1921). *Annalen der Naturphilosophie 1922.*

Wundt, W., *Elemente der Völkerpsychologie*, Kröner, Leipzig 1912.

Wundt, W., *Grundzüge der physiologischen Psychologie*, Engelmann, Leipzig 1874.

Este libro se terminó de imprimir
en Sevilla, el 4 de diciembre de 2025